矿业企业财务管理研究

汤 敏◎著

北京工业大学出版社

图书在版编目（CIP）数据

矿业企业财务管理研究 / 汤敏著． — 北京 ：北京工业大学出版社，2021.4
　ISBN 978-7-5639-7927-1

　Ⅰ．①矿… Ⅱ．①汤… Ⅲ．①矿业－工业企业－企业管理－财务管理－研究－中国 Ⅳ．① F426.1

中国版本图书馆 CIP 数据核字（2021）第 081817 号

矿业企业财务管理研究
KUANGYE QIYE CAIWU GUANLI YANJIU

著　　　者：	汤　敏
责任编辑：	刘　蕊
封面设计：	知更壹点
出版发行：	北京工业大学出版社
	（北京市朝阳区平乐园 100 号　邮编：100124）
	010-67391722（传真）　bgdcbs@sina.com
经销单位：	全国各地新华书店
承印单位：	涿州汇美亿浓印刷有限公司
开　　本：	710 毫米 ×1000 毫米　1/16
印　　张：	14.25
字　　数：	285 千字
版　　次：	2022 年 10 月第 1 版
印　　次：	2022 年 10 月第 1 次印刷
标准书号：	ISBN 978-7-5639-7927-1
定　　价：	87.00 元

版权所有　　翻印必究

（如发现印装质量问题，请寄本社发行部调换 010-67391106）

前　言

　　财务是企业价值运动的中枢，管理是企业机体运动的润滑剂，所以财务管理成为企业管理的关键所在。另外，财务管理也是任何一个企事业单位内部经营管理的重要组成部分，企业整个机体运行的任何细微之处都能从企业财务活动中显露出来。

　　学习财务管理，有助于人们为企业设计合理的资本结构，选择合理的筹资方式和筹资策略，选择正确的投资方向和项目；有助于人们更好地控制企业的运营资金，提高资金利用率；有助于人们为企业进行税收筹划。

　　目前，关于矿业企业财务管理的书籍非常多，但是适合矿业企业管理人员学习使用的书籍却很少。许多矿业企业的管理人员没有系统地学习过财务管理方面的知识，对关于财务、会计的理论性和概念性的知识不太了解，因此理解财务管理的知识点比较困难。本书正是针对矿业企业管理人员这一"苦衷"而撰写的。本书集财务管理的基本理论性知识和实用性知识为一体，力求为矿业企业管理人员带来财务管理方面的突破，帮助其快速掌握企业财务管理要诀。

　　全书共七章。第一章为财务管理概论，主要包括财务管理综述、企业财务管理目标、企业财务管理环境、财务分析等内容。第二章为矿业企业财务管理与模式选择，主要包括矿业企业财务管理、矿业企业财务管理存在的问题及对策、财务管理模式概述、矿业企业财务管理模式选择等内容。第三章为矿业企业财务管理中的资金管理，主要包括矿业企业资金管理概述、矿业企业资金管理策略等内容。第四章为矿业企业财务管理中的税收筹划，主要包括财务管理与税收筹划、矿业企业涉税现状及税收筹划问题、矿业企业税收筹划技术等内容。第五章为矿业上市公司财务风险评价体系与控制措施，主要包括矿业上市公司财务风险评价体系的构建、矿业上市公司财务风险控制措施等内容。第六章为矿业企业财务管理信息化，主要包括企业财务管理信息化、矿业企业财务管理信息化建设等内容。第七章为可持续发展理念下的财务战略管理，主要包括企业财务战略管理概述、可持续发展理念下的财务战略管理研究等内容。

为了保证内容的丰富性与研究的多样性，笔者在撰写的过程中参考了大量的相关文献，在此谨向相关文献的作者表示衷心的感谢。

最后，由于笔者水平有限，书中难免存在不足之处，在此恳请广大读者批评指正。

目　录

第一章　财务管理概论 1
第一节　财务管理综述 1
第二节　企业财务管理目标 11
第三节　企业财务管理环境 21
第四节　财务分析 25

第二章　矿业企业财务管理与模式选择 51
第一节　矿业企业财务管理 51
第二节　矿业企业财务管理存在的问题及对策 70
第三节　财务管理模式概述 77
第四节　矿业企业财务管理模式选择 84

第三章　矿业企业财务管理中的资金管理 112
第一节　矿业企业资金管理概述 112
第二节　矿业企业资金管理策略 120

第四章　矿业企业财务管理中的税收筹划 127
第一节　财务管理与税收筹划 127
第二节　矿业企业涉税现状及税收筹划问题 147
第三节　矿业企业税收筹划技术 153

第五章　矿业上市公司财务风险评价体系与控制措施 175
第一节　矿业上市公司财务风险评价体系的构建 175
第二节　矿业上市公司财务风险控制措施 180

第六章 矿业企业财务管理信息化 ·················· 187
第一节 企业财务管理信息化 ·················· 187
第二节 矿业企业财务管理信息化建设 ·················· 203

第七章 可持续发展理念下的财务战略管理 ·················· 209
第一节 企业财务战略管理概述 ·················· 209
第二节 可持续发展理念下的财务战略管理研究 ·················· 215

参考文献 ·················· 220

第一章 财务管理概论

第一节 财务管理综述

在市场经济条件下,企业的根本任务是尽可能利用现有的人力、物力和财力,通过生产经营活动,取得尽可能多的财富。企业的资金运动,构成了企业经济活动的一个独立方面,也就是企业的财务活动。由于资金和资金运动产生了财务活动和财务关系,两者构成了企业财务和财务管理的内涵。企业财务指企业在生产经营过程中客观存在的资金运动及其所体现的经济利益关系。财务管理指企业组织财务活动和处理企业与各方面的财务关系的一项经济管理工作,是企业管理的重要组成部分。从表面上看,企业的资金运动是钱和物的增减变动,而这些变动离不开人与人之间的经济利益关系。

一、企业财务活动

企业财务活动主要包括筹资活动、投资活动、资金营运活动和分配活动四个方面。

(一)筹资活动

企业的建立和经营活动的开展都必须拥有一定数量的资金。企业可以在法律、法规允许的条件下,采用各种方式筹措资金。所谓筹资,就是企业为了满足投资和用资的需要,筹措和集中所需资金的过程。

企业的资金可以由国家、法人、个人等投资获得,或通过发行股票、内部留存收益等方式取得,形成企业的自有资金;也可以通过从银行借款、发行债券、利用商业信用等方式取得,形成企业的负债资金。资金筹措是资金运动的起点。企业通过筹措取得的资金,主要表现为货币资金,也可以表现为实物形态资产和无形资产。企业筹措资金表现为资金的流入。企业偿还借款和支付利息、股利、各种筹资费用等,表现为资金的流出。这种由于资金筹集而产生的资金收支,便是企业筹资引起的财务活动。

（二）投资活动

企业的投资，有狭义和广义之分。狭义的投资，指企业以现金、实物形态资产或无形资产，采用一定的方式进行对外投资，如购买其他企业的股票、债券或与其他企业联营等；广义的投资，除了对外投资，还包括企业内部投资，即企业将筹措到的资金投放到生产经营活动中去，如购置流动资产、固定资产、无形资产等。企业在投资活动中需要支付资金。当企业收回对外投资或变卖对内投资形成的各种资产时，就会产生资金的流入。这种由于企业投资而产生的资金收支，便是企业投资引起的财务活动。

（三）资金营运活动

企业在日常生产经营活动中，需要采购材料或商品，形成储备，以便从事生产和销售活动，同时还要支付职工工资和各种营业费用，这些都需要企业支付资金。而企业将生产出来的产品或购入的商品进行出售时，便可收回资金。这便是企业经营引起的财务活动，也称为资金营运活动。

（四）分配活动

企业通过销售取得的收入，在抵消了各种成本和费用之后，形成利润和亏损。企业对外投资，也可能形成利润和亏损。企业必须依据法规及公司章程对利润进行分配。在依法缴纳了所得税后，企业还必须按规定提取公积金和公益金，分别用于扩大积累、弥补亏损和改善职工集体福利设施，剩余部分利润根据投资者的意愿和企业生产经营的需要可作为投资收益分配给投资者，或暂时留存企业形成未分配利润，或作为投资者的追加投资。

财务活动的四个方面相互联系、相互依存，它们构成一个完整的财务活动过程。伴随着企业生产的不断进行，财务活动也循环往复，不断进行。这个财务活动过程就是企业财务管理的基本内容。

二、企业财务关系

企业财务关系，指企业在组织财务活动过程中，与有关各方所发生的经济利益关系。企业在资金的筹集、投放、耗费、收回和分配过程中，与各方面有着广泛的联系，因此企业与其相关利益者之间必然存在一定的关系。企业的财务关系主要有以下几个方面。

（一）企业与政府之间的财务关系

企业与政府之间的财务关系，主要指政府凭借社会管理者的身份，利用政治权力，强制、无偿地参与企业收入和利润的分配所形成的一种分配关系。企业必须按照规定向中央和地方政府缴纳各种税款，包括所得税、流转税、财产税和行为税等。这也是任何企业都应该尽的义务。

（二）企业与投资者（所得者）之间的财务关系

企业与投资者（所得者）之间的财物关系，指企业的投资者向企业投入资金，企业向投资者支付投资报酬所形成的经济关系。企业通过吸收直接投资、发行股票、联营并购等方式接受国家、法人和个人等投资者投入的资金。企业利用投资者的资金进行经营，实现利润后，按照投资和出资比例或合同、章程的规定，向投资者支付投资报酬。企业的投资者按照规定履行了出资义务后，依法对企业净资产拥有所有权，并享有企业经营所产生的净利润或承担净亏损。企业拥有投资者投资所产生的法人财产权，企业以其全部法人财产依法自主经营，对投资者承担资产保值和增值的责任。企业与投资者之间的财务关系，体现的是一种所有权性质的受资与投资的关系。

（三）企业与债权人之间的财务关系

企业与债权人之间的财务关系，主要指企业向债权人借入资金，并按合同规定，按时支付利息和归还本金所形成的经济关系。企业除了利用自有资金进行经营活动外，还要借入一定数量的资金，以便降低企业的资金成本，扩大企业经营规模。企业的债权人主要有本企业发行的公司债券的持有人、贷款机构、商业信用提供者、其他出借资金给企业的单位和个人。债权人要关注企业的偿还能力和支付利息的能力，并做出相应的决策。企业与债权人之间的关系，体现的是一种债务与债权的关系。

（四）企业与被投资者之间的财务关系

企业与被投资者之间的财务关系，主要指企业以购买股票、联营投资、并购投资等方式向外投出资金所形成的经济关系。随着市场经济的不断深化和发展，企业经营规模和范围不断扩大，这种关系越来越广泛。企业应按约定履行出资义务，并依据其出资份额参与受资企业的经营管理和利润分配。企业与被投资者之间的财务关系，体现的是一种所有权性质的投资与受资的关系。

（五）企业与债务人之间的财务关系

企业与债务人之间的财务关系，主要指企业将其资金以购买债券、提供借款或商业信用等形式出借给其他单位所形成的经济关系。企业将资金出借后，有权要求其债务人按合同、协议等约定的条件支付利息和归还本金。企业与债务人之间的财务关系，体现的是一种债权与债务的关系。

（六）企业内部各部门之间的财务关系

企业内部各部门之间的财务关系，主要指企业内部各部门之间在生产经营各环节中相互提供产品或劳务所形成的经济关系。具有一定规模的企业，为了提高管理效率，通常按照责、权、利的关系，在企业内部实现分工与协作，形成利益相对独立的内部责任单位。为了明确各责任单位的责任与利益，责任单位之间相互提供产品或劳务，也需要进行计价结算。这种财务关系，体现的是企业内部各部门之间的利益关系。

（七）企业与职工之间的财务关系

企业与职工之间的财务关系，主要指企业向职工支付劳动报酬过程中所形成的经济利益关系。职工是企业的劳动者，也是企业价值的创造者。企业应根据按劳分配原则，以职工所提供的劳动数量和质量为依据，从职工所创造的价值中，用劳动报酬（包括工资、津贴、奖金等）的形式进行分配，并按规定提取公益金。企业与职工之间的财务关系，体现的是一种企业与职工在劳动成果上的分配关系。

上述财务关系广泛存在于企业财务活动中，企业应正确处理和协调与各方面的财务关系，努力实现与其他财务活动当事人之间的经济利益的均衡。

三、财务管理决策

财务管理决策是财务管理的核心，一般包括以下内容。

（1）筹资决策

筹资决策指的是为满足企业融资的需要，对筹资的途径、筹资的数量、筹资的时间、筹资的成本、筹资风险和筹资方案进行评价和选择，从而确定一个最优资金结构的分析判断过程。筹资决策的核心，就是在多种渠道、多种方式的筹资条件下，利用不同的筹资方式力求筹集到最经济、资金成本最低的资金，其基本思想是实现资金来源的最佳结构。筹资决策是企业财务管理相对于投资决策的另一重要决策。筹资决策主要考虑筹资成本、筹资规模与资本结构。

（2）投资决策

投资决策指投资主体在调查、分析、论证的基础上，对投资活动所做出的最后决断。按层次不同，可分为宏观投资决策和微观投资决策。① 宏观投资决策。宏观投资决策就是从国民经济综合平衡角度出发，对影响经济发展全局的投资规模、投资使用方向、基本建设布局以及重点建设项目、投资体制、投资调控手段和投资政策、投资环境的改善等内容做出抉择的过程。宏观投资决策直接决定了经济是否能够持续、稳定、协调、高效地发展，在整个宏观经济决策中具有举足轻重的地位。它的失误往往是国民经济大起伏、大调整的最直接的原因。②微观投资决策。微观投资决策亦称"项目投资决策"，指在调查、分析、论证的基础上，对拟建工程项目进行最后决断。微观投资决策涉及建设时间、地点、规模，技术上是否可行，经济上是否合理等问题的分析论证和抉择，是投资成功的关键因素。微观投资决策是宏观投资决策的基础，宏观投资决策对微观投资决策具有指导作用。

（3）营运资金决策

营运资金决策指在能够实现经营目标的各种备选方案中选择费用最小的方案的决策过程。营运资金是流动资产减去流动负债的净额。其实物形态包括现金、银行存款、短期投资、应收账款、预付款和存货等内容。企业生产经营过程中，营运资金占用愈少，周转愈快，资金效率愈高。因此营运资金决策，主要是选择既能实现经营目标，又使营运资金费用最低的方案。

四、财务管理环节

财务管理环节就是为了达到既定的理财目标而进行财务管理工作的一整套程序和相应的方法。财务管理的基本环节包括财务预测、财务决策、财务预算、财务控制及财务分析。这些环节相互联系，密切配合，使财务管理工作形成一个完整循环。

（一）财务预测

财务预测，指的是根据企业财务活动的历史资料信息，考虑现实的要求和条件，运用科学的方法，对企业未来的财务状况、发展趋势及其结果进行科学的预测。

财务预测的任务是为财务决策提供依据，同时为编制财务预算做好准备。因此，进行财务预测对于提高财务管理的效率和质量具有十分重要的意义。

进行财务预测的一般程序是：①明确预测对象和目的；②搜集和整理相关材料；③确定预测方法，一般用定性和定量两种分析方法；④利用预测模型进行测算；⑤提出多种设想和方案，供财务决策时选择。

（二）财务决策

财务决策，指的是财务人员在理财目标的总体要求下，根据财务预测所提出的多种设想和方案，进行对比分析，从中选出最佳方案的过程。在市场经济条件下，财务管理的核心是财务决策，其他管理环节的工作都是围绕着这个核心展开的。因此，财务决策的合理与否将决定财务管理工作的成败。

财务决策过程一般包括四个步骤：①提出问题，确定决策目标；②搜集资料，拟订方案；③分析、评价备选方案；④选出最佳方案。

（三）财务预算

财务预算，指的是运用科学的技术手段和数量方法，对未来财务活动的内容及指标进行具体规划。财务预算是对财务预测、财务决策的进一步深化，它以财务决策确立的方案和财务预测提供的信息为基础，并加以具体化，也是控制财务活动的依据。

财务预算的编制一般包括三个步骤：①分析财务环境，确定预算指标；②协调人力、物力、财力，组织综合平衡；③选择预算方法，编制财务预算。

（四）财务控制

财务控制，指的是在财务管理过程中，以财务预算为依据，对财务活动如资金的收入、支出、占用、耗费等进行日常的指导、协调、监督和限制，以实现财务预算所规定的财务目标。

财务控制的方法很多，常用的方法是进行防护性控制（又称排除干扰控制）和反馈控制（又称平衡偏差控制）。一般的操作程序：制定标准→执行标准→确定差异→消除差异→考核奖惩。

（五）财务分析

财务分析，是以会计核算资料和其他方面提供的资料为主要依据，运用专门的方法，对企业财务活动的过程和结果进行分析和评价的一项工作。企业通过财务分析，可以肯定过去财务工作的成绩，并揭露问题、总结经验、查找原因，以指导未来的财务管理活动，从而改善经营管理，提高经济效益。财务分析常用的方法有对比分析法、比率分析法、因素分析法等。

五、企业财务管理的问题

现阶段，我国与其他国家及地区之间的文化、政治、经济交流都更加便利，也更加频繁。正是由于这些原因，我国的市场经济体制不断遭到外来经济体制的冲击。计算机技术在我国的快速发展冲击着我国的传统财务管理模式，给我国的经济发展带来巨大挑战。在现代市场经济环境的影响下，现代企业对财务管理提出了新的要求，需要财务管理更趋于现代化、信息化和规范化。现行的财务管理模式已不能适应社会的高速发展和科技的不断进步，如果不对其进行变革和创新，将不利于现代企业的发展。

（一）企业财务管理建设中存在的不足之处

1. 企业财务管理与企业战略管理有所脱节

企业要明确财务管理工作的目标，提高企业战略发展效益。但是一些企业在财务管理工作中，仍然采用较为传统的财务管理模式，没有使财务管理工作与企业战略目标融合在一起，出现了严重的脱节现象，进而造成了企业生产经营活动中的财务管理职能没有充分体现出来。同时，企业现金管理、应收账款管理以及财务控制机制的刚性力度存在不足，大量潜在风险会乘虚而入，不利于企业的健康发展。

2. 企业财务管理信息化力度严重不足

在新经济时代的影响下，诸多企业构建了完善的财务信息化管理体系，这将大幅度提升财务管理运作效率。只有构建完善的财务管理系统，才能增强财务管理流程的迅速性与便捷性。然而一些企业的财务管理信息化，并没有从财务工作过渡到财务管理层面，财务管理模式并没有发生实质性的变化，财务管理部门很难及时了解企业实际的产、销、存等情况，进而对企业的生产经营活动进行指导。由于财务管理信息化不足，因此财务管理部门极容易出现"信息孤岛"现象，无法与企业其他部门实现数据信息的实时共享。

3. 融资难度比较大，存有投资风险

①企业在获取资金的过程中困难比较多。一些企业会通过银行机构来进行资金的获取，然而银行有着较多的贷款条件限制，企业获得资金的难度较高，这一定程度上增加了企业的融资成本。同时，一些企业经营规模比较小，缺少较强的借贷能力，再加上资产产权模糊、缺少抵押资产，如果发生违约行为，银行和其他金融机构很难将贷款的本金和利息一并收回，所以银行和其他金融机构的贷款形式、手续比较复杂、烦琐。

②企业自身限制性条件比较多，投资能力不高。一些企业在投资过程中，没有进行深入的调研，也没有对项目投资的可行性进行科学论证。过于强调短期目标，缺少科学的财务预测、决策、预算及分析，投资信息的准确性难以保证，使得企业资金链条断裂的现象经常发生。

（二）市场经济下企业财务管理所面临的挑战

财务管理本身就具有系统性和复杂性的特点，再加上财务管理在市场经济中有巨大压力，这些都使得财务管理工作面临着严峻的挑战，它在执行过程中的一些问题也逐步显现。

1. 财务管理目标多元化难度增加

市场经济的发展给企业带来巨大的挑战，迫使企业不得不在许多方面进行革新。作为企业管理中比较重要的财务管理，当然会面临着多种困难，这主要体现在财务管理内容的增加和任务的增重。现行的财务管理方式，越来越难以保证财务管理工作的完美展开。

企业的发展使企业的经营范围和活动领域不断扩大，这些都促使企业在不同的发展阶段采取不同的财务管理办法。要想充分发挥财务管理的作用，就必须使其适应市场经济发展的大环境以及企业发展阶段的独特性。

2. 财务资源配置科学性有待加强

各个企业在财务资源配置上总会出现一些问题，如融资、筹资方面的问题，其中渠道不通造成的资金不足问题最为明显，这会使企业缺乏足够的资金用于扩大生产。资金的缺乏当然会影响财务资源配置的科学性，进而导致企业难以扩大再生产，难以取得长久的、可持续性的发展。

3. 财务管理信息化有待加强

目前，很多企业在财务管理方面还停留在过去传统的财务管理体系中，难以做到与时俱进，不愿意接受时代的变化，因此它们难以满足现代信息化社会的要求，难以迅速获取准确的信息。

我国的企业管理人员较多、岗位重复，这些因素导致了财务管理的权责不明确，出了问题找不到直接负责人，影响了财务管理的灵活性，也影响了财务信息的接收和分析，使信息接收水平不高。

大多数企业中的财务管理人员，没有接受过严格正规的岗前培训，对财务管理没有正确的认识。他们对财务管理信息化不了解，难以按照现代化的要求进行工作，使财务管理信息化的程度不高，作用难以完全发挥。

目前，加强财务管理建设是企业各项管理工作的重要环节，在企业发展中占据着极其重要的地位，已经成为企业内部普遍关注的焦点性话题。企业要想更好地适应变化多端的市场竞争环境，就必须高度重视财务管理存在的问题，不断提升财务管理运作效率，在企业内部创建氛围浓厚的财务管理环境，并为企业提供良好的利润空间，为企业的发展注入强大的生命力。

六、财务管理的基本原则

财务管理是企业经营与发展过程中的一项重要活动。在复杂的市场环境下，企业要想实现持续健康发展，就必须高度重视财务管理，通过部门职能的发挥来探索出一条科学且可持续的企业发展道路。在全面把握财务管理特殊性的基础上，探讨财务管理基本原则，对于企业的综合发展具有重要意义。

（一）系统原则

财务管理的落实，要遵循系统原则，就是要立足企业发展现实需求来进行综合分析，注重系统优化，围绕财务管理目标开展财务管理工作，确保财务管理系统的整体性。

（二）弹性原则

在现代经济形势下，市场运行环境复杂，导致财务管理面临着复杂的局面。企业要想逐步提升市场竞争力，就必须遵循弹性原则开展财务管理，从而更好地应对市场变化，推进财务管理工作的高效开展。

（三）货币时间价值原则

一般情况下，商品通过货币形式来展现价值。在现代市场经济条件下，商品的支配主要依靠货币来实现，而从货币价值与商品支配的关系来看，现在货币价值相较于未来货币价值要明显处于较高水平。对于企业来说，若想持续创造价值并获得收益，就必须落实财务管理，遵循货币时间价值原则，合理配置货币资金，在不同时间点下，为保证货币换算的准确性，就必须保证所换算的时间点是相对应的，从而确保财务管理工作能够得到规范开展。

（四）资金合理配置原则

资金是财务活动的核心和关键，无论是资金筹集、利用还是分配，都必须遵循合理配置的原则，这也是财务管理的基本原则，影响着企业的经营和发展。资金配置的科学性极易影响企业资金链的运转，科学性不足严重情况下可能会导致企业无法购进材料与设备，无法偿还银行贷款等，这就会在一定程度上加剧企业财务风险，甚至会对企业的发展形成制约。对于企业财务管理来说，资金合理配置原则是一项基础性原则，能够帮助企业实现资金的最大化利用，从而为企业经营发展提供可靠的资金支持。

（五）收支平衡原则

企业经营过程中的收支，一般以财务指标和数据测算作为主要方式，在确定收支平衡点之后，面对复杂的市场环境，采取可行的财务管理方式可保证财务管理系统运行的稳定性与可靠性。在这一过程中，要注重收支平衡系统与风险预警系统的构建。在制定财务管理方案的基础上，财务管理部门要结合指标偏离情况建立修正方案，合理调整企业财务管理方式，促进企业经营战略的优化，为企业发展战略目标的实现奠定良好的基础。

（六）成本、效益、风险权衡原则

在现代市场经济环境下，成本、效益与风险都是企业财务管理过程中必须重视的内容，关系着企业的经济效益与运营风险。就现实情况来看，大部分企业都试图通过低成本与低风险来获得高效益，但实际上成本、效益与风险之间存在着密切的联系，只有三者之间达到一种平衡状态时，财务管理目标才可能得以实现。也就是说，财务管理部门要明确相对固定的某种条件，并围绕这一条件出发来优化资源配置，从而采取可行的财务管理策略。一般情况下，当风险一定时，企业通过财务管理来优化成本配置以获得较高的收益，当收益一定时，企业通过成本控制或者风险控制来推进自身的发展。

通过以上研究可知，企业可持续发展过程中，必须落实财务管理，这就要求企业必须对财务管理的特殊性形成正确的认知。财务管理部门应在明确财务管理本质特征的基础上，遵循财务管理基本原则，有侧重点地落实财务管理工作，提升财务管理水平，从而切实提升企业的市场竞争力，促使企业更好地适应市场环境，逐步实现稳定有序发展。

七、财务管理的作用

随着市场经济的发展，企业之间的竞争越来越激烈，财务管理在企业中的地位也更加重要。在新的经济环境下，企业财务管理的内涵、功能和地位等都发生了深刻的变化。在新的市场环境下，企业对财务管理给出了新的定位。

（一）生产经营方面

随着我国市场竞争压力的增加，企业在生产经营过程中会遇到各种问题，其中成本的浪费和资金的流失对企业而言是致命的，对财产风险的把控不足，会导致企业亏损或倒闭。财务管理在企业运营中具有风险掌控的作用，帮助企业进行风险分析和控制，提高企业在市场变化中的生存能力。财务管理不仅可以提高企业在市场竞争中的财务风险控制能力，还能降低企业的投资成本，实现企业利润最大化，增加企业的市场销售数量，提高生产销售总额。科学的财务管理还能够提高资金的周转速度，通过借贷和运营的结合，为企业的市场竞争提供决策信息，强化企业资本结构的稳定性和合理性。财务管理可从根本上减轻企业资金上的困难和负担，通过科学化的成本分析计算，结合企业自身的现状，为企业进行合理的资本结构转化降低财务风险，增强企业的科学决策能力。

（二）企业管理方面

财务管理不仅能提高企业生产经营的能力，提升企业的利润值，还能够提高资金的利用率。企业的发展离不开资金的管理，在投资效益的分析过程中，如何通过财务管理将企业投资成本降到最低，是保障企业持续性发展的关键。财务管理部门需要进行人员的评价考核，对财务管理人员的专业性进行考查，是企业财务管理专业化的重要保证。财务管理部门要加强对财务管理人员的考核评定，建立完善的评价机制，对企业管理人员更要监督约束，加强对企业资金的管制，防止出现企业资金无故流失的现象。管理财务就是管理企业，财务是企业发展的命脉，因此加强企业的财务管理，实现企业资金成本控制的多元化管理，针对企业发展现状和市场变化进行资金投入，可以保证企业健康稳定发展。

第二节　企业财务管理目标

财务管理目标服务于企业目标，是企业实施财务管理活动期望实现的结果。财务管理目标对企业发展具有重要作用，合理的财务管理目标是企业持续经营和发展的前提。只有确定了合理的目标，财务管理工作才有明确的方向，企业的各项财务活动才能顺利开展。因此，企业应根据自身实际情况，科学合理地选择、确定财务管理目标。

企业的财务管理活动受环境制约，并受多种因素影响。各种因素纵横交错，相互制约。作为理财活动的重要环境因素，资本市场的完善程度对财务管理目标的影响尤为突出。现代企业由于两权分离，信息不对称现象普遍存在。如何基于信息不对称的现状确立合理的财务管理目标，是企业需要认真思考的问题。

一、企业财务管理目标研究现状

究其发展历程，财务管理目标众多。当今关于财务管理目标的探讨，股东利益最大化和相关者利益最大化是最主要的两个观点。股东利益最大化观点的出现，早于相关者利益最大化。

股东利益最大化指的是管理层应该努力通过财务上的合理经营，为股东带来更多的财富。持有该观点的人认为，资本是企业经营中最重要的因素，管理者应该尽最大努力为股东赚钱，以增加社会价值。著名学者哈耶克曾指出为股东赚钱与履行社会责任是可以并存的。埃巴则更立场鲜明地认为，只有把股东利益放在第一位，才能使社会福利最大化。股东利益导向的公司财务模式和理论，被批评为对企业员工、顾客、环境等利益相关者的利益不够重视，从社会学和经济学的角度来说不负责任。

随着知识经济和科学技术的迅猛发展，资本以外的其他要素对企业而言越来越重要，股东之外的其他利益相关者的地位也有所提高。有学者认为在这种情况下，从可持续发展的角度而言，企业只关注股东利益已经与社会经济发展要求不相符，应予以改变。企业财务管理目标应当考虑包括股东在内的所有利益相关者的利益。他们认为，以相关者利益最大化作为企业财务管理目标，取代之前的股东利益最大化目标，可以有效弥补股东利益至上而忽略其他相关者利益的不足，符合企业长期可持续发展的要求。然而，随着研究的深入，也有众多学者对兼顾所有相关者利益的相关者利益最大化观点提出疑问，认为相关者利益最大化治理模式实际上是将股东利益最大化的负外部性内部化到公司治理中，在现实条件下存在明显不足。首先，利益相关者利益定位不明确；其次，利益相关者间利益有冲突，难以实现利益最大化；最后，利益的分配难以量化，不具有可操作性。

财务管理目标是企业财务理论的重要内容，一定程度上决定了财务管理的组织、原则及其方法体系，直接影响着企业的实际财务管理活动。不同财务管理目标对企业财务管理运行机制产生不同的影响。因此，企业需要明确财务管理目标，优化财务管理行为，从而实现财务管理活动的良性循环。

二、企业财务管理目标的特征

（一）阶段性与层次递进性

企业财务管理目标的确定并不是一成不变的，企业的财务管理目标会随着企业规模和发展阶段的变化而变化。因此，财务管理目标具有一定的阶段性，表现在不同时期理论界的不同观点；而每一种观点在其特定的发展阶段都具有一定的科学合理性，并随着外部环境的变化而不断演进发展，因此财务管理目标具有一定的层次递进性。

（二）对企业目标的依从性

财务管理属于企业经济管理活动的一个重要组成部分，因此财务管理目标应依从于企业目标的确定与实现，企业财务管理目标对企业目标应具有一定的依从性。

目前，企业目标主要归结为生存、获利与发展，企业财务管理目标应依从于企业目标，最终实现企业的持续健康发展。

（三）相对稳定性

尽管企业不同发展阶段的财务管理目标有所不同，但企业不能随意调整财务管理目标，需要保证财务管理目标具有相对的稳定性，否则将无法科学引导企业开展财务管理活动，达到预期的财务管理目标。这也是企业科学界定财务管理目标的重要意义所在。

（四）可操作性

只有目标具有一定的可操作性，人们才能更好地实现目标，因此企业财务管理目标的界定应具有一定的可操作性，企业通过引导财务管理活动来实现其预定的财务管理目标。现实中财务管理目标可以有很多种，但并不是所有的财务管理目标都能够被理论界与实务界接受，这关键在于其是否具有较好的可操作性。

三、企业财务管理具体目标

（一）追求利润最大化

企业设立的目的就是赚钱，利润是企业的生命线。将利润最大化作为企业的财务管理目标，符合企业设立的基本目的。对投资者和利益相关者来说，利润事关其根本利益，利润最大化对他们都是有利的。对企业来说，利润是企业在竞争中求得生存和发展的基本条件，企业赚取的利润越多，表明企业发展经营得越好，抵御风险的能力越强。对社会发展来说，企业赚取的利润越多，表明企业为社会增加的财富越多，这对社会的发展和进步是有利的。

（二）追求企业价值最大化

企业价值最大化管理目标指企业采取最佳的财务政策，合理经营，充分发挥财务管理的作用，促进企业长期稳定发展，不断提高赢利能力，实现企业资产总价值最大化。企业价值最大化是长远目标，它既考虑了投资者投资价值的变化，也考虑了短期利润中未能反映而又对企业长远发展影响深远的因素；既反映了股东对公司的期望，也反映了外部对公司的评价；同时还与财务管理的短期目标及整个社会的经济目标进行了较好的结合，赋予企业生产经营和财务活动更广阔的视野，使其产生更深远的影响。

（三）股东财富最大化

现代股份制企业是由若干处于竞争合作关系的股东按照契约关系形成的集合体，股东对企业投资，成为所有者，目的就是获取更大利益。股东都希望企业成功经营，以实现自身利益，但利益需求不同使得他们存在竞争与对抗，这样企业财务管理就很难具有一致的目标。股东是企业资本投入者，承担的风险最大，而且股东的利益相较于其他利益相关者是最后得到满足的，实现了股东利益最大化，也就是保证了其他相关利益集团的利益。因此，在财务决策中，财务管理需要以股东利益最大化为目标。

（四）追求企业可持续发展能力最大化

企业可持续发展能力最大化目标要求企业财务管理要以人为本，同以物（利益）为中心的观念比较而言，更加注重人力资本投资，通过培养企业长期持续发展的能力，实现企业的可持续发展。企业可持续发展能力最大化不单纯是一个量的概念，同时具有潜在的获利能力、职工生活质量的提高、社会生态环境的改善及资源的优化配置等多方面质的含义。

四、企业财务管理目标的现实选择

按照现代企业管理理论的观点，企业是股东、债权人、职工等多边契约关系的总和。对企业的发展而言，股东、债权人、职工等都是企业的利益相关者，在整个契约关系中缺一不可。因此，仅考虑股东财富最大化容易导致企业忽略甚至侵害其他关系人的利益。客观上说，企业财富的增加会使各相关者的利益都得到较好的满足，而各利益方良好的合作关系也会更好地促进企业价值的提升。因此，企业应协调相关各方的利益，追求企业相关者利益的最大化，进而提升企业整体价值，实现企业的持续健康发展。

为了更好地发挥财务管理目标的导向作用，企业确定财务管理目标应注意以下问题。

（一）财务管理目标应有助于促进企业的发展

企业财务管理目标应有助于企业实现企业目标，能够促进企业的持续发展。企业要生存、获利和发展，就需要通过财务管理活动合理控制成本，提高收入水平，并尽可能控制可能存在的风险。因此，随着企业外部和内部环境的变化，企业财务管理目标也应呈现一定的动态调整性，以顺应不同环境下企业的发展目标。

（二）明确界定财务管理总目标与分层次目标

企业财务管理目标具有一定的系统性，企业在确定总目标的基础上应进一步细化分层次目标，并保持一定的综合性和系统性。财务管理总目标确定为相关者利益最大化目标，在此基础上细化不同阶段的财务管理目标，并体现一定的递进关系和发展。如在企业初创阶段，财务管理细分目标应着眼于合理安排资本结构，以满足企业发展的资金需求，并科学开展投资分析决策活动。

（三）综合衡量财务管理的近期目标和长远目标

财务管理目标的确定应注重近期目标与长远目标的协调统一。具体来说企业财务管理的长远目标是实现企业的持续健康良性发展，它是财务管理活动的导向性目标；近期目标则根据企业实际生命周期和财务活动的特点进行确定，如降低财务风险、加强成本控制管理、提高投资报酬率等具体目标。

五、财务管理目标存在的争议

财务管理目标，又称理财目标，指的是企业组织财务活动、处理财务关系所要达到的目标。财务管理目标具有可变性、层次性和多元性的特点。

从根本上说，财务管理目标取决于企业的目标。在不同时期，尤其是在不同的经济体制下，企业的目标是不同的。我国在计划经济时代，财务管理的目标是产量或产量的最大化，这总体上是与当时的经济体制相适应的。但在市场经济条件下，这一目标显然已不能适应市场环境，因为它至少存在以下缺点：企业效益可能低下，产品质量难以保证，产品销售渠道可能不畅，内部潜力可能挖掘不够。目前在市场经济条件下，大家对企业财务管理目标还存在一定的争议，其中最具代表性的有以下两种观点。

（一）利润最大化

企业的一切财务活动，诸如资金的筹集、投资项目的选择、资本预算、资本结构的优化、股利政策的制定等，其成果在一定程度上最终都归结到利润水平上。在社会主义市场经济条件下，企业作为自主经营的主体，利润是企业在一定时期的全部收入和全部费用的差额。

利润最大化目标的主要优点是，利润可以直接反映企业创造的价值，可以在一定程度上反映企业经济效益的高低和对社会贡献的大小，利润是企业补充资本、扩大经营规模的主要源泉之一。因此，企业追求利润最大化是合理的。

利润最大化目标的缺点，主要表现在以下几个方面。

①没有考虑获得利润所需的时间，即没有考虑资金的时间价值。例如，A、B 两个企业在相同的起步资金 100 万元的条件下，都获得了 50 万元的利润，但其中 A 企业只用了 1 年的时间，而 B 企业则花费了 5 年时间。若不考虑资金的时间价值，就难以做出正确的判断。

②没有反映所创造的利润与投入资金之间的对比关系，因而不利于不同资本规模的企业或同一企业的不同时期之间的比较。例如，甲、乙两个企业在相同的 1 年时间里，都获得了 100 万元利润，但其中甲企业是在 500 万元的起步资金的条件下获得的，而乙企业是在 1 000 万元的起步资金的条件下获得的。若不考虑投资额，同样难以做出正确的判断。

③没有考虑风险因素，一般地说，报酬越高，所要承担的风险就越大。追求利润最大化，可能会使企业承担过大的风险。例如，企业进入股票与期货市场，或进入高科技行业，虽然可能获得高利润，但风险也很大。

④没有考虑对企业进一步发展及对企业可持续发展的影响。片面追求利润，可能导致企业短期行为，如忽视产品开发、人才开发、安全开发等。

（二）股东财富最大化

股东财富最大化，又称企业价值最大化。因为股东创办企业的目的是扩大财富，他们是企业的所有者，企业价值最大化就是股东财富最大化。有观点认为，股东财富最大化是股东所持有股票的市值最大化。这种观点是以在比较完善的资本市场中股票可以被自由买卖为前提的。企业的价值，指的不是企业账面资产总价值，而是全部财产的市场价值，它反映了企业潜在或预期的获利能力。因为企业的价值如同商品的价值一样，只有投入市场，才能通过价格表现出来。股价的高低，在一定程度上反映了广大投资者对企业价值的评价，并受今后每年的净利润及其增长趋势与风险的影响。

股东财富最大化目标的优点：①考虑了资金的时间价值和投资的风险问题；②有利于克服企业的短期行为，引导企业讲究信誉，注重企业形象；③有利于社会资源的合理配置。

股东财富最大化目标的缺点：①对于非上市公司，企业价值不易衡量；②对企业其他有关人员（企业的债权人、职工及政府）的利益重视不够；③安定性股东对股价的短期变动不感兴趣；④股票价格受很多因素影响，股票市场效率越低，股票价格越是不完全由公司管理决定；⑤我国的上市公司持有的股票有三分之二不能在股票市场流通，持有这些股票的股东并不十分在乎股价的高低，而他们恰恰是公司的领导者与管理者；⑥没有考虑社会效益的正负与大小。

六、影响财务管理目标实现的因素

财务管理目标实现的程度，受外部环境与公司管理决策两方面因素的影响。其中外部环境对公司来说是不可控的因素，而公司管理决策相对而言是可控的因素。企业通过正确的投资决策、筹资决策、经营决策和分配决策，可以促进财务管理目标的实现。就公司管理决策而言，影响财务管理目标实现的主要因素包括内部收益率、风险、投资项目、资本结构和分配政策等。

（一）内部收益率

内部收益率指的是单位资金每年的利润。内部收益率越高，企业的价值越大，投资者（股东）可以得到的回报越多。内部收益率既考虑了投入净资产的大小，又考虑了时间的长短。

（二）风险

企业在做出决策时，必须在可以承受风险的条件下，争取尽可能大的期望收益率。

（三）投资项目

企业在选择投资项目时，首先应明确自身是可以承受风险的；其次在这些可承受的风险投资项目中，企业应选择那些期望内部收益率尽可能大的进行投资。

（四）资本结构

资本结构指债务资本与投资者的权益资本之间的比例关系。一般情况下，当项目的预期报酬率高于债务资本的利息率时，企业举债可以提高未来的内部收益率，同时也扩大了企业未来的风险。一旦项目的预期报酬率低于债务资本的利息率，债务资本不但不会提高内部收益率，反而会促使内部收益率下降，企业甚至可能因无法按期支付债务本息而破产。资本结构不当，往往是企业破产的重要原因之一。

（五）分配政策

对投资者（股东）来说，分配政策实际是用来处理当前利益与长远利益的关系的。企业当期的盈余多少分配给投资者（股东），多少继续留在企业进行再投资，这是企业进行收益分配时必须做出决策的。显然，再投资的风险要大于当即分红，但再投资可能加大未来的收益。因此，企业收益分配政策会影响企业未来的收益和风险。

七、对于财务管理目标所有者（股东）、经营者等之间的冲突与协调

财务管理目标在所有者（股东）、经营者、债权人、政府（社会）及职工之间往往会发生一定的冲突。所有者（股东）与债权人都为企业提供了资金，但是，他们都不直接参与企业的管理，只有经营者在企业中直接参与财务管理工作。

（一）所有者（股东）与经营者之间的冲突与协调

企业是所有者(股东)的企业，财务管理的目标应该是所有者(股东)的目标。所有者（股东）委托经营者代表他们管理企业。因此，所有者（股东）与经营者之间的财务关系，是企业中最重要的财务关系。这实际上是一种"委托—代理"关系。但所有者(股东)与经营者分离以后，经营者的具体行为目标与所有者(股东)的目标往往不一致，甚至存在很大的差异。

1. 经营者的目标

增加报酬，包括物质与非物质的报酬，如增加工资、奖金，提高荣誉，提供足够的保障等。工作尽量轻松，增加休息时间，包括减少名义工作时间与有效工作时间、降低工作强度等。避免风险。经营者努力工作可能得不到应有的报酬，当他们的行为和结果存在不确定时，经营者总是力图避免风险，希望得到有足够保障的报酬。

2. 经营者对所有者（股东）利益的背离

由于经营者的目标与所有者（股东）的目标不完全一致，经营者有可能为了自身的目标而背离所有者（股东）的利益，主要表现如下。①工作不努力，存在道德风险。经营者为了自身的利益，可能不努力去实现企业的目标。一般来说，他们没有必要冒险工作，因为冒险成功，好处是所有者（股东）的，而一旦失败，经营者的名誉将受损，他们的"身价"将大打折扣。因此，他们不做什么错事，也不十分卖力。这样做并不构成法律与行政责任问题，只是道德问题，所有者（股东）很难予以追究。②逆向选择，贪图享受。例如，经营者可能借工作需要之名，装修豪华办公室、买高档汽车等。同时，经营者可能损公肥私，设法将企业的资产与利益占为己有，将劣质产品高价卖给企业，或将企业的优质产品低价卖给自己的企业等。

3. **防止经营者背离所有者（股东）利益的方法**

为了防止经营者背离所有者（股东）的利益，一般有以下三种方法。①制定财务规章制度。所有者（股东）让经营者在一定的范围内行使职权，尤其是涉及经营者利益方面的活动。例如，招待费实行总额控制，经营者应享受的待遇尽量做到制度化，仅在一定限度内让经营者行使特权。②建立监督机制。所有者（股东）最好设法获取更多的有关信息，对经营者进行监督，当经营者背离所有者（股东）的利益时，可减少经营者各种形式的报酬，甚至解雇他们。当然，监督机制只能起一定作用，因为所有者（股东）远离经营者，经营者"上有政策，下有对策"，况且，监督的成本比较高，所有者（股东）不可能实施全面监督。因此，监督可以减少经营者违背所有者（股东）意愿的行为，但不能解决全部问题。③采取激励措施。为防止经营者背离所有者（股东）利益，所有者（股东）还可以采用激励机制，如可以给经营者现金或股票奖励。当然，激励措施也不能解决全部问题。因为激励过低，不能有效地调动经营者的积极性；相反，激励过高，所有者（股东）付出的成本过高，也不能实现自己利益的最大化。

（二）所有者（股东）与债权人之间的冲突与协调

在市场经济条件下，所有者（股东）与债权人之间形成的债务债权关系，是企业财务关系的重要组成部分。企业借款的目的是解决经营中资金不足的问题，或是扩大经营规模，或是因各种原因资金周转困难。而债权人将资金借给企业的目的是利用闲置资金获取利息收入，到期收回本息。债权人把资金借给企业时，考虑了该企业应有的风险与报酬的关系。但一旦形成债权债务关系，债权人就失去了对企业的控制。所有者（股东）为了自身的利益，可以通过经营者而损害债权人的利益。

所有者（股东）通过经营者损害债权人利益的主要方式包括以下两个。①所有者（股东）改变原定资金的用途，将资金用于风险更高的项目。如果高风险的项目取得成功，则超额的利润将完全归所有者（股东）所有；如果高风险项目失败，则企业无力偿债，债权人将与股东共同承担损失，债权人到期无法收回本息。②所有者（股东）在未征得债权人同意的情况下，发行新债券或举借新债。这样，企业的负债比率增大，从而企业破产的可能性增加，旧债的偿还保障程度降低。企业破产，新债权人将会与旧债权人一起分配企业破产后的财产。因此，这将降低旧债的相对价值。

债权人可以采取以下措施防止其利益受到侵害。①寻求法律保护。例如，企业破产时优先接管企业、优先分配剩余资产等。②在借款合同中加入限制性条款。例如，规定资金的用途，规定在还本付息之前，不得发行新债券与举借新债，或限制发行新债的数额等。③当发现所有者（股东）有侵害自身利益的行为时，债权人可以拒绝进一步合作，包括不再提供新的借款，直至收回已借的款项。

（三）所有者（股东）与政府（社会）之间的冲突与协调

所有者（股东）与政府（社会）之间的关系，主要体现在企业对政府（社会）承担的责任。一般情况下，企业财务目标与社会目标基本上是一致的。但有时候，企业为了自身的利益会做出忽视甚至背离政府（社会）利益的行为。

1. 企业财务目标与社会目标相一致

这主要表现在：①企业可以解决一部分人的就业问题，对员工进行必要的就业培训，促进员工素质的进一步提高；②企业的产品大多受社会的欢迎；③企业的利税是对社会的贡献；④企业支持社会公益事业的发展。

2. 企业可能为了自身的利益而背离政府（社会）的利益

这主要表现在：①生产伪劣产品；②不顾职工的健康与利益；③污染环境；④损害他人的利益。

3. 政府（社会）对企业进行约束

这主要表现在：①政府通过立法和制定规章制度，强制企业承担应有的社会责任；②建立行业自律准则，使企业受到商业道德约束；③要求企业随时接受舆论媒体、群众及政府有关部门的监督。

第三节　企业财务管理环境

企业财务管理环境又称理财环境，一般指对企业财务活动和财务管理产生影响的外部条件。它涉及的范围很广，主要包括宏观经济环境和金融环境。

一、宏观经济环境

宏观经济环境一般包括国民经济发展状况、通货膨胀与通货紧缩、就业状况、国际收支状况、市场竞争状况及政府的经济政策等。

（一）国民经济发展状况

国民经济发展状况，主要指工农业产值、国民生产总值、国内生产总值、经济周期等的现状与今后的发展趋势。工农业产值、国民生产总值与国内生产总值相对增长率的增加或减小，分别意味着投资机会的增多或减少。经济周期指经济发展的相对循环状态，一般包括萧条、复苏、上升、高涨和回落等几个反复性阶段。在经济发展的萧条阶段，由于收入的减少，企业可能出现资金周转困难的局面；由于投资机会的减少，企业可能出现资金闲置的现象。在经济发展的高涨阶段，由于投资机会迅速增加，企业财务管理人员要积极筹措资金，以保证资金供应。

（二）通货膨胀与通货紧缩

通货膨胀指的是物价普遍持续上涨。通货膨胀产生的主要原因：通货的需求大于供给、政府支出增加及货币供应量增长引起的货币贬值。通货膨胀会直接影响筹资成本与投资收益率，从而影响财务管理的决策。与此相反，通货紧缩表现为经济增长逐渐下降，甚至出现负增长，物价持续下跌，失业率不断增加。在通货紧缩时期，企业融资成本不断增加，产品库存也不断增加。从经济周期角度分析，经济处于回落或萧条时期。

（三）就业状况

就业状况一般与经济发展密切相关。在经济繁荣时期，就业率较高；在经济萧条时期，就业率较低。对企业来说，就业率高或低都不利于企业正常用工。因为在就业率较高时期，往往经济发展处于上升阶段，企业为了与国民经济同步发展，增加用工，却找不到合适的就业者，同时企业往往需要提高奖金或薪水来留住现有高水平就业者；相反，在就业率较低时，国民经济往往处于萧条时期，但企业为了今后的发展，不可能裁员过多，尤其是对有技术的熟练工人。而这些对企业财务管理来说，都是很不利的。

（四）国际收支状况

国际收支状况，主要指国家在某时期内有关收入（商品与劳务出口的收入、来自国外的利息收入、接受国外的捐赠等）与有关支出（商品与劳务进口的支出、向国外的利息支出、向国外的捐赠等）之差。国际收支出现顺差，即收入大于支出时，说明国内生产形势好，投资机会较多；国际收支出现逆差，即收入小于支出时，说明国内生产形势较差，投资机会较少。

（五）市场竞争状况

在市场经济条件下，任何企业都不可能回避竞争。企业之间、各商品之间（包括现有商品与新商品之间）的竞争，涉及企业设备、人才、推销、管理等方面。竞争能促使企业用更好的设备和方法，生产出更好的产品，对经济发展起推动作用。对企业管理而言，竞争既是机会，也是挑战。企业往往需要扩大投资，引进人才，进行管理创新。扩大投资成功之后，企业赢利增加，竞争力提高。但如果扩大投资失利，则企业所面临的竞争形势将更加严峻。

（六）政府的经济政策

政府的经济政策，主要指财政政策与货币政策。积极、扩张的财政政策与积极、扩张的货币政策，将会使投资机会增加。紧缩的财政政策与紧缩的货币政策，将会使投资机会减少。政府增加开支时，投资机会将增多；政府压缩开支时，投资机会将减少。

这里应该注意，财政政策与货币政策只有配合使用，才能形成相关的宏观经济控制目标。例如，政府增加开支，有可能是由于国内民间投资不足，经济增长乏力，政府不得不采用扩张的财政政策，以便刺激内需，使投资机会增加。但也有可能是政府与民间争夺投资机会，导致某些民间投资机会的丧失。同样，政府压缩开支，其出发点也可能有正反两个方面。

此外，税率的高低将会直接影响企业税后利润的高低，从而影响股票每股收益的高低。税率的高低也将会直接影响企业筹资成本的高低。

二、金融环境

（一）金融市场

1. 金融市场的含义和金融资产的属性

金融市场就是货币借贷、资金融通和有价证券买卖的场所的总称。它有广义和狭义之分。广义的金融市场包括货币市场、资本市场、外汇市场和黄金市场，即社会上的一切金融业务都列入金融市场的范围内；狭义的金融市场则指以同业拆借、商业票据承兑和贴现为主的短期资金市场（货币市场）和以债券、股票为主的长期资金市场（资本市场）。我们通常将狭义的金融市场看作典型的金融市场。

金融资产，指的是以价值形态存在的资产，是可以进入金融市场交易的资产，包括中国人民银行发行的钞票、股票、基金、债券、期货等。金融资产是与实物形态存在的资产相对而言的。

金融资产有三个属性：①流动性，即容易兑现，且在短期内市场价格波动较小，因而损失较小；②收益性，即持有诸如股票、基金、债券、期货等金融资产，常常会有一定收益；③风险性，即持有金融资产，存在一定风险，包括违约风险与市场风险等。

2. 金融市场的构成要素

金融市场由主体（参与者）、客体（金融工具）、参加人以及金融市场的组织形式和交易方式等要素组成。金融市场的主体是货币资金盈余或短缺的企业、个人以及金融中介机构。客体指金融市场上的买卖对象，如股票、基金与债券等。参加人指客体的供给者与需求者。金融市场的组织形式一般指交易所市场和店头市场两种组织形式。交易方式一般指现货交易和期货交易两种方式。

根据金融市场交易工具与投融资期限，可以将金融市场分为货币市场（短期资金市场）与资本市场（长期资金市场）。货币市场是专门融通短期（一年以内）资金、实现短期资金借贷的市场，包括同业拆借市场、短期借贷市场、大额可转让定期存单市场、票据市场及短期债券市场等，具有期限短、变现能力强、风险小等特点。资本市场是以长期金融工具为直接交易对象，融通期限在一年以上的长期资金市场。资本市场的种类很多，按金融工具可分为股票市场和债券市场；按市场职能可分为发行市场和流通市场；按交易组织形式可分为场内市场和场外市场；按交易方式可分为现货市场和期货市场。资本市场具有期限长、变现能力弱、收益变化大、风险大等特点。

3. 金融市场与财务管理的密切关系

金融市场是企业投融资的重要场所。在证券市场中，上市公司可以通过发行新股、配股、增发新股、发行普通债券及发行可转换债券等筹集资金。企业有了暂时闲置资金，也可以投资于证券市场的股票、基金与债券等。金融市场是企业长短期资金周转转换的重要场所。企业急需周转资金时，可以将长期资金，如股票、基金、债券以及大额可转让定期存单与远期票据等，在金融市场卖出或兑现，变为短期资金；反之，企业有了暂时闲置的短期资金时，也可以将其短期投资于证券市场的股票、基金与债券等，临时转换成长期资金。金融市场能为财务管理提供及时、有用的信息。金融市场的利率、价格变化趋势及资金供求情况等，都是财务管理所需的及时、有用的信息。金融市场中利率的高低，各种金融工具的价格波动，都将影响企业的筹资成本，如银行贷款利率的提高会影响企业的贷款成本，公司股票价格的波动会影响公司配股或增发新股的价格等。

（二）利息率

利息率简称利率，是利息占本金的百分比指标。在金融市场上，利率是资金使用权的价格。一般说来，金融市场上的资金的购买价格，可用下式表示：利率＝纯粹利率＋通货膨胀附加率＋风险附加率。

（1）纯粹利率

纯粹利率指的是无通货膨胀、无风险情况下的平均利率。一般情况下，国库券的利率可以视为纯粹利率。

（2）通货膨胀附加率

通货膨胀使货币贬值，投资者的真实报酬下降。因此，投资者在把资金交给借款人时，会在纯粹利率的水平上加上通货膨胀附加率，以弥补通货膨胀造成的购买力损失。

（3）风险附加率

投资者除了关心通货膨胀附加率以外，还关心资金使用者能否保证他们收回本金并取得一定的收益。这种风险越大，投资人要求的收益率越高，风险和收益之间存在对应关系。风险附加率是投资者要求的除纯粹利率和通货膨胀之外的风险补偿。

第四节 财务分析

一、财务分析的含义与内容

（一）财务分析的含义

广义财务分析应包括企业一般的和具体的、整体的和部门的、内部的和外部的、目前的和未来的、价值的和非价值的各种与企业经营和投资的过去、现在和未来财务状况相关的各项分析内容。

通过上述分析，我们可以将财务分析的基本概念这样概括："财务分析是根据企业的经营和财务等各方面的资料，运用一定的分析方法和技术，有效地寻求企业的经营和财务状况变化的原因，正确地解答有关问题的过程。"财务分析的职能是"评价企业以往的经营业绩，衡量企业现在的财务状况，预测企业未来的发展趋势，为企业正确地经营和做出财务决策提供依据"。例如，为什么有时企业销售情况良好，但利润增长却十分缓慢；为什么企业利润状况不错，但现金流量却不理想；什么原因造成企业的成本费用急剧上升，或负债比例持续居高不下，都要通过财务分析来进行解答。

（二）财务分析的内容

财务分析信息的需求者主要包括企业所有者、企业债权人、企业经营决策者和政府等。不同主体出于不同的利益考虑，对财务分析有着各自不同的要求。

企业所有者作为投资人，关心其资本的保值和增值状况，因此较为重视企业获利能力指标。企业债权人因不能参与企业剩余收益分配，关注的是投资的安全性，因此更重视企业偿债能力指标。企业经营决策者必须对企业经营管理的各个方面，包括营运能力、偿债能力、获利能力及发展能力等进行详尽的了解和掌握，并关注企业财务风险与经营风险。

因此，财务分析的基本内容包括偿债能力分析、营运能力分析、获利能力分析和发展能力分析，四者是相辅相成的关系。

二、财务分析的意义与目的

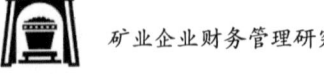

（一）财务分析的意义

财务分析对于企业各方面的相关利益者都具有重要意义，企业的投资者、经营者或债权人等，都十分关心财务分析的结果。不同财务信息使用者所关注的财务分析的结论是不同的，所以他们对财务分析提出的要求也是有区别的，这就决定了企业财务分析对于不同的信息使用者具有不同的意义。

1. 从投资者角度看

一般来讲，投资者最注重的是企业的投资回报率，也十分关注企业的风险程度，不但要了解企业的短期赢利能力，也要考虑企业长期的发展潜力。所以企业财务分析对投资者具有十分重要的意义。它不但能够说明企业的财务目标是否可以最大限度地实现，也为投资者做继续投资、追加投资、转移投资或抽回投资等决策提供重要的依据。如果是上市公司，作为投资者的股东，还要了解公司每年的股利的盈利和风险的分析信息，更要获得各期动态分析的信息，因为这对投资决策更有价值。

2. 从债权人角度看

债权人更多地关心企业的偿债能力，关心企业的资本结构、负债比例以及企业长短期负债的比例是否恰当。一般来讲，短期的债权人更多地关心企业各项流动比率所反映出来的短期偿债能力。而长期债权人则会更多地考虑企业的经营方针、投资方向及项目性质等所包含的企业潜在财务风险和偿债能力。同时，长期债权人也要了解企业的长期经营方针和发展实力以及是否具有稳定的盈利水平，因为这些是企业具有持续偿债能力的前提。

3. 从经营者角度看

财务分析信息对于提高企业内部经营管理水平、制定有效的内外部决策具有重要意义。企业外界的利益者对企业的影响是间接的，而企业经营者能将财务分析信息应用于管理实务，对促进企业各级管理层管理水平的提高至关重要。因此，对应用财务分析信息的要求越具体和深入，越有助于企业的经营者及时了解企业的经营规划和财务、成本等计划的完成情况，并通过分析各种主、客观原因，及时采取相应的措施，改善各个环节的管理工作。同时，财务分析信息也是企业内部总结工作业绩、考核各部门经营责任完成情况的重要依据。

4. 从政府角度看

对企业有监管职能的主要有工商、税务、财政和审计等政府部门，它们也要通过定期了解企业的财务分析信息，把握和判断企业是否按期依法纳税、各项税目的缴纳是否正确等。同时，国家为了维护市场竞争的正常秩序，必然会利用财务分析信息，来监督和检查企业在整个经营过程中是否严格地遵循国家规定的各项经济政策、法规和有关制度。

（二）财务分析的目的

财务分析的意义是外在的，是不同财务信息使用者所赋予它的。而财务分析的目的是内在的，是其本质所具有的。虽然不同人员所关心的问题不相同，对财务分析的要求和目的也必然会有差异，但归纳起来，财务分析的基本目的是从各个方面对企业进行一个总体的评价，而其他的作用实际是一种派生的目标。因此，从评价的角度看，财务分析应该具有以下几项基本目的。

1. 评价企业的财务状况

财务管理部门应根据财务报表等综合核算资料，对企业整体和各个方面的财务状况做综合和细致的分析，并对企业的财务状况做出评价。财务管理部门应全面了解企业资产的流动性是否良好，资本结构和负债比例是否恰当，现金流量状况是否正常，最后说明企业长短期的偿债能力如何，从而评价企业长短期的财务风险与经营风险，为企业投资人和经营者等提供有用的决策信息。

2. 评价企业赢利能力

偿债能力和赢利能力是企业财务评价的两大基本指标。在企业偿债能力既定的情况下，企业应追求最大的赢利能力，这是企业的重要经营目标。是否长期具有较高的赢利能力，是一个企业综合素质高低的基本体现。企业要生存和发展，就必须能获得较高的利润，这样企业才能在激烈的竞争中立于不败之地。企业的投资者、债权人和经营者等都十分关心企业的赢利能力，同时只有赢利能力强的企业才能保持良好的偿债能力。财务管理人员应从不同项目出发对企业赢利能力做深入分析和全面评价，不但要看绝对数也应看赢利水平，同时还要比较过去和预测未来的赢利水平。

3. 评价企业资产管理水平

企业资产作为企业生产经营活动的经济来源，其管理效率的高低直接影响企业的赢利能力和偿债能力，也表明了企业综合经营管理水平的好坏。财务管理人员应对企业资产的占有、配置、利用水平、周转状况和获利能力等，做全面和细致的分析，要看相对收益能力，不能只看现在的赢利状况。

4. 评价企业成本费用管理水平

从长远看，企业的赢利能力和偿债能力与企业的成本费用管理水平密切相关。凡是经营良好的企业，一般都有较高的成本费用控制能力。财务管理人员应对企业一定时期的成本费用的耗用情况做全面的分析和评价，不但要从整个企业和全部产品的角度进行综合分析，还要对企业的具体职能部门和不同产品做深入的分析，对成本和费用的组成结构进行细致分析，只有这样才能真正说明成本费用增减变动的实际原因。

5. 评价企业未来发展能力

无论是企业投资人、债权人还是企业经济管理者，都十分关心企业的未来发展能力，因为这不仅关系到企业的命运，也直接与他们的切身利益相关。财务管理部门只有通过全面和深入细致的财务分析，才能对企业未来的发展趋势做出正确的评价。在企业财务分析中，财务管理部门应根据企业的偿债能力和赢利能力、资产管理质量和成本费用控制水平，以及企业其他相关的财务和经营方面的各项资料，对企业中长期的经营前景做合理预测和正确的评价。这不但能为企业经营者和投资人等的决策提供重要依据，而且能避免由于决策失误而给企业造成重大损失。

三、财务分析的依据和基本方法

（一）财务分析的依据

财务分析的依据也就是财务分析的基础，主要指财务分析的各种资料。只有基础资料充分、正确和完整，财务分析信息才能真实、可靠，所以充分、正确和完整的财务资料是高质量财务分析的重要前提。财务分析基础资料主要有企业的基本财务报表、财务状况说明书、企业内部管理报表、上市公司披露的信息资料、外部评价报告和分析评价标准等。

财务管理人员需要分析大量客观的财务数据并得出结论，主要依据的是企业的各种财务报表。其中，最主要的是企业的资产负债表、利润表和现金流量表。

1. 资产负债表

资产负债表是反映企业某一时日财务状况的会计报表，是会计人员在某一特定时点上对企业会计实体的价值进行统计得出的。

资产负债表是一张静态报表，它反映的是报表日企业的财务状况。利用资产负债表，可以分析评价企业资产的分布状况和资金的营运情况是否正常，分析和评价企业的资本结构是否合理。资产负债表主要能为我们提供资产的流动性和变现能力、长短期负债结构和偿债能力、权益资本组成和资本结构、企业潜在财务风险等信息。同时，该表也为分析企业赢利能力和资产管理水平、评价企业经营业绩提供了依据。

2. 利润表

利润表是反映企业一定时期经营成果的会计报表，它是一张动态报表，反映了企业整个经营期的盈利或亏损情况。一般利润表分为四个部分，按照净利润的实现程序依次排列，主要是营业收入、营业利润、利润总额和净利润。利润表的最后一项是净利润，对于上市公司而言，净利润常常被表示成每股收益的形式，即每股的净利润是多少。

3. 现金流量表

现金流量表是反映企业一定时期现金流入和现金流出及现金增减变动原因的会计报表。现金流量表主要包括三大部分：企业经营活动产生的现金流量、企业投资活动产生的现金流量、企业筹资活动产生的现金流量。现金流量表有时也会单列某些如汇率变化等特殊事项引起的现金流量变动。

现金流量表主要有以下作用：反映企业各类现金流入和流出的具体构成，说明企业当前现金流量增减变化的原因，为评价企业现金流量状态是否正常、未来是否有良好的赚取现金的能力和偿还债务及支付股利的能力提供依据。同时，该表也为财务分析者提供了本期损益与现金流量比较分析的相关资料以及企业各类相关的理财活动的财务信息。

（二）趋势分析法

趋势分析法又称水平分析法，是将两期或连续数期财务报告中的相同指标进行对比，确定其增减变动的方向、数额和幅度，以说明企业财务状况和经营成果变动趋势的一种方法。采用这种方法，可以分析引起变化的主要原因和变动的性质，并预测企业未来的发展前景。

趋势分析法的具体运用主要有以下三种方式。

1. 财务指标的比较

财务指标的比较是将不同时期财务报告中的相同指标或比率进行比较，直接观察其增减变动情况及变动幅度，预测其发展趋势。

(1) 定基动态比率

它是以某一时期的数额为固定的基期数额而计算出来的动态比率。其计算公式如下：

$$定基动态比率 = 分析期数额 \div 固定基期数额 \times 100\%$$

(2) 环比动态比率

它是以每一分析期的前期数额为基期数额而计算出来的动态比率。其计算公式如下：

$$环比动态比率 = 分析期数额 \div 前期数额 \times 100\%$$

2. 会计报表的比较

会计报表的比较是将连续数期的会计报表并列起来，比较相同指标的增减，以判断企业财务状况和经营成果的发展变化。会计报表的比较，具体包括资产负债表比较、利润表比较、现金流量表比较等。比较时，既要计算出表中有关项目增减变动的相对额，又要计算出其增减变动的百分比。

3. 会计报表项目构成的比较

会计报表项目构成的比较是在会计报表比较的基础上发展而来的，就是以会计报表中的某个总体指标作为100%，再计算出各组成项目占该总体指标的百分比，从而来比较各个项目百分比的增减变动、判断有关财务活动的变化趋势。这种方法比前述两种方法更能准确地分析企业财务活动的发展趋势。它既可用于同一企业不同时期财务状况的纵向比较，又可用于不同企业之间的横向比较。同时，这种方法能消除不同时期（不同企业）之间业务规模差异的影响，有利于分析企业的耗费水平和赢利水平。

但采用趋势分析法必须注意以下问题：①用于进行对比的各个时期的指标，在计算口径上必须保持一致；②剔除偶发性项目的影响，使作为分析的数据能反映企业正常的经营状况；③对某项有显著变动的指标做重点分析，研究其产生的原因，以便采取对策，趋利避害。

（三）比率分析法

比率分析法指利用财务报表中两项相关数字的比率揭示企业财务状况和经营成果的一种分析方法。在财务分析中，比率分析法比趋势分析法更具科学性、可比性。根据分析的目的和要求的不同，比率分析法的比率指标类型主要有以下三种。

1. 构成比率

构成比率又称结构比率，是某个经济指标的各个组成部分与总体的比率，反映部分与总体的关系。其计算公式如下：

$$构成比率 = 某个组成部分数额 \div 总体数额 \times 100\%$$

利用构成比率，可以考查总体中某个部分的形成和安排是否合理，以便协调各项财务活动。

2. 效率比率

效率比率是某项经济活动所费与所得的比率，反映投入与产出的关系。利用效率比率指标，可以进行得失比较，考查经营成果，评价经济效益。如将利润项目与销售成本、销售收入、资本等项目加以对比，可计算出成本利润率、销售利润率及资本利润率指标，能够从不同角度考查企业获利能力的高低。

3. 相关比率

相关比率是根据经济活动客观存在的相互依存、相互联系的关系，以某个项目和其他有关但又不同的项目加以对比所得的比率，反映有关经济活动的相互关系。利用相关比率指标，可以考查有联系的相关业务安排得是否合理，以保障企业营运活动能够顺畅进行。例如，将流动资产与流动负债加以对比，计算出流动比率，判断企业的短期偿债能力。

比率分析法的优点是计算简便，计算结果容易判断，而且某些指标在不同规模的企业之间可以进行比较，甚至能在一定程度上超越行业间的差别进行比较。但采用这一方法时对比率指标的使用应注意以下几点。

①对比项目的相关性。计算比率的子项和母项必须具有相关性，对不相关的项目进行对比是没有意义的。

②对比口径的一致性。计算比率的子项和母项必须在计算时间、范围等方面保持口径一致。

③衡量标准的科学性。运用比率分析法，需要选用一定的指标与之对比，以便对企业的财务状况做出评价。通常而言，对比标准有预定目标、历史标准、行业标准及公认标准。

（四）因素分析法

因素分析法也称因素替换法，它是用来确定几个相互联系的因素对分析对象——综合财务指标或经济指标的影响程度的一种分析方法。采用这种方法的出发点在于，当有若干因素对分析对象产生作用时，假定其他各个因素都无变化，顺次确定每一个因素单独变化对分析对象所产生的影响。

因素分析法具体有两种：一是连环替代法，它是将分析指标分解为各个可以计量的因素，并根据各个因素之间的依存关系，顺次用各因素的比较值（通常为实际值）替代基准值（通常为标准值或计划值），以测定各因素对分析指标的影响的；二是差额分析法，它是连环替代法的一种简化形式，是利用各个因素的比较值与基准值之间的差额，来计算各因素对分析指标的影响的。

因素分析法既可以全面分析各因素对某一经济指标的影响，又可以单独分析某个因素对某一经济指标的影响，在财务分析中应用颇为广泛。但在应用这一方法时必须注意以下几个问题。

（1）因素分解的关联性

确定构成经济指标的因素，必须是客观上存在着因果关系的，否则其就失去了应用价值。

（2）因素替代的顺序性

确定替代因素时，必须按照各因素的依存关系，将其按一定的顺序排列，并依次替代，各因素不可随意颠倒，否则就会得出不同的计算结果。一般而言，确定因素替代程序的原则是，按分析对象的性质，从诸因素相互依存关系出发，并使分析结果有助于分清责任。

（3）顺序替代的连环性

利用因素分析法计算每一个因素变动的影响，都是在前一次计算的基础上进行的，采用连环比较的方法可以确定因素变化影响的结果。因为只有保持顺序替代的连环性，才能使各个因素影响之和等于分析指标变动的差异。

（4）影响结果的假定性

利用因素分析法计算的各因素变动的影响结果，会因替代计算顺序不同而有差别，因而影响结果不免带有假定性，即它不可能使每个因素的影响结果都达到绝对的准确。利用因素分析法计算的只是在某种假定前提下的影响结果，离开了这种假定前提条件，也就不会是这种影响结果。为此，财务人员分析时应力求使这种假定是合乎逻辑的假定，是具有实际意义的假定。这样，影响结果的假定性，才不至于妨碍分析的有效性。

四、基本财务比率分析

在财务实践中，财务人员一般通过对某些财务指标进行分析，来对企业经济效益的优劣做出判断。因此，财务指标的选择和运用尤为重要。依据反映企业综合绩效的四个方面能力,即偿债能力、营运能力、赢利能力和发展能力,我们可分别建立相应的四类财务分析指标体系。

(一)偿债能力分析

在生产经营活动中,为了满足某一时期的资金需求,企业不可避免地会利用举债来融资,债务到期必须以资产变现来偿付,因此,企业必须持有一定的资产作为保证。财务人员需要对企业的偿债能力进行分析,这便于经营者了解企业的财务实力和资产变现能力。根据债务偿还期限的长短,偿债能力分析可以分为短期偿债能力分析和长期偿债能力分析。

1. 短期偿债能力分析

短期债务偿还期限较短,企业不能忽视。20世纪90年代中期,保健品巨头巨人集团破产的一个重要诱因,就是在短期偿还能力方面出现了问题。

短期偿债能力就是企业偿还流动负债的能力。流动负债又称短期负债,指企业在一年以内或超过一年的一个营业周期内必须偿还的债务。

评价短期偿债能力的指标主要有流动比率、速动比率、现金比率等。

(1)流动比率

流动比率是流动资产与流动负债的比率。它表明企业每一元流动负债有多少流动资产作为偿还的保证,其计算公式如下:

$$流动比率 = \frac{流动资产}{流动负债} \times 100\%$$

流动比率越高,反映企业短期偿债能力越强,债权人的权益越有保证。但是流动比率也不宜过高,过高的流动比率可能由以下原因所致。

①企业某些环节的管理较为薄弱,从而导致企业在应收账款或存货等方面有较高水平。

②企业可能因经营意识较为保守而不愿扩大负债经营的规模。

③股份制企业以发行股票、增资配股或举债长期借款等方式筹得的资金尚未充分投入营运。

总体而言,流动比率过高说明企业的资金没有得到充分利用,而流动比率过低,则说明企业的偿债能力较弱。因此,用流动比率衡量短期偿债能力时,并没有绝对的数量标准,不同行业、企业以及同一企业不同时期的评价标准是不同的。一般而言,该指标保持在2:1比较适宜。

(2)速动比率

构成流动资产的各项目,流动性差别很大,这其中包含了一部分变现能力

（流动性）较弱的资产。货币资金、交易性金融资产和各种应收、预付款项等，可以在较短时间内变现，称为速动资产；其他的流动资产，包括存货、一年内到期的非流动资产及其他流动资产等，称为非速动资产。

通常人们用速动资产和流动负债的比率来进一步反映企业偿还短期债务的能力。速动比率是速动资产与流动负债的比率。与流动比率相比，速动比率能够更加准确、可靠地评价企业资产的流动性。其计算公式如下：

$$速动比率=\frac{速动资产}{流动负债}\times 100\%$$

其中：

速动资产＝货币资金＋交易性金融资产＋应收账款＋应收票据＋预付账款＋其他应收款＝流动资产－存货－一年内到期的非流动资产－其他流动资产。

一般情况下，速动比率较高，表明企业立即偿付流动负债的能力越强。通常认为，速动比率等于1时较为适当。如果速动比率小于1，企业将面临很大的偿债风险；如果速动比率大于1过多，虽然债务偿还的安全性很高，但企业会因速动资产过多而大大增加机会成本。

与流动比率一样，不同行业的速动比率差别很大，不能一概而论。例如，采用大量现金销售的商店，几乎没有应收款项，速动比率大大低于1很正常。相反，一些应收款项较多的企业，速动比率可能要大于1。

影响速动比率可比性的重要因素是应收款项的变现能力。账面上的应收款项不一定都能变成现金，实际坏账可能比计提的坏账准备要多；季节性的变化，可能使报表上的应收款项金额不能反映平均水平。这些情况，外部分析人员不易了解，而内部人员则有可能做出估计。

（3）现金比率

现金比率也称为超速动比率，是现金及其等价物与流动负债的比率。现金等价物指与现金几乎具有相同支付能力的银行存款、短期有价证券、可贴现和转让票据等。它们可以随时提现、转让变现或贴现变现，持有它们等于持有现金。现金比率的计算公式如下：

$$现金比率=\frac{现金+现金等价物}{流动负债}\times 100\%$$

现金比率更能反映企业的短期负债偿还能力。现金比率的计算结果越大，表明企业产生的现金流越多，企业按时偿还到期债务的能力越强，但这一比率也不是越大越好。现金比率过高，说明企业的现金资产未能充分利用，以取得更大的效益。因此，一般认为现金比率为10%~20%较为理想。同样，该比率也不是绝对的，应视企业的实际情况而定。

2. 长期偿债能力分析

长期偿债能力分析也可称为企业的资本结构分析。它主要反映企业的负债与总资产及权益资本之间的关系，结合企业的投资赢利能力，我们可以较全面地分析判断企业资本结构是否合理、企业未来还本付息的能力如何以及有无可能导致企业破产的财务风险存在。企业的长期债权人和所有者可能更关心企业的长期偿债能力。反映企业长期偿债能力的指标主要有资产负债率、产权比率。

（1）资产负债率

资产负债率是企业的负债总额与资产总额的比率，也称举债经营比率或负债比率。它是企业财务分析的重要指标，反映了企业的资本结构状况，直接表现了企业财务风险的大小。资产负债率的计算公式如下：

$$资产负债率 = \frac{负债总额}{资产总额} \times 100\%$$

资产负债率本身没有好坏之说，如从企业长期偿债能力来看，该指标越大说明企业总资产中负债所占比例越大，企业潜在财务风险越大；资产负债率越低，表明企业长期偿债能力越强，但绝不能说该指标越低越好。资产负债率还反映企业的举债能力。一个企业的资产负债率越低，举债越容易。

通常，资产在企业破产拍卖时的售价不到账面价值的50%，因此如果资产负债率高于50%，则债权人的利益就缺乏保障。各类资产变现能力有显著区别，房地产的变现价值损失小，专用设备则难以变现。不同企业的资产负债率不同，这与企业的资产类别有关。保守的观点认为资产负债率不应高于50%，而国际上通常认为资产负债率在60%左右较为适当。

（2）产权比率

产权比率是企业负债总额与股东权益总额的比率，也称权益负债率或资本负债率。它是企业财务结构稳健与否的重要标志，反映企业对债权人权益的保障程度。计算公式如下：

$$产权比率 = \frac{负债总额}{股东权益总额} \times 100\%$$

可以看出，这个指标实际是资产负债率的又一种表述形式，同样反映了企业负债的风险程度及其偿付能力，只是它还体现了负债与权益资本的对应关系。仅从偿债能力来看，该比率较低是好的，说明债权人的债权安全性有保障，企业的财务风险较小。

一般情况下，产权比率越低，表明企业长期偿债能力越强，债权人权益的保障程度越高，承担的风险也越小，但企业不能充分发挥负债的财务杠杆效应。因此，在保证一定债务偿还能力的前提下，应尽可能提高产权比率。

（二）营运能力分析

营运能力分析是对企业资产的利用效果进行分析。资产的利用效果指每单位资产能够创造多少效益或耗费多少成本，创造的效益越高，耗费的成本越少，说明资产充分利用的程度越高。企业资产周转速度的有关指标可反映资产利用程度。企业的资产周转速度越快，说明资产的利用程度越高，也就是资产的营运能力越强，反之，则越差。周转速度通常用周转率（周转次数）和周转期（周转天数）表示。计算公式分别如下：

$$周转率（周转次数）=\frac{周转额}{资产平均余额}\times 100\%$$

$$周转期（周转天数）=计算期\div 周转率=\frac{计算期\times 资产平均余额}{周转额}$$

周转期指标中的分子是一个时期数，更具体地说，是一年的时期数。这里的周转期，以 360 天计算。

企业拥有或控制生产资料表现为对各项资产的占用，因此企业的营运能力实际上就是企业对总资产利用的能力。企业营运能力的分析可以从以下几个方面进行。

1. 应收账款周转率

应收账款周转率是企业一定时期销售收入（或赊销收入）与应收账款平均余额之比，指一定时期内应收账款周转的次数，反映了每 1 元应收账款支持的销售收入。应收账款周转期，也称应收账款收现期，指从销售开始到收回现金平均需要的天数。计算公式如下：

$$应收账款周转率=\frac{销售收入（赊销收入）}{应收账款平均余额}\times 100\%$$

$$应收账款周转期=\frac{360}{应收账款周转率}=360\div \frac{销售收入（赊销收入）}{应收账款平均余额}$$

销售收入数据取自利润及利润分配表的销售收入，指的是企业当期主要经营活动取得的收入减去销售折扣与折让后的数额。应收账款数据为资产负债表中应收账款期初、期末数据的算术平均数，未扣期初坏账准备。

应收账款周转的次数越多，说明其收回越快、变现能力越强，企业资产管理水平越高。反之，说明营运资金过多占用在应收账款上，影响资金周转效率。及时收回应收账款，不仅可以避免坏账损失，而且可以加速企业资金周转。应收账款周转次数越多，说明企业收账能力越强，资金周转效率越高。

2. 存货周转率

存货周转率是企业一定时期的销售成本与平均存货余额之比，指一定时期内存货周转的次数，反映了每1元存货支持的销售收入。存货周转期指存货周转一次需要的时间，也就是存货转换成现金平均需要的时间。计算公式如下：

$$存货周转率 = \frac{销售成本}{平均存货余额} \times 100\%$$

$$存货周转期 = \frac{360}{存货周转率} = \frac{360}{销售成本 \div 平均存货余额}$$

上式中存货数据来自资产负债表，按年度平均额计算；销售成本数据取自利润表。

存货周转率反映了企业的销售状况及存货资金占用状况。在正常情况下，存货周转率越高，相应的周转天数越少，说明存货资金周转越快，资金利用效率越高，存货管理水平也越高。企业通过分析存货周转次数，能够找出存货管理中存在的问题，从而尽可能降低资金占用水平。企业存货不能过量，否则可能造成货物积压，也不能储存过少，否则可能造成生产中断或销售紧张，不利于竞争。合理的货物储备量，可减少企业的资金占用，提高资金流动性。以销定产，快进快出，维持存货的正常水平，是降低资金占用水平的最佳途径。

3. 流动资产周转率

流动资产周转率是反映企业全部流动资产周转速度的重要指标，是企业一定时期内销售收入与平均流动资产总额的比率，指一定时期内流动资产周转的次数，反映了每1元流动资产支持的销售收入。流动资产周转期是流动资产周转一次需要的时间，也就是流动资产转换成现金平均需要的时间。计算公式如下：

$$流动资产周转率 = \frac{销售收入}{平均流动资产总额} \times 100\%$$

$$流动资产周转期 = \frac{360}{流动资产周转率} = 360 \div \frac{销售收入}{平均流动资产总额}$$

上式中流动资产数来自资产负债表，按年度平均额计算；销售收入数据来源于利润表。

流动资产周转率是从整体上反映和评价企业流动资产的周转和利用水平的。一般来讲，流动资产周转率越高越好，流动资产周转率越高，表明以相同的流动资产完成的销售额越多，资产利用效果越好。而流动资产周转期应该是越小越好，流动资产周转一次所需要的天数越少，表明流动资产在经历生产和销售各阶段所用的时间越短，企业经营管理水平越高，资源利用率越高。流动资产周转期小说明企业整体流动资产流动快，在有限的资金总量下，能获得更多的销售收入，资产的利用水平较高。生产经营任何一个环节上的工作改善，都会反映到流动资产周转期的缩短上来。

计算和分析流动资产周转率应该注意，流动资产中应收账款和存货占绝大部分，它们的周转状况对流动资产的周转具有决定性影响。

4. 固定资产周转率

固定资产周转率也称固定资产利用率，是企业一定时期的销售收入与平均固定资产净值的比值，指一定时期内固定资产周转的次数，反映了1元固定资产支持的销售收入。固定资产周转期指固定资产周转一次需要的时间，也就是固定资产转换成现金平均需要的时间。计算公式如下：

$$固定资产周转率 = \frac{销售收入}{平均固定资产净值} \times 100\%$$

$$固定资产周转期 = \frac{360}{固定资产周转率} = 360 \div \frac{销售收入}{平均固定资产净值}$$

需要说明的是，与固定资产有关的价值指标有固定资产原价、固定资产净值、固定资产净额。固定资产净值也称折余价值，指原价扣除累计折旧后的金额。固定资产净额指原价扣除累计折旧和已计提的减值准备后的金额。计算该指标时一般采用固定资产净值的平均额，特殊情况下也可用固定资产原价。

一般，企业在一定时期内固定资产的周转次数越多，周转的天数越少，说明固定资产的周转速度越快，表明企业固定资产利用充分，投资得当，结构合理。反之，则说明企业固定资产使用效率低下，营运能力不强。通常在制造企业中，设备投资在总投资中所占比例较大，设备能否充分利用，直接关系到投资效益的高低。

5. 总资产周转率

总资产周转率是销售收入与平均总资产的比值，指一定时期内总资产周转的次数，反映了每1元总资产支持的销售收入。总资产周转期指总资产周转一次需要的时间，也就是总资产转换成现金平均需要的时间。计算公式如下：

$$总资产周转率=\frac{销售收入}{平均总资产}\times100\%$$

$$总资产周转期=\frac{360}{总资产周转率}=360\div\frac{销售收入}{平均总资产}$$

上式中总资产数来自资产负债表，按年度平均额计算；销售收入数据来源于利润表。总资产周转率用来反映全部资产的利用效率，借以评价企业管理者运用资产效率的高低。总资产周转率较高，说明企业利用全部资产进行经营的效率较高，反之，如果该指标较低，则说明企业经营效率较差。企业应采取各种措施来提高自身的资产利用程度，如提高销售收入或处理多余的资产。

总资产由各项资产组成，在销售收入既定的情况下，总资产周转的驱动因素是各项资产。通过驱动因素分析，企业可以了解总资产周转率变动是由哪些资产项目引起的，以及哪些是影响较大的因素。

（三）赢利能力分析

从财务角度看，赢利就是使企业获得超过其投资的回报。企业只有赢利，才有存在的价值。赢利是企业建立的出发点和归宿，不论是投资者、债权人还是企业经营人员，都非常重视和关心企业的赢利能力。一般来说，对企业赢利能力的分析，只涉及正常的经营获得。非正常的、特殊的经营获得，尽管也会给企业带来收益，但其只是特殊状况下的偶发性结果，不能说明企业的可持续发展能力，应予以剔除。

评价企业的赢利能力主要从销售获利水平、资产收益水平和股权资本的赢利能力三方面进行。

1.销售获利水平

（1）销售毛利率

销售毛利率是企业一定时期销售毛利与销售收入的比值，反映了每1元收入能获取的毛利额，这是一个非常重要的反映企业市场竞争能力的指标。其计算公式如下：

$$销售毛利率=\frac{销售毛利}{销售收入}\times100\%=\frac{(销售收入-销售成本)}{销售收入}\times100\%$$

该指标反映每1元销售收入扣除销售成本后,还有多少钱可用于各项费用和形成利润,它是销售净利率形成的基础。销售毛利率越大,说明在销售收入净额中销售成本所占比重越低,企业通过销售获取利润的能力越强。一般来说,该指标越大,说明企业的赢利能力越强。销售毛利率反映了企业销售毛利占销售收入的比例,体现了企业的实际获利能力,一般来说该指标越大越好。

(2)销售净利率

销售净利率是企业一定时期净利润与销售收入的比值。销售净利率简称净利率,计算某个利润率如果没有指明分母,则以销售收入为分母。此指标说明了企业净利润占销售收入的比例,计算公式如下:

$$销售净值率 = \frac{净利润}{销售收入} \times 100\%$$

"净利润"和"销售收入"的数据均取自利润表,两者相除可以概括企业的经营成果,反映了每1元销售收入中有多少净利润。显然该指标越高越好,该指标越高说明企业通过销售获取利润的能力越强。

2. 资产收益水平

企业利用资产获得净利润的能力主要通过资产净利率的高低来衡量。资产净利率也称资产收益率或投资报酬率,是企业一定时期的税后净利润与平均资产总额的比值,反映了企业每1元资产占用所能获得的净利润。其计算公式如下:

$$资产净利率 = \frac{税后净利润}{平均资产总额} \times 100\%$$

资产净利率反映企业运用全部资产获取税后净利润的能力,也反映了企业总资产的利用水平。一般情况下该指标越大越好,如果明显低于同行业企业,则说明企业经营管理存在严重问题,此时企业可利用资产净利率来分析经营中存在的问题,以提高销售净利率,加速资金周转。

3. 股权资本的赢利能力

股权资本的赢利能力指企业所有者投入资本获取利润的能力。

(1)权益净利率

权益净利率也称权益资本净利率或净资产收益率。它是企业一定时期的税后净利润与所有者权益平均余额的比值,反映了权益资本的赢利能力,即每1元股东权益能够赚取的净利润,可以用来衡量企业的总体赢利能力。其计算公式如下:

$$权益净利率=\frac{税后净利润}{所有者权益平均余额}\times100\%$$

该公式的分母一般使用"所有者权益平均余额",也可以使用"年末所有者权益余额"。对于投资人来说,权益净利率的分母是股东的投入,分子是股东的所得,具有非常好的综合性,反映了企业的全部经营业绩和财务业绩。因此该指标的变化和预期是权益投资人(股东)最为关心的。一般认为,权益净利率越高,企业自有资本获取收益的能力越强,运营效益越好,对企业投资人、债权人越有保障。

该指标适用范围广,不受行业限制,企业通过对该指标的综合对比分析,可以看出自身的获利能力在同行中所处的地位。

(2)市盈率

市盈率指普通股每股市价与每股收益的比值,它反映了普通股股东愿意为每1元净利润支付的费用。其中,每股收益是指可分配给普通股股东的净利润与流通在外普通股加权平均股数的比率,它反映每只普通股当年创造的净利润。其计算公式如下:

$$市盈率=\frac{普通股每股市价}{普通股每股收益}\times100\%$$

该指标反映了公司股票的市价是每股收益的多少倍。它直接表现出投资人和市场对公司的评价和长远发展的信心,无论对企业管理当局还是对市场投资人来说,它都是十分重要的财务指标。一般来讲,该指标较大,说明公司具有良好的发展前景,并得到市场的好评。

(3)市净率

市净率也称为市账率,是普通股每股市价与每股净资产的比值,它反映了普通股股东愿意为每1元净资产支付的费用,说明了市场对公司资产质量的评价。其计算公式如下:

$$市净率=\frac{普通股每股市价}{普通股每股净资产}\times100\%$$

该指标反映了公司股票的市价是净资产的多少倍。一般来讲,该指标越大,说明投资者对公司发展越有信心,市场对其有好评,但也说明企业存在较大的投资风险。

(四)发展能力分析

公司的发展能力是众多因素共同影响的结果,我们可以通过分析不同的指标对其进行综合评估。具体包括公司营业（销售）增长指标分析、资产增长指标分析和资本扩张指标分析三方面。

1. 公司营业（销售）增长指标分析

（1）营业收入增长率

营业收入增长率，即营业增长率，是公司本年营业收入增长额与上年营业收入总额的比值，反映公司营业收入的增减变动情况。由于营业收入包括主营业务收入和其他业务收入，在计算该指标时，可根据实际需要选择相关收入进行分析。其计算公式如下：

$$营业收入增长率 = \frac{本年营业收入增长额}{上年营业收入总额} \times 100\%$$

其中，本年营业收入增长额＝本年营业收入总额－上年营业收入总额。

营业收入增长率大于零，表明公司本年营业收入有所增长。该指标值越高，表明公司营业收入的增长速度越快，公司市场前景越好。若增长率小于零，则表明公司销售萎缩，所占市场份额降低，或者是产品不适销对路，或者售后服务不佳，或者已被竞争产品替代，这些都是管理者需要注意的因素，管理者应通过进一步调查予以确定从而找出对策。

（2）三年平均营业收入增长率

营业收入增长率可能受到营业收入短期波动的影响，为了消除偶然性因素的影响，并反映营业收入的变动趋势，企业需要计算连续三年的平均营业收入增长率。三年平均营业收入增长率说明了公司营业收入连续三年的增长情况，反映了公司的持续发展态势和市场扩张能力。其计算公式为：

$$三年平均营业收入增长率 = \left(\sqrt[3]{\frac{当年营业收入}{三年前营业收入总额}} - 1 \right) \times 100\%$$

公式中，三年前营业收入总额指三年前的营业收入，若本年是2021年则三年前的营业收入指2018年公司的营业收入。

（3）净利润增长率

$$净利润增长率 = \frac{（本年净利润－上年净利润）}{上年净利润} \times 100\%$$

净利润增长率指标反映了公司获利能力的增长情况，以及公司长期的赢利能力发展趋势。该指标通常越大越好。

2. 资产增长指标分析

（1）总资产增长率

总资产增长率，是公司本年总资产增长额同年初资产总额的比值，反映公司本期资产规模的增长情况。其计算公式为：

$$总资产增长率 = \frac{本年总资产增长额}{年初资产总额} \times 100\%$$

其中，本年总资产增长额 = 年末资产总额 - 年初资产总额。

总资产增长率越高，表明公司一定时期内资产经营规模扩张的速度越快。

该指标是从公司资产总量扩张方面衡量公司的发展能力的，表明公司规模的扩大对公司发展后劲有一定的影响。在分析时，管理人员需要关注资产规模扩张的质和量的关系以及公司的后续发展能力，避免盲目扩张。

（2）三年平均资产增长率

由于资产的增长率受资产短期波动的影响，同样，我们可以计算连续三年的平均资产增长率，以反映公司较长时间内的资产增长情况。三年平均资产增长率说明了公司资本连续三年的积累情况，在一定程度上反映了公司的持续发展水平和发展趋势。其计算公式为：

$$三年平均资产增长率 = \left(\sqrt[3]{\frac{年末资产总额}{三年前年末资产总额}} - 1 \right) \times 100\%$$

如果该指标值大于零，则说明公司资产呈现增长趋势，公司有能力不断扩大生产规模。该指标值越大，表明资产增长的速度越快，公司发展力越强。

3. 资本扩张指标分析

（1）资本增长率

资本增长率即股东权益增长率，是公司本年所有者权益增长额同年初所有者权益的比值。资本增长率表示公司当年资本的积累能力，是评价公司发展潜力的重要指标，其计算公式为：

$$资本增长率 = \frac{本年所有者权益增长额}{年初所有者权益} \times 100\%$$

其中，本年所有者权益增长额 = 所有者权益年末数 - 所有者权益年初数。

资本增长率是公司当年所有者权益总的增长率，反映了公司所有者权益在当年的变动水平。资本增长率体现了公司资本的积累情况，资本积累是公司扩大再生产的源泉。资本增长率反映了投资者投入公司资本的保全性和增长性，该指标越高，表明公司的资本积累越多，资本保全性越强，公司应付风险、持续发展的能力越强，该指标如为负值，表明公司资本受到侵蚀，所有者权益受到损害，管理者应予以充分重视。

（2）三年平均资本增长率

三年平均资本增长率表明公司资本连续三年的积累情况，体现公司发展水平和发展趋势。计算公式为：

$$三年平均资本增长率=\left(\sqrt[3]{\frac{年末所有者权益总额}{三年前年末所有}}-1\right)\times100\%$$

该指标越高，表明公司的所有者权益得到保障的程度越高，公司可以长期使用的资金越充裕，公司的抗风险能力和保持可持续发展的能力越强。

综上所述，营业收入是公司获利、资本扩张和取得自身可动用资金的源泉，资产是公司发展的武装力量，而资本是公司的家底和后备力量，三者能为公司发展提供源源不断的动力。因此，在对公司的发展能力进行分析时，要正确计算和分析营业（销售）增长指标、资产增长指标和资本扩张指标，将三类指标系统结合，对公司的发展阶段与发展能力做出正确的评价，从而选择恰当的发展策略。

五、综合财务分析

利用财务指标进行分析，虽然可以了解企业各个方面的财务状况，但其无法反映企业各方面财务状况之间的关系，不足以评价企业的整体财务状况，因为每个财务分析指标都是从某一特定的角度来反映企业的财务状况及经营成果的。为了弥补这一方面的不足，在掌握了财务分析的内容和方法的基础上，下面介绍一些综合财务分析方法。该种方法是将企业的营运能力、偿债能力、赢利能力和发展能力等诸多方面的因素纳入一个网络之中，对企业经营状况进行全面、系统的剖析，找出可能的症结所在，从而为管理者制定政策提供参考。

（一）杜邦分析法

杜邦分析法是最先由美国杜邦公司采用的财务分析方法。它是利用几种主要的财务指标之间的关系来综合地分析企业财务状况的一种方法。其实杜邦分析法本身的原理是比较简单的，关键是这种思维方法告诉我们基本的综合财务分析的原理和指标之间的相互关系是如何构成的。杜邦分析法将以往的简单分析逐步引入财务综合分析的领域。

1. 传统杜邦分析体系

在传统杜邦分析体系中，净资产收益率是综合性最强、最具代表性的一个指标，是杜邦分析体系的核心，该指标的高低取决于总资产净利率与权益乘数。其中，总资产净利率反映企业的经营能力；权益乘数即财务杠杆，反映企业的财务政策。

净资产收益率＝总资产净利率×权益乘数＝销售净利率×总资产周转率×权益乘数

权益乘数主要受资产负债率的影响。负债率大，权益乘数就高，说明企业有较高的负债程度。负债给企业带来了较多的杠杆利益，同时也给企业带来了较多的风险。企业既要充分有效地利用全部资产，提高资产利用效率，又要妥善安排资本结构。

销售净利率是净利润与营业收入之比，它是反映企业赢利能力的重要指标。提高销售净利率的途径有扩大营业收入和降低成本费用等。

总资产周转率是营业收入与资产平均总额之比，是反映企业运用资产以产生营业收入能力的指标。对于总资产周转率，我们除了可对各资产构成部分的占有量上是否合理进行分析外，还可通过对流动资产周转率、存货周转率、应收账款周转率等有关资产使用效率指标的分析，来判断影响资金周转的主要问题所在。

2. 净资产收益率的驱动因素分解

在具体运用杜邦体系进行分析时，一般采用因素分析法，根据净资产收益率与销售净利率、总资产周转率、权益乘数的关系，分别分析三项指标变动对净资产收益率的影响，还可以使用因素分析法进一步分解各个指标。分解的目的是识别引起变动（或产生差距）的原因，并衡量其重要性，通过与上年比较我们可以识别变动的趋势，通过与同行业比较我们可以识别存在的差距。

在杜邦分析体系中，各项财务指标在每个层次上与本企业历史或同行业的财务指标比较，比较之后再向下一级分解。这样逐级向下分解，就能逐步覆盖企业经营活动的每一个环节。

第一层次的分解，是把净资产收益率分解为总资产净利率和权益乘数。第二层次的分解，是把总资产净利率分解为销售净利率和总资产周转率。销售净利率、总资产周转率和权益乘数这三个比率在各企业之间可能存在显著差异，管理者通过对差异的比较，可以发现本企业与其他企业的经营战略和财务政策有什么不同。

分解出来的销售净利率和总资产周转率，可以反映企业的经营战略。一些企业销售净利率较高，而总资产周转率较低；另一些企业则相反，总资产周转率较高而销售净利率较低。两者经常呈反方向变化，并且这种现象不是偶然的。为了提高销售净利率，就要增加产品的附加值，往往需要增加投资，引起总资产周转率的下降。与此相反，为了加快周转，就要降低价格，引起销售净利率下降。通常，销售净利率较高的制造业，其总资产周转率都较低；总资产周转率很高的零售业，其销售净利率很低。正因为如此，仅从销售净利率的高低并不能看出业绩的好坏，把它与总资产周转率联系起来可以考查企业经营战略是否合适。

分解出来的财务杠杆可以反映企业的财务政策。在总资产净利率不变的情况下，提高财务杠杆可以提高净资产收益率，但同时也会增加财务风险。一般来说，总资产净利率较高的企业，财务杠杆较低，反之亦然。这种现象也不是偶然的。这就是说，为了提高流动性，只能降低营利性。因此，我们实际看到的是，经营风险低的企业可以得到较多的贷款，其财务杠杆较高；经营风险高的企业，只能得到较少的贷款，其财务杠杆较低。总资产净利率与财务杠杆呈现负相关，共同决定了企业的净资产收益率。

3. 传统杜邦分析体系的局限性

（1）计算总资产净利率的"总资产"与"净利润"不匹配

首先被质疑的是总资产净利率的计算公式。总资产是属于资产提供者的，而净利润是专门属于股东的，两者不匹配。由于总资产净利率的"投入与产出"不匹配，所以该指标不能反映实际的回报率。要改善该比率的配比，就要重新调整其分子和分母。因此，需要计量股东和有息负债债权人投入的资本，并且计量这些资本产生的收益，两者相除才是合乎逻辑的总资产净利率，才能准确反映企业的基础赢利能力。

（2）没有区分经营损益和金融损益

传统杜邦分析体系没有区分经营活动和金融活动。对于多数企业来说金融活动是净筹资，它们从金融市场上主要是筹资，而不是投资。筹资活动没有产生净利润，而是支出净费用。这种筹资费用是否属于经营活动的费用，即使在会计规范的制定中也存在争议。从财务管理的基本理念看，企业的金融资产是投资活动的剩余，应将其从经营资产中剔除。与此相适应，金融费用也应从经营收益中剔除，只有这样才能使经营资产和经营收益匹配。因此，正确计量基础赢利能力的前提是区分经营资产和金融资产，区分经营损益与金融损益。

（3）没有区分有息负债与无息负债

既然要把金融活动分离出来单独考查，就会涉及单独计量筹资活动的成本。负债的成本（利息支出）仅仅是有息负债的成本。因此，必须区分有息负债与无息负债。这样利息与有息负债相除，才是实际的平均利息率。此外区分有息负债与无息负债后，有息负债与股东权益相除，可以得到更符合实际的财务杠杆。无息负债没有固定成本，本来就没有杠杆作用，将其计入财务杠杆，会歪曲杠杆的实际意义。

针对上述问题，人们对传统的杜邦分析体系做了一系列的改进，逐步形成了一个新的分析体系，称为改进的杜邦分析体系。改进的部分有以下几个：①区分经营资产和金融资产；②区分经营负债和金融负债；③区分经营损益和金融损益；④经营损益内部进一步区分主要经营利润、其他营业利润和营业外收支；⑤区分经营利润所得税和利息费用所得税。

改进的杜邦分析体系的核心指标仍然是净资产收益率，但净资产收益率的高低取决于税后经营利润率、净经营资产周转次数、税后利息率和净财务杠杆四个驱动因素。

对改进的杜邦分析体系中的主要指标的关系，用公式表示如下：

净资产收益 = 净经营资产利润率 + 杠杆贡献率
= 税后经营利润率 × 净经营资产周转次数 + 经营差异率 × 净财务杠杆
= 税后经营利润率 × 净经营资产周转次数 +（税后经营利润率 × 净经营资产周转次数 - 税后利息率）× 净财务杠杆

（二）沃尔比重评分法

沃尔比重评分法是除了杜邦分析体系之外，另一个应用比较广泛的综合财务分析方法。

人们进行财务分析时遇到的一个主要困难就是计算出财务指标之后，无法判断它是偏高还是偏低。与本企业的历史比较，也只能看出自身的变化，却难以评价其在市场竞争中的优劣地位。为了弥补这一缺陷，沃尔提出了信用能力指数概念，将流动比率、产权比率、固定资产比率、存货周转率、应收账款周转率、固定资产周转率、自有资金周转率七项财务指标用线性关系结合起来，并分别赋予一定的比重，然后与标准进行比较，确定各项指标的得分及总体指标的得分，从而对企业的信用水平做出评价。

1. 沃尔比重评分法的实施步骤

运用沃尔比重评分法对企业财务状况进行综合分析，一般要遵循如下程序。

①选定评价企业财务状况的财务指标。通常选择能说明问题的重要指标。在选择指标时，一要具有全面性，反映企业偿债能力、赢利能力、营运能力和发展能力的三大类财务指标都应当包括在内。二要具有代表性，即要选择能说明问题的重要财务指标。三要具有变化方向的一致性，即财务指标增大时，表示财务状况改善，反之，财务指标减小时，表示财务状况恶化。

②根据各项财务指标的重要程度,确定其标准评分值(重要性系数)。各项财务指标的标准评分值之和应等于 100 分。各项财务指标评分值的确定是沃尔比重评分法的一个重要问题,它直接影响企业财务状况的评分值。现代社会与沃尔的时代相比已经有了很大变化,对各项财务指标的重视程度不同,就会产生截然不同的结果。另外,确定具体评分标准时还应结合企业经营活动的性质、企业生产经营的规模、分析者的分析目的等因素。

③确定各项财务指标评分值的上限和下限,即最高评分值和最低评分值。这主要是为了避免个别财务指标的异常给总评分造成不合理的影响。

④确定各项财务指标的标准值。财务指标的标准值指本企业现实条件下财务指标的最理想数值,即最优值。

⑤计算企业在一定时期各项财务指标的实际值。

⑥求出各指标实际值与标准值的比率,称其为关系比率或相对比率。

⑦计算各项财务指标的实际得分。各项财务指标的实际得分是关系比率和标准评分值的乘积。每项财务指标的得分都不得超过其上限或下限,所有各项财务指标实际得分的合计数就是企业财务状况的综合得分。企业财务状况的综合得分反映了企业综合财务状况是否良好。如果综合得分等于或接近 100 分,说明企业的财务状况是良好的;如果综合得分低于 100 分很多,就说明企业的财务状况较差,应当采取适当的措施加以改善。

2. 对沃尔比重评分法的评价

沃尔比重评分法是评价企业总体财务状况的一种比较可取的方法,这一方法的关键在于指标的决定、权重的分配以及标准值的确定。

原始意义上的沃尔比重评分法存在两个缺陷:一是从理论上讲,未能证明为什么要选择这七项指标,而不是更多或更少些,或者选择别的财务指标,也未能证明每个指标所占比重的合理性,所选定的七项指标缺乏证明力;二是从技术上讲,某一指标严重异常时,会对总评分产生重大影响。这个不足是由财务指标与其比重相乘引起的,财务指标提高一倍,评分增加 100%,而缩小 1/2,其评分只减少 50%。而且,现代社会与沃尔所处的时代相比,已经发生了很大的变化。沃尔最初提出的七项指标已经难以完全适应当前企业评价的需要。现在通常认为,在选择指标时,偿债能力、营运能力、赢利能力和发展能力指标均应当选到,除此之外还应当适当选取一些非财务指标作为参考。

六、财务分析的局限性

财务分析对于了解企业的财务状况和经营业绩,评价企业的偿债能力和经营能力,帮助经营者制定经济决策,有着显著的作用。但由于种种因素的影响,财务分析也存在着一定的局限性。在分析中，应注意这些局限性的影响，以保证分析结果的正确性。

（一）财务报表本身的局限性

财务报表是公司会计系统的产物。而每个公司的会计系统都会被会计环境和公司会计战略影响，因此财务报表有时会扭曲公司的实际情况。

会计环境因素包括会计规范和会计的管理、税务与会计的关系、外部审计、会计争端处理的法律系统、资本市场结构、公司治理结构等。这些是决定公司会计系统质量的外部因素。会计环境的缺陷会导致会计系统的缺陷，使之不能反映公司的实际情况。会计环境的重要变化会导致会计系统的变化，影响财务数据的可比性。例如，会计规范要求以历史成本报告资产，这使财务数据不代表其现行成本或变现价值；会计规范要求假设币值不变，这使财务数据不按通货膨胀率或物价水平调整；会计规范要求遵循谨慎性原则，这使会计预计损失而不预计收益，有可能少计收益和资产；会计规范要求按年度分期报告，这使会计系统只报告短期信息，不提供反映长期潜力的信息等。

会计战略是公司根据环境和经营目标做出的主观选择，包括会计政策的选择、会计估计的选择、补充披露的选择及报告具体格式的选择。不同的会计战略会导致不同公司财务报告的差异，并影响其可比性。例如，对同一会计事项的处理会计准则允许使用几种不同的规则和程序，公司可以自行选择，包括存货计价方法、折旧方法、对外投资收益的确认方法等。虽然财务报表附注对会计政策的选择有一定的表述，但报表使用人未必能完成可比性的调整工作。

以上两方面的原因，使得财务报表存在以下三方面的局限性：①财务报表没有披露公司的全部信息，披露的只是其中的一部分；②已经披露的财务信息存在会计估计误差，不一定是对真实情况的准确反映；③管理层的各项会计政策选择，会使财务报表扭曲公司的实际情况。

（二）财务报表的可靠性问题

只有符合规范的、可靠的财务报表，才能得出正确的分析结论。所谓符合规范，指的是除了以上三点局限性以外，没有更进一步的虚假陈述。外部分析人员很难判断是否存在虚假陈述，财务报表的可靠性问题主要依靠注册会计师解决。但是注册会计师不能保证财务报表没有任何错报和漏报，而且并非所有注册会计师都是尽职尽责的，因此，分析人员必须自己关注财务报表的可靠性，对于可能存在的问题应保持足够的警惕。

外部分析人员虽然不能判断是否存在虚假陈述，但是可以发现一些"危险信号"。对于存在"危险信号"的报表，分析人员要进行更细致的考查或获取相关的其他信息。常见的危险信号包括以下几项。

(1) 财务报告的形式不规范

不规范的财务报告其可靠性应受到怀疑。要注意财务报告是否有遗漏，遗漏即违背充分披露原则；要注意是否及时提供财务报表，不能及时提供财务报表暗示公司管理者与注册会计师存在分歧。

(2) 要注意分析数据的反常现象

如无合理的反常原因，则要考虑数据的真实性和一贯性是否有问题。例如，原因不明的会计调整，可能是利用会计政策的灵活性"修饰"报表；与销售相比应收账款异常增加，可能存在提前确认收入的问题；报告收益与经营现金流量的缺口增加，报告收益与应税收益之间的缺口增加，可能存在盈余管理；大额的资产冲销和第四季度的大额调整，可能是中期报告有问题，年底时受到外部审计师的压力而被迫在年底调整。

(3) 要注意大额的关联方交易

这些交易的价格缺乏客观性，会计估计有较大主观性，可能存在转移利润的动机。

(4) 要注意大额资本利得

在经营业绩不佳时，公司可通过出售长期资产、债转股等交易实现资本利得。

(5) 要注意异常的审计报告

无正当理由更换注册会计师，或审计报告附有保留意见，暗示公司的财务报表可能粉饰过度。

第二章　矿业企业财务管理与模式选择

第一节　矿业企业财务管理

财务管理是企业管理的重要组成部分，它是从价值形态方面对企业生产经营活动进行的综合性管理。矿业企业财务管理的内容主要包括资金的筹集及管理、企业资产管理、成本和费用管理、损益管理、盈亏平衡分析等。

一、资金的筹集及管理

企业要从事生产经营活动，就要有一定的资金。企业经营资金分为两种，就是所有者提供的资金和债权人提供的资金，即资本金和负债。

（一）资金的筹集

1. 资本金

资本金指企业在工商行政管理部门登记注册的资本总额。这是一种带有垫支性、盈利性的资金。

任何企业在设立时必须有资本，并不得低于国家规定的限额。从其构成上看，根据投资主体的不同，资本金由四项内容构成。

①国家资本金。国家资本金指有权代表国家投资的政府部门或机构，以国有资产投入企业形成的资本。

②法人资本金。法人资本金指其他法人单位，以其依法可以支配的资产投入企业形成的资本金。

③个人资本金。个人资本金指社会个人或本企业内部职工以个人合法财产投入企业形成的资本金。

④外商资本金。外商资本金指香港、澳门和台湾地区以及国外投资者投入企业形成的资本金。

企业可以采取国家投资、各方集资或者发行股票等方式筹集资本金。投资者可以现金、实物、无形资产等形式向企业投资。采用股票方式筹集资本金的，资本金应按面值计价，采取超面值发行的股票的溢价净收入作为资本公积金；采取吸收实物、无形资产等方式筹集资本金的，应按照评估确认或者合同、协议约定的金额计价。

2. 负债

企业负债指企业对债权人所负的责任，即企业从债权人手中借入用于生产经营和扩大再生产的资金，这是企业筹集资金的重要来源。

企业对外负债种类繁多，各种负债有其自身特点，其形成条件和原因、偿还期限等方面不尽相同。为了加强对企业负债的管理，必须对负债进行科学分类。

按负债偿还期长短，可将企业负债划分为流动负债和长期负债。流动负债指偿还期在一年以内或一个营业周期内的企业对外负债。它包括短期借款应付及预收货款、应付票据、应付内部单位借款、应交税金、应付股利和其他应付款、应付福利费等。长期负债指偿还期在一年以上或超过一个营业周期的企业对外负债。它包括长期借款、应付长期债券、应付引进设备款、融资租入固定资产的应付款等。

按企业负债的金额是否肯定，可将其划分为确定负债和或有负债。确定负债指企业必须根据契约或其他规定，到期必须偿还的债务。其金额目前非常肯定、到期偿还也不容变动，如应付账款、应付票据及各种借款等。或有负债指视具体情况才能确定的负债，如视企业生产经营情况而定的应交税金、根据工人实际工作情况而支付的应付工资等。

按企业负债有无担保，可将其划分为有担保的债务和无担保的债务；以企业债务形成的原因为标准，可将其划分为商业性负债、融通性负债和其他性质负债。

（二）资金管理

1. 资本金管理

①企业对筹集的资本金依法享有经营权，在经营期内，投资者除依法转让外，不得以任何方式抽回。如果法律和行政法规另有规定，则按照其规定执行。

②投资者未按投资合同履行出资义务的，企业或其他投资者可以依法追究其违约责任，以确保资本金及时到位。

③企业在筹集资本的活动中，投资者交付的出资额超过资本金的差额，以及接受捐赠的财产等，计入资本公积金。

2. 负债管理

企业负债的利息支出属于筹资成本。流动负债的利息支出,计入财务费用。长期负债是为了弥补流动负债不足,满足企业长远要求。其利息支出,在筹建期间的,计入开办费;在生产期间的,计入财务费用;在清算期间的,计入清算损益。

对于发行的长期债券应按债券面值计价,按收到的价款与面值的差额,在债券到期之前分期冲减或增加利息支出。企业按照规定取得和按期偿还的各种负债,由债权人方面的原因造成企业无法支付的应付款项,可计入营业外收入。对于流动负债,大部分在形成和偿还时间上是交叉的,企业如果能合理利用这种交叉调剂使用资金,就能发挥资金的最佳效果。

二、企业资产管理

企业资产管理的要求是充分发挥资产利用效果,促进经济效益的提高,各类资产管理有不同的内容、要求和方法。

企业资产管理主要包括流动资产管理、固定资产管理、无形资产管理和递延资产管理。

（一）流动资产管理

企业流动资产指可以在一年以内或者超过一年的一个营业周期内变现或者运用的资产。主要包括货币资金、应收款项、存货等。

1. 货币资金管理

货币资金指企业的库存现金和外汇券,以及人民币和外币存款,这是企业流动性最强的资产,也是企业重要的支付手段,同时也是其他流动资产转换的最终对象。

（1）现金管理

现金是出纳人员直接经管的现款,又称库存现金,是货币资金的组成部分。现金管理是我国一项重要的财经制度。加强现金管理,对建立社会主义商品经济秩序、稳定金融、稳定市场有着重要意义。

企业的现金管理主要做好以下几方面的工作:

①遵守库存现金限额;

②按规定范围使用现金;

③不得坐支现金;

④建立健全现金账目。

（2）银行存款管理

银行存款是企业存在银行结算账户的货币资金。按照国家规定，企业的货币资金一般都要存入银行。购销活动所引起的各项货币收支，除按规定用现金结算外，都要通过银行办理转账结算。

企业对银行存款管理的基本要求：

①要积极搞好资金调度，防止大量存款闲置；

②要坚持钱账分管原则，严格贯彻内部牵制制度；

③要严格执行支票管理制度。

2. 应收款项管理

企业的应收款项指在一年内可以收回现金的债权。包括应收账款、应收票据和其他应收款。应收款项是一种短期债权，属于非实物性流动资产。

企业对于应收款项，要设账登记，及时催收，定期与对方核对清楚。对不能收回的应收款项，应查明原因，追究责任，确实无法收回的要按规定报经批准后，作坏账损失。企业财务部门应经常仔细调查债务单位的经济状况，控制应收款的总金额。

3. 存货管理

存货指所有权归企业所有的实物性流动资产。包括原材料、包装物、低值易耗品、在制品、自制品、产成品等。

对存货的管理，首先是正确计价，即按实际成本计价；其次是合理确定订购储量，加强日常控制，即实行定额管理。

为了确定各项存货的定额，应对存货进行分类。按存货在企业生产经营过程中所处的阶段，一般划分为储备资金、生产资金、成品资金三大类。

储备资金指供应阶段的存货。包括各种原材料、辅助材料、燃料、包装物、低值易耗品、修理备用件、外购半成品等材料物资。

生产资金指在生产阶段的存货（还包括不属于存货的待摊费用），即在产品和自制半成品。

成品资金指在销售阶段的存货，即外购商品和产成品。

为了加速资金周转，寻找企业的最佳存货结构，必须合理制定各项存货定额。

（二）固定资产管理

1. 固定资产概念

固定资产指使用期超过一年，单位价值在规定标准以上并在使用过程中保持原有物资形态，其价值逐步转移到产品中去的资产。主要包括房屋及建筑物、机器设备、运输设备、工具器具等劳动资料。

一般情况下，使用年限在一年以内，或者单位价值低于规定标准的劳动资料应列为低值易耗品。但这不是绝对的，还需视行业特点而定。如服装公司的缝纫机，其单位价值虽然低于规定标准，但它是企业主要劳动手段，应列为固定资产。

2. 固定资产分类

为了加强固定资产管理，必须从不同角度对固定资产进行科学的分类。固定资产按其经济用途不同，可以分为生产用固定资产和非生产用固定资产。采用这种分类方法有利于分析各类固定资产在全部固定资产中的比重，研究固定资产结构，了解企业生产技术装备水平。固定资产按其使用情况不同，可分为使用中的、租出的、未使用的和不需用的固定资产，采用这种分类方法，便于分析固定资产的利用情况，挖掘固定资产潜力。

按现行制度规定，工业企业固定资产分为生产经营用固定资产、非生产经营用固定资产、出租固定资产、未使用固定资产、不需用固定资产、土地、融资租入固定资产等七大类。

①生产经营用固定资产，指直接参加生产经营过程或服务于生产经营的各类固定资产。

②非生产经营用固定资产，指不直接服务于生产经营活动的各类固定资产，如职工住宅、公用事业、文化生活、卫生保健等方面的固定资产。

③出租固定资产，指企业租给别人使用的固定资产。

④未使用固定资产，指尚未投入生产的新增固定资产和停止使用、脱离生产经营活动的固定资产。

⑤不需用固定资产，指不适丁本企业生产经营活动或其他方面需用等待处理的固定资产。

⑥土地，指已估价入账的土地。

⑦融资租入固定资产，指为了融通企业资金，取得固定资产的所有权，而租入的固定资产。

3. 固定资产的计价

为了对固定资产从价值上进行管理，必须对固定资产正确计价。计价标准主要包括以下几方面。

①原始价值，指企业购建某项固定资产并使其达到可使用状态过程的一切合理的、必要的支出。

②重置完全价值，指在某一时间重新购建该项固定资产，根据当时生产条件和市场情况所需要的全部支出。在企业盘盈或接受捐赠的固定资产，无法确定其原价时，可按重置完全价值计价。

③净值（又称折余价值），指固定资产的原价减去已提累计折旧后的余额。

4. 固定资产折旧

固定资产在企业生产经营中能长期地发挥作用，并保持原有实物形态，但它的价值由于损耗而减少。固定资产在生产经营过程中因损耗而减少的价值，称为固定资产折旧。

固定资产损耗可分为"有形损耗"和"无形损耗"两种。有形损耗指由使用和自然力影响而引起的固定资产的物质损耗。无形损耗指由劳动生产率提高和采用新技术设备而引起原有固定资产的贬值和损失。在当前科学技术飞速发展的情况下，为了正确地计算折旧，不仅要注意固定资产的有形损耗，同时也要考虑固定资产的无形损耗。

由于固定资产在生产经营中减少的那部分价值以折旧费的形式计入产品成本，并从销售收入中得到补偿，所以，正确计算折旧，对于正确计算产品成本和确定企业利润总额，以及反映固定资产现有状况都有重要的意义。

5. 固定资产修理

为了更好地发挥固定资产应有的使用效能，延长固定资产使用寿命，使固定资产处于完好状态，企业必须有计划地及时地对固定资产进行修理维护。

固定资产修理按照修理范围大小、修理费用的多少、修理间隔长短、修理次数的多少，可分为大修理和经常修理。

固定资产大修理有以下特点：修理范围大、一次修理费用多、修理间隔期和修理期长，在其整个使用寿命中，发生的次数少。例如，房屋建筑物的全面翻修，机器设备的全部拆修，更换主要零部件、配件，恢复各种部件性能，使固定资产损耗的价值得到局部恢复等都属于大修理。

固定资产经常修理具有修理范围小、一次修理费用少、修理次数多、修理间隔期及一次修理时间短的特点，一般不更换固定资产的重要部件，只是为保持固定资产正常使用状态进行的维护保养性修理。

按现行财务制度规定，固定资产经常修理费用和大修理费用全部列入成本费用开支。

6. 固定资产的日常管理

（1）贯彻固定资产管理责任制

工业企业的固定资产种类繁多，它们分散在全厂各个使用地点，因此，要搞好固定资产管理，应当把固定资产管理的权限和责任落实到有关部门和使用单位，充分调动各职能部门、各单位和广大群众的积极性。

实行固定资产分级归口管理时，应按固定资产类别，归口到各职能部门统一管理。如生产器具应由工具部门管理；加工设备、动力设备由设备动力部门管理；检验、实验仪器由技术检验部门管理；运输设备由运输部门管理；房屋建筑物由总务部门管理；等等。

企业财务部门是管理固定资产的综合部门，负责组织和推动全厂范围的固定资产管理、核算和监督工作。

（2）加强固定资产实物管理

由于固定资产使用时间较长，而且在整个使用期内不改变实物形态，因此，要提高固定资产的利用效果，必须加强固定资产实物管理。如建立各种管理制度；建立健全有关账卡，做到账、卡、物相符；搞好日常维护、保养、检查和修理工作。

（三）无形资产管理

1. 无形资产的分类

无形资产指企业长期使用但没有实物形态的资产，包括专利权、商标权、著作权、土地使用权、非专利技术等。

无形资产属于不具实物形态的非物质资产。使用这种资产从事经营活动会给企业带来较长时期（超过一个经营周期）的经济利益，从这一点看，它和固定资产一样，都属于长期使用的资产。不同的是固定资产是有形的硬件资产，采用折旧方法逐年分摊其投资支出。无形资产是有权利性质的软件资产，采用摊销方法逐年摊销其投资支出。

2. 专有技术和专利权的管理

专有技术和专利权实质是一种技术使用权，是具有价值和使用价值的知识商品，它属于发明者（个人和单位）所有，其他个人和单位必须支付一定的使用费才能取得该项技术的使用权。由于法律地位不同，技术使用权分为专利权和专用技术两种。

专利权指发明创造者对其发明创造拥有的受法律保护的独享权益。在实行专利法制度的国家，凡具有新颖性、实用性和创造性这三个条件的发明创造，可向专利机构申请，获得专利权。

专有技术（也称非专利技术）指工业上采用先进的，未经公开的、未申请专利的知识和技巧，包括各种设计资料、图纸、数据、技术规范、工艺流程、材料配方、质量控制以及经营管理知识等。它涉及的范围广泛，既包括技术领域，也包括经营管理领域。

专利权与专有技术的区别：

①专利的内容公开，专有技术是保密的。

②专利权是工业产权，受国家保护，专有技术不是工业产权，法律上无保护规定。

③专利有保护期限，专有技术不存在保护期限。

对专利和专有技术等无形资产的管理，主要做好两方面的工作，首先是验收入账（即计价）工作，其次是合理摊销费用。

无形资产按取得时的实际成本计价。如果是投资者作为资本金或者合作条件投入的，按照评估确认或者合同、协议约定的金额计价；如果是购入的，按照实际支出计价；如果是自行开发并且依法申请取得的，按照开发过程中实际支出计价；如果是接受捐赠的，按照发票账单所列金额或者同类无形资产计价。除企业合并外，商誉不得作价入账。

（四）递延资产管理

递延资产是不能一次全部计入企业当年损益，应在以后年度分期摊销的费用，包括开办费、以经营租赁方式租入的固定资产改良支出等。

开办费指企业在筹建期间发生的费用，包括筹集期间的人员工资、办公费、培训费、差旅费、印刷费、注册登记费，以及不计入固定资产和无形资产购建成本的汇兑损益、利息等支出。

企业从其他单位通过经营租赁租入的固定资产不归企业所有，但对租入的固定资产有使用权，企业对租用财产进行改良，改良工程必然成为租用财产的构成部分，租赁期满，随着租用财产交还出租人，改良工程就要失去使用价值。因此，以经营租赁方式租入固定资产时的改良支出，在租赁有效期内分期摊入制造费用或管理费用。

三、成本和费用管理

成本和费用管理是企业财务管理的核心，它对于加强企业的生产经营管理，降低成本、费用，提高经济效益，提供制定产品价格的资料，增强企业产品在国内市场和国际市场的竞争力，都具有重要作用。为此，加强成本和费用管理，是工业企业经营管理工作的重要一环，也是提高企业经济效益的重要手段。

（一）企业产品成本和生产费用

1. 产品成本概念

产品成本是企业生产一定产品时耗费的资产或劳务的货币表现，即成本是对象化的费用。

产品成本仅仅是构成产品价值的一切生产性支出，不包括不构成价值的非生产性支出。企业应采用制造成本法计算产品成本。即在计算产品成本时，只计算与生产经营关系最密切的费用，而将与生产经营没有直接关系和关系不密切的费用直接计入当期损益，产品成本只包含制造成本，也就是只包括直接材料费用、直接人工费用和制造费用。

产品成本计算和分配采用制造成本法，有利于简化成本核算，有助于提高成本计算的准确性和正确考核成本管理责任。

2. 费用的概念

企业的费用指企业从事生产经营活动所发生的各项耗费的总和，包括直接费用、间接费用和期间费用。

（1）直接费用

直接费用指企业经营活动中直接计入产品或劳务的各项费用。它包括直接材料费用、直接人工费用、商品进价费用。

（2）间接费用

间接费用指企业内部为了组织和管理生产经营活动而发生的各种间接费用或共同费用。间接费用应按一定标准进行分配，计入生产经营成本。

（3）期间费用

期间费用指企业行政管理部门等为了组织和管理生产经营活动所发生的各种费用，包括管理费用、财务费用、销售费用以及商业企业的进货费用。期间费用应直接计入当期损益之中。

3. 成本与费用的关系

成本指企业为生产经营一定产品而耗费的资产或劳务的货币表现，即成本是对象化的费用。费用是企业在生产经营过程中发生的各项耗费，分为计入成本的费用和计入损益的费用。企业为生产商品和提供劳务而发生的直接人工费用、直接材料费用、商品进价费用等直接费用，直接计入生产经营成本；企业为生产商品和提供劳务而发生的各项间接费用，应当按一定标准计入生产经营成本；企业行政管理部门为组织和管理生产经营活动而发生的管理费用和财务费用，企业为销售商品和提供劳务而发生的进货费用、销售费用，应当作为期间费用，直接计入当期损益。

4. 生产费用的分类

生产费用指生产过程中生产耗费的货币表现。为正确计算产品成本，寻求降低成本的途径，应按照不同的标准对企业用于制造产品的各项费用进行分类。

（1）生产费用按照经济性质划分

①外购材料费，指企业为进行生产而购入原料及主要材料、半成品、辅助材料、包装物、修理用配件和低值易耗品等所需费用。

②外购燃料费，指企业为进行生产外购燃料所需费用。

③外购动力费，指企业为进行生产从外部购进各种动力所需费用。

④工资，指企业支付与生产经营有直接关系的职工工资。

⑤应付福利费，指根据职工工资提取的应付福利费用。

⑥折旧费，指企业劳动手段（固定资产）的价值耗费。

⑦利息支出，指企业各种借入资金（包括以债券形式筹集的资金）扣除应计入固定资产价值部分的各种税金支出。

⑧税金，指企业应计入生产费用的各种税金支出。

⑨其他支出，指不属于上述各项费用的支出。

生产费用按经济性质分类，不外乎劳动对象的耗费、劳动手段的耗费和劳动的耗费，以上九类也被称为九个要素费用。这种分类方法可以反映企业在一定时期发生了哪些费用，数额各自有多少，用以分析企业各种费用占全部费用的比重，考核费用计划的执行情况。

（2）生产费用按照经济用途划分

①直接材料费，指在生产中用来构成产品实体和有助于产品实体形成的材料的费用。包括企业生产经营过程中实际所耗的原材料、辅助材料、设备配件、外购半成品、燃料、动力、包装物、低值易耗品以及其他直接材料的费用。

②直接人工费，指在生产经营中对材料进行加工使其变成产品所用人工的工资及福利费，包括企业直接从事产品生产人员的工资、奖金、津贴和补贴，

以及依照工资提取的应付福利费。

③制造费用，指在生产中发生的那些不能归入直接材料、直接人工的各种费用，包括企业各个生产单位（分厂、车间）为组织和管理生产所发生的生产单位管理人员工资及福利费，生产单位直接使用的劳动资料如房屋、建筑物、机器设备等的折旧费、租赁费、修理费、低值易耗品摊销、办公费、保险费、劳动保护费等其他各种制造费用。

④期间费用，指与企业生产管理没有直接关系，不能计入产品成本而直接作为当期损益的各种费用。包括企业行政管理部门为组织和管理生产经营活动而发生的管理费用；企业为销售和提供劳务而发生的进货费用、销售费用；企业为筹集资金而发生的利息支出等财务费用。

这种分类方法，能简化成本核算，有利于考核成本管理责任，有利于加强成本管理的基础工作，有利于进行成本预测和决策。

（3）按费用与产量的关系分类

①变动费用，指随产量增减而变化的费用。如直接原材料费用、直接生产工人工资、设备使用费用等。

②固定费用，指不随产量变动的费用支出。如办公费、折旧费及各种管理费等。

（二）产品的成本和费用管理

与企业成本、费用管理有关的各项基础工作包括健全原始记录，实行定额管理，严格遵守验收领退制度，加强对成本、费用的管理。

1. 产品成本构成

（1）制造成本法概念

制造成本法是计算和分配成本的一种方法。用该法计算产品成本时，只计算与生产经营关系最密切的费用，而将与生产经营没有直接关系或关系不密切的费用，直接计入当期损益。

制造成本法与完全成本法之间有一定的差异。完全成本法指将企业在生产经营中发生的所有费用都分摊到产品中去，形成产品的完全成本。即将企业在生产经营过程中发生的所有费用，一般包括直接材料费用、直接工资、其他直接支出、制造费用、管理费用、财务费用和销售费用，全部计入产品成本。但按照制造成本法，只将直接材料费用、直接工资、其他直接支出和制造费用计入产品成本，管理费用、财务费用和销售费用则计入当期损益。

（2）产品成本的构成

制造成本指企业生产经营过程中实际消耗的直接材料、直接工资、其他直接支出和制造费用。

①直接材料，包括企业生产经营过程中实际消耗的原材料、辅助材料、设备配件、外购半成品、燃料、动力、包装物、低值易耗品以及其他直接材料。

②直接工资，包括企业直接从事产品生产的人员的工资、奖金、津贴和补贴。

③其他直接支出，包括直接从事产品生产的人员的职工福利费等。

④制造费用，包括企业各个生产单位（分厂、车间）为组织和管理生产所发生的费用和生产单位管理人员的工资、职工福利费，生产单位房屋、建筑物、机器设备等的折旧费，原油储量有偿使用费、油田维护费、矿山维简费、租赁费（不包括融资租赁费）、修理费、机物料消耗、低值易耗品摊销、取暖费、水电费、办公费、差旅费、运输费、保险费、设计制图费、试验检验费、劳动保护费，季节性、修理期间的停工损失以及其他制造费用。

2. 期间费用的构成

期间费用包括企业生产经营过程中发生的管理费用、财务费用和销售费用，不计入产品的生产成本，直接体现为当期损益。

（1）管理费用

管理费用指企业行政管理部门为管理和组织经营活动所发生的各项费用。具体包括公司经费、工会经费、职工教育经费、劳动保险费、待业保险费、董事会费、咨询费、审计费、诉讼费、排污费、绿化费、税金、土地使用费（海域使用费）、土地损失补偿费、技术转让费、技术开发费、无形资产摊销、业务招待费等。

①公司经费，包括工厂总部管理人员工资、职工福利费、差旅费、办公费、折旧费、修理费、物料消耗费、低值易耗品摊销以及其他公司经费。

②工会经费，指按职工工资总额 2% 计提、拨交给工会的经费。

③职工教育经费，指企业为职工学习先进技术和提高文化水平而支付的费用，按职工工资总额的 1.5% 计提。

④劳动保险费，指企业支付离退休金（包括按照规定交纳的离退休统筹金）、价格补贴、医药费（包括企业支付离退休人员参加医疗保险的费用）、职工退职金、6个月以上病假人员工资、职工死亡丧葬补助费、抚恤费、按照规定支付给离休干部的各项经费。

⑤待业保险费，指企业按照国家规定交纳的待业保险基金。

⑥董事会费，指企业最高权力机构（如董事会）及其成员为执行职能而发生的各项费用，包括差旅费、会议费等。

⑦咨询费，指企业向有关咨询机构进行科学技术、经营管理咨询所支付的费用。包括聘请经济技术顾问、法律顾问等支付的费用。

⑧审计费，指企业聘请中国注册会计师进行查账验资以及进行资产评估等发生的各项费用。

⑨诉讼费，指企业因起诉或者应诉而发生的各项费用。

⑩排污费，指企业按规定交纳的排污费用。

⑪绿化费，指企业对厂区、矿区进行绿化而发生的绿化费用。

⑫税金，指企业按照规定支付的房产税、车船使用税、土地使用税、印花税等。

⑬土地使用费（海域使用费），指企业使用土地（海域）而支付的费用。

⑭土地损失补偿费，指企业生产经营过程中破坏国家土地所支付的土地损失补偿费。

⑮技术转让费，指企业使用非专利技术而支付的费用。

⑯技术开发费，指企业研究开发新产品、新技术、新工艺所发生的新产品设计费，工艺规程制定费，设备调试费，原材料和半成品的试验费，技术图书资料费，未纳入国家计划的中间试验费，研究人员的工资，研究设备的折旧费，与新产品试制、技术研究有关的其他经费，委托其他单位进行的科研试制的费用以及试制失败损失等。

⑰无形资产摊销，指专利权、商标权、著作权、土地使用权、非专利技术等无形资产的摊销。

⑱业务招待费，指企业为业务经营的合理需要而支付的费用。

（2）财务费用

财务费用指企业为筹集资金而发生的各项费用，包括企业生产经营期间发生的利息净支出（减利息收入）、汇兑净损失、调剂外汇手续费、金融机构手续费及筹资发生的其他财务费用等。

（3）销售费用

销售费用指企业在销售产品、自制半成品和提供劳动等过程中发生的各项费用以及专设销售机构的各项经费。包括由企业负担的运输费、装卸费、包装费、保险费、委托代销手续费、广告费、展览费、租赁费（不含融资租赁费）和销售服务费用；销售部门人员工资、职工福利费、差旅费、办公费、折旧费、修理费、物料消耗、低值易耗品摊销以及其他经费。

3. 成本和费用管理的注意事项

（1）确定成本、费用开支的基本原则

根据有关规定，确定企业成本和费用的开支范围。一切与生产经营有关的支出，都应当按规定计入企业的成本、费用。如工业企业中的直接材料、直接工资、其他直接支出和制造费用组成产品制造成本；而管理费用、财务费用和销售费用不计入产品的制造成本，直接作为当期费用处理。

（2）确定成本、费用开支范围的界限

①本期成本、费用和下期成本、费用的界限。企业应按权责发生制的原则确定成本、费用的开支范围，不能任意预提和摊销费用。费用发生以前，需要从成本中预提的费用，应由企业根据具体情况自行确定后，报主管财政机关备案，预提数与实际数发生差异时，应及时调整提取标准。多提数一般应在年终冲减成本、费用，年终财务决算应不留余额；需要保留余额的，应在年度财务报告中予以说明。对于企业一次支付、分期摊销的待摊费用，按费用项目的受益期限确定分摊的数额。分摊期限一般不超过1年。

②在产品成本和产成品成本的界限。企业应当核实产品数量，不得任意压低或提高在产品和产成品的成本，应按规定的计算方法，正确计算产品成本。

③各种产品成本的界限。能直接计入直接成本的，都要直接计入。与几种产品共同有关的成本费用，应根据合理分配标准，在各种产品之间正确分配。

（3）确定产品成本、费用开支范围

企业的费用，具体应包括以下几项内容。

①企业在生产经营活动过程中消耗各种原材料、辅助材料、备品备件、外购半成品、燃料、动力和包装物等所产生的费用。

②企业在生产经营活动过程中所发生的固定资产折旧费用、低值易耗品摊销费用，固定资产修理费用和租赁费用，无形资产的摊销费用等。

③企业按规定应计入企业费用的职工工资，以及按工资总额的一定比例提取的职工福利基金。

④企业内部生产经营单位因为组织和管理生产经营活动而发生的各种制造费用。

⑤企业在生产经营活动过程中所发生的各种管理费用

⑥企业在生产经营活动过程中所发生的各种销售费用。

⑦企业在生产经营活动过程中所发生的各种财务费用。

⑧若是商业企业，还包括各种进货费用。

下列耗费，不得列入企业费用：

①企业购置和建造固定资产的费用；

②企业购入无形资产和其他资产的费用；

③企业归还的固定资产和投资借款的本金；

④发生在固定资产投产使用之前的借款利息和外币折合差额；

⑤企业发生的福利费用；

⑥股份有限公司派给股东的股利；

⑦其他与企业生产经营业务无关的费用。如被没收的财物，支付的滞纳金、罚款、违约金、赔金，以及企业捐赠、赞助支出。

4. 成本和费用管理的内容和要求

工业企业成本和费用的管理就是对产品从研究设计、试制到生产销售全过程中各种费用的发生和产品成本的形成所进行的组织、计划、控制、核算和分析等一系列的管理工作。它是促使企业技术工作与经济工作相结合、生产与节约并重，动员全体职工注重经济核算，能够提高经济效益的一项综合性管理工作。

（1）成本和费用管理的内容

①成本和费用预测。根据对生产技术条件和对生产经营全过程的分析，预测成本和费用可能降低的情况及成本和费用的水平，提出成本和费用预测方案，为决策和编制成本费用计划提供依据。

②成本和费用计划。根据成本预测资料、成本目标编制成本计划，并落实各种产品或各部门的成本计划。

③成本和费用控制。对企业生产经营活动中的各种费用，做事前控制，以保证成本目标的实现。

④成本和费用核算。对企业生产经营活动实际发生的一切费用和产品实际成本，做精确及时的记录，进行分类、汇集、计算、分摊和结算。计算产品的实际成本，要根据企业产品和工艺技术过程的特点，采用一定的成本计算方法，以保证成本计算的真实性。

⑤成本和费用分析。它对制定成本目标、编制成本和费用计划、进行成本和费用控制，以及挖掘降低成本和费用的潜力都有着重要作用。

（2）成本和费用管理要求

①要动员企业各个部门、单位和全体职工对企业生产经营的全过程实行全面成本和费用管理，保证不断降低产品成本。

②要制定切实可行的成本目标与成本和费用计划，选择正确的成本计算方法。

③要建立成本和费用管理体系，推行成本和费用管理责任制，使成本和费用管理与经济责任结合起来。

④要做好成本和费用管理的基础工作，包括定额工作、原始记录、计量、内部计价等。

⑤要严格遵守国家规定的成本开支和费用开支标准，以及有关成本和费用的财经纪律。

（三）企业降低产品成本和费用的主要途径

①节约劳动时间，提高劳动生产率。产品成本中的一些费用是按工时比例分配的，降低工时消耗，提高产品产量，不仅可以减少单位成本中的工资费用，而且分摊到单位产品成本中的一些固定费用也相应降低。提高劳动生产率除要加强思想政治工作，遵守劳动纪律外，还要完善经济承包责任制，优化劳动组织，加强技术操作规范，提高工人的文化水平和技术熟练程度，开展技术革新，逐步提高生产过程中的机械化、自动化水平。

②降低原材料、燃料、动力等物资消耗。确定物资消耗定额，使定额保持在平均先进水平上。改进产品设计和施工工艺，降低单位产品物资耗用量。合理使用代用材料，综合利用，回收复用，提高物资利用率，降低物资费用。

③提高产品质量，降低废品损失。采用新技术，改进工艺流程，严格质量检查，推行全面质量管理，分析产生废品的原因，从生产技术和思想教育上采取积极措施，减少废品，提高产品质量。

④进行设备更新和技术改造，提高设备利用率。对现有机器设备，从劳力安排、修理使用、技术改造上提高设备利用率。

⑤降低管理费用、财务费用和销售费用，减少非生产性开支。精打细算，降低管理费用、财务费用和销售费用；精简机构，改善经营方式；提高效率，缩减各种不必要的开支。

⑥建立健全各级经济承包责任制。经济承包中必须注意成本的降低与节约，把成本管理作为承包内容之一。

⑦开展社会主义劳动竞赛，遵守职工物质利益原则。节约成本，降低成本和费用，都要有必要的奖励，反之，要有必要的惩罚，使成本消耗与职工物质利益结合起来。

四、损益管理

（一）销售收入管理

1. 销售收入的分类

销售收入是企业销售产品或者提供劳务等取得的收入。包括产品销售收入和其他销售收入。

产品销售收入包括销售产成品、自制半成品、提供工业性劳务等取得的收入。

其他销售收入包括材料销售、固定资产出租、包装物出租、外购商品销售、无形资产转让、运输等取得的收入。

2. 销售收入的确认

企业一般在产品已经发出，劳务已经提供，同时收到货款或收取价款凭据时，才确认销售收入实现。

如果发现销售退回、折让或折扣，应当冲减销售收入。

（二）损益管理

1. 损益的概念

损益指企业在一定时期内经营活动的结果，财务上称为损益汇总。若损益汇总大于零则企业盈利；若损益汇总等于零，则企业为保本；若损益汇总小于零，则企业亏损。

2. 利润总额计算

利润总额指企业在一定时期内进行生产经营活动所取得的财务成果，即企业在一定时期内实现盈亏的总额。利润总额是衡量企业经济效益高低的一项重要指标。利润指标综合性强，企业在增加产量、提高质量、降低成本、节约资金、扩大销售等方面，所做的努力都会通过利润指标反映出来。所以借助于利润指标，可以分析利润增减变化情况，改进经营管理，提高企业经济效益；同时，可以评价企业的赢利能力及其变化趋势，以便于投资者做出决策。

3.利润分配

企业利润总额按照国家规定做相应调整后，依法缴纳所得税。应纳所得税是应纳税所得额乘以所得税率得到的。应纳税所得额是在利润总额的基础上调整得到的。

（1）企业利润分配

企业缴纳所得税后的利润，除国家另有规定外，按照下列顺序分配。

①弥补被没收财物损失，支付各项税收的滞纳金和罚款。

②弥补企业以前年度亏损。

③提取法定盈余公积金。

④提取公益金。

⑤向投资者分配利润。企业以前年度未分配的利润，可以并入本年度向投资者分配。

（2）股份有限公司利润分配

对于股份有限公司提取公益金以后，利润按照下列顺序分配。

①支付优先股股利。

②提取任意盈余公积金。任意盈余公积金按照公司章程或者股东会决议提取和使用。

③支付普通股股利。

五、盈亏平衡分析

盈亏平衡分析（损益转折分析）是通过分析产量（销售量）、成本和利润之间的关系来判断企业的盈亏（损益）情况的。

（一）产量、成本和利润之间的关系

企业的费用按其与产量的关系可分为变动成本和固定成本。在一定时期内，不同的成本与产量的关系是不同的，有的成本随着产量的变化而变化（如材料费），称为变动成本。有的成本不随产量的变化而变化，即使产量为零，也要照常支出（如固定资产折旧费），称为固定成本。这两类成本的总和为总成本。产量、成本和利润的关系见图2-1。

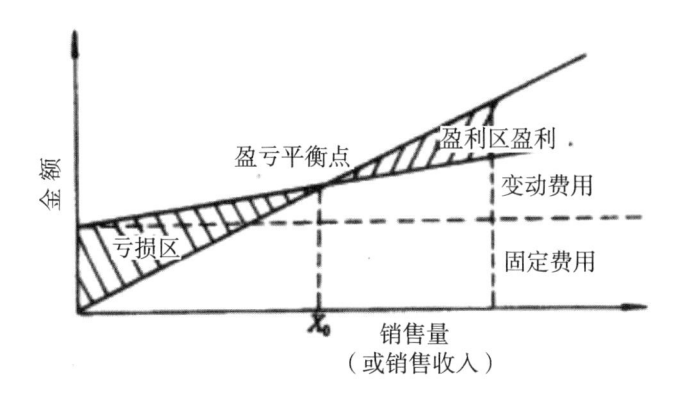

图 2-1　产量、成本和利润关系分析

（二）盈亏平衡点的确定

盈亏平衡点指总费用与销售收入相等的点。确定盈亏平衡点（保本点、损益转折点）就是确定这一点所对应的产量或销售量。其计算公式为：

$$S=PX$$
$$Y=F+C_vX$$

式中：S——销售额；

P——销售单价；

X——产量；

Y——总成本；

F——固定成本总额；

C_v——单位产品成本中的变动成本。

在盈亏平衡点（X_0）上，$S=Y$。

$$PX_0=F+C_vX_0$$

整理得：

$$X_0=\frac{F}{P-C_v}$$

上式为正确选择产品数量提供基本依据。

当产量 $X=X_0$ 时，企业收支平衡，不盈不亏；

当产量 $X<X_0$ 时，企业亏损；

当产量 $X>X_0$ 时，企业盈利。

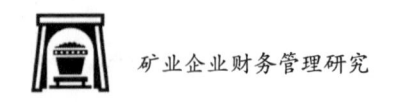

第二节 矿业企业财务管理存在的问题及对策

一、矿业企业财务管理存在的问题

（一）资产疏于管理，财务控制薄弱

1. 对现金管理不到位，导致现金闲置或不足

许多矿业企业不制订现金收支计划，对现金的管理很大程度上是随意性的，一旦市场发生变化，经济环境发生改变，就很难使现金快速周转。有些企业的资金使用缺少计划安排，过量购置不动产，无法应付经营急需资金的情况，从而陷入财务困境。有些企业认为现金越多越好，出现现金闲置现象，现金未参加生产周转，造成资源的浪费。例如，企业认为自己经济效益好，明天可能收到的钱就认为已经是今天的钱了，于是，花钱大手大脚，过量购置设备，不考虑经营风险，结果一旦遇到经济效益突然下滑，企业就会出现资金短缺，陷入财务困境。

2. 成本费用管理水平低

矿业企业内部缺乏科学有效的成本费用控制体系，相当一部分企业在成本费用控制上仍处于事后算账的阶段，定额标准、信息反馈、责任制度等都不健全，事前和事中控制能力较低。因此，许多矿业企业成本费用管理中存在核算不实、控制不严、控制体系不健全等问题。

（二）会计人员素质不高，财务管理职能缺失

大多数矿业企业对会计人员重使用轻培养，会计人员满负荷地工作只能使其被动地处理日常事务，他们很难有时间和精力主动钻研深层次的管理问题，对介入财务管理心有余而力不足，不能正确处理财务管理与会计核算的关系。在核算事务中，会计人员重核算轻管理，重视资金运作和会计结构，轻视会计资料的加工处理和经济活动分析，淡化了财务管理自身在企业管理的核心地位和参谋决策作用。

高素质财务管理人员缺少是矿业企业财务核心作用难以很好发挥的主要原因。企业普遍注重对科研技术人员的培养，而对管理人员的素质提高重视不够，使得财务管理职能未能得到充分发挥。例如，很多企业的财务报表仅仅是机械

式的填报，只关注利润，而对于报表内容和指标之间的关系很少有专门人员进行分析，这就是明显的财务管理职能缺失。

现代化矿业企业对于财务人才的重视程度和要求越来越高。目前，很多矿业企业财务管理人员的综合业务能力不高，沟通水平不够，很多企业对财务人员知识水平与业务技能的要求仍旧停留在十几年前，没有补充现代化财务专业人员，也没有针对当前工作需求及时进行相关的财务专业知识培训，部分财务人员难以适应新时期矿业企业财务管理工作的变化，导致在实际工作中出现政策理解不到位、会计基础工作不规范和工作效率不高等财务管理问题，企业财务风险日益加剧，这将严重影响企业的健康发展。

此外，很多财务人员的责任意识不强，在工作中存在思想懈怠、执行相关政策不严等问题。这些也给企业带来了一定的管理风险。

（三）风险意识缺失

矿业企业项目所需资金多，投资管理和资金管理的风险较高。因此，矿业企业应改进管理方式，实现财务管理创新。这样有利于矿业企业加强投资与资金管理，降低投资风险，从而有利于矿业企业提高投资效益。

矿业企业在发展中面临的风险日益增多，尤其是在激烈的市场竞争当中，风险管控成了企业的重要工作，尤其是财务风险防范是企业内控重点关注的内容。目前，很多矿业企业管理人员缺乏财务风险意识，导致在实际工作中面临的阻碍较多，这会对企业的正常运营造成威胁。资产结构不合理、过度负债、未能建立完善的风险防范体系、缺乏对风险类型与等级的深入分析、缺乏对短期贷款与长期项目的综合考量等，使企业面临巨大的经营风险。

1. 没有做好投资预算管理，投资风险较大

面临激烈的竞争形势，部分矿业企业加大投资力度，不仅在本行业内进行投资和产能扩张，也进行产业链的延伸，希望形成规模效应。部分企业进行跨行业投资，如投资房地产或期货领域。由于没有做好投资预算管理，也没有做好投资规划和投资风险评估，因此出现了重复投资、资金占用较重、跨行业投资中经营管理不善、投资效益不高等问题。

2. 没有做好税收筹划，税务违规问题较多

一些矿业企业不重视税收筹划管理，而又希望通过节税降低税收成本，导致了税务违法问题的出现，这会影响企业征信和企业自身的形象。一些本来可以通过税收筹划解决的税务问题，由于在税务处理方式上存在问题，导致企业出现了税务违法违规现象，从而受到征管部门的处罚。矿业企业必须高度重视此类问题。

二、解决矿业企业财务管理问题的对策

（一）全方位转变企业财务管理观念

财务管理观念是指导财务管理实践的价值观，是思考财务管理问题的出发点。面对新的理财环境，企业若不全方位转变财务管理观念，就很难在激烈的国际竞争中赢得一席之地。笔者认为，企业应树立以下管理观念。

首先，树立人本化理财观念。重视人的发展和管理，是现代管理的发展趋势。企业的每项财务活动都是由人发起、操作和管理的，其成效如何主要取决于人的知识、智慧和努力程度。因此，在财务管理中要理解人、尊重人，规范财务人员的行为，建立责权利相结合的财务运行机制，强化对人的激励和约束，其目的就是要充分调动人们科学理财的积极性、主动性和创造性。

其次，树立资本多元化理财观念。企业应积极寻求多方合作，提高管理水平，实现投资主体多元化，优化企业法人治理结构。

最后，树立风险理财观念。在现代市场经济中，由于市场机制的作用，任何一个市场主体的利益都具有不确定性，存在蒙受一定经济损失的可能，即不可避免地要承担一定的风险。财务管理人员要树立风险观念，要善于对环境变化带来的不确定因素进行科学预测，能够有预见地采取各种防范措施，使企业可能遭受的损失降到最低程度，提高企业抵御风险的能力。企业防范风险有两个重要途径：一是制订翔实的财务计划，将不确定因素确定下来，使企业产生应对变化的机制，从而减小未来风险对企业的影响；二是建立风险预测模型，有预见地、系统地辨认可能出现的风险，变被动为主动，防患于未然。

（二）逐步提升财务管理的境界层次

就像企业成长不同阶段需要关注不同问题一样，财务管理在企业的不同成长时期也具有不同的重点。伴随着企业的成长，财务管理也有其自身的发展。这个发展过程，我们可以把它分成递进的五种境界。

第一境界，记账。这个阶段的企业处于初创期，人员规模不大，业务比较简单，管理点少而单一，营运及资金规模也较小。因而对财务功能的要求较低，限于出纳、记录、简单核算、报税。这个阶段容易出现的问题是由于会计人员水平有限，往往缺乏严格的审核环节，记账的准确性和规范性差，有潜在资金安全隐患。另外，企业业务上的灵活性导致财务上存在许多账外项目，账目不能真实反映企业整体经营状况。对于这一问题比较好的解决办法是聘请实务经验丰富的会计人员或机构定期审账调账，规范科目设置、对账流程，并建立简

单的财务控制措施,如费用标准、借款限额等。

第二境界,控制。这个阶段企业进一步成长,进入较大范围的市场,产品线和组织扩张。由于资金、货物的运作量不断增大,企业面临的风险增大,产生损失的可能性和风险的危害程度都扩大。管理点快速增多加大了资金调配、费用失控的风险。同时,快速扩张对资金周转提出较高的要求,决策者如果对企业整体财务、资金状况缺乏准确及时的了解,企业可能会丧失市场机会或出现现金流危机。这个阶段,企业就像快速奔驰的列车,如果没有一套良好的制动装置,遇到弯道、突发情况等就容易出轨。所以,企业在这个阶段,迫切需要一个有效的控制体系,使持续的奔驰建立在一个可控的平台之上。

配合这个阶段的管理要求,财务管理强调资金、货物、资产的安全,财务人员要准确地记账和核算。财务管理应广泛参与到业务流程的事中控制之中,从资金、存货、信息、账务四个方面保障企业内部安全。

这个阶段容易出现的问题:对可能有的风险缺乏系统分析和了解;采用控制手段,但对控制效果没有把握,并缺乏科学的评估;控制点和控制手段不恰当使得控制没有起到效果;侧重对会计系统的控制,忽视对业务系统的财务控制,使财务控制仍然停留在事后,对业务起不到控制作用。解决这个阶段的问题的办法是聘请既懂管理又懂财务,并且具有良好的大局观念和系统思维的专业人士进行企业的财务管理。在实际中,企业可通过聘请财务总监,或通过聘请专业咨询机构来系统搭建财务控制平台。

第三境界,分析。这个阶段企业进一步成长,或在已有的市场中处于领先地位,或进入多元化发展,在较大范围的市场进行竞争。企业面临的市场、竞争及内部管理环境比较复杂,信息比较庞杂,需要对信息进行选择和分析以支持各种决策。如果缺乏这种信息的支持,决策将无法进行或决策错误的风险很大。因此,这个阶段要求财务为业绩管理、全面预算、决策支持服务,帮助企业赢利。财务管理应参与到事前规划和控制中。

常规的指标分析是财务分析的重要组成部分,但它主要为投资者所用。对企业经营管理者而言,财务分析的内容远不止于此。企业在这个阶段,需要建立适合自己的财务分析体系和模型。财务分析的结果,可广泛使用于业绩规划、赢利分析、效率改善和薪酬制定中。

第四境界,资本运作。这个阶段企业发展到一定规模,企业运用资本手段进行较大规模的快速扩张。企业通过上市募集资金,或进行其他战略性、财务性融资。同时,企业采取并购等手段进行扩张。这一阶段的财务管理重在资金运作,涉及资本结构优化、利润分配事宜。

第五境界，财务效益。这一阶段企业具有较复杂的资本结构、法人结构，营运资本量大，有税务谈判的筹码。这个阶段财务管理主要是通过税务优化、对营运资本的管理，直接为企业产生效益的。

以上财务管理的五种境界有着内在的逻辑发展顺序，但并非是完全割裂开来的。境界间可能交叉，互相重合。企业在不同的发展阶段，需要不同的财务管理体系与之配套，如果这样的体系有重大的缺失，或功能不到位，则会严重阻碍企业的发展。

（三）加强资金管理，强化财务控制

1. 努力提高资金的使用效率，使资金运用产生最佳的效果

首先，要使资金的来源和运用得到有效配合，如不能用短期借款来购买固定资产，以免导致资金周转困难；其次，准确预测资金收回和支付的时间，如应收账款什么时候可收回，什么时候可进货等，都要做到心中有数，否则，易造成收支失衡，资金拮据；最后，合理地进行资金分配，流动资金和固定资金的占用配比要合理。

2. 加强对营运资金的管理

从发展现状看，涉及现金、应收应付、存货等的营运资金管理是目前企业财务管理的"主旋律"。企业应加快生产经营资金的流动和周转，资金只有在流通中才能增值，企业的利润主要是靠流动资金的周转来实现的。因此，第一，要保持合理的"三率"——流动比率、速动比率和现金比率，特别是现金比率，它反映了企业当前或近期支付现金的能力，财务管理应努力保持企业各项现金收入之和略大于各项现金支出之和，即接近所谓的"现金余额为零"，这样资金才能得到充分的利用。第二，注意合理的存货比率——存货与流动资产总额之比。企业应对采购物资进行定额控制，做到事前有计划、事中有控制、事后有分析，使物资结构趋于合理，尽量减少储备资金和成品（商品）资金的占用，充分利用市场这个"仓库"，在满足生产经营的前提下，存货是越少越好。第三，要严控"三期"——存货周期、应收账款周期及应付账款周期。存货周期是通过当期的销售额和库存资金占用之比来体现的，只有缩短存货在生产经营过程中的停留时间和减少库存、加速产品销售，才能缩短存货周期，加速资金周转，减少资金占用。应收账款周期即账款回收天数，企业应强化对应收账款的管理，制定相应的应收账款政策，尽量缩短应收账款周期。应付账款周期指供货方允许企业支付货款的期限，企业可利用这部分资金来周转，但应注意不能拖延应

付账款时间而影响企业信誉。第四，努力降低"三费"——管理费用、财务费用和销售费用。这三项费用可以说是直接耗用掉了一部分流动资金，严格控制并努力降低"三费"是企业的当务之急。

3. 加强财产控制

企业应建立健全财产物资管理的内部控制制度，在物资采购、领用、销售及样品管理上建立规范的操作程序，堵塞漏洞，维护自身的安全。对财产的管理与记录必须分开，以形成有力的内部牵制，企业决不能把资产管理、记录、检查、核对等交由一个人来做。企业应定期检查和盘点财产，督促管理人员和记录人员严格管理财产。

（四）加强财务预算管理

企业应编制财务预算，对财务目标进行综合平衡，将目标分解到各部门、各责任人，并通过财务预算来约束和控制财务行为，从而保证各项计划的完成。

新建投资项目企业的财务预算，以投资预算为重点，包括投资项目的可行性分析、总预算、现金流出量的计划、筹集预算计划。企业应在财务管理制度中确定预算控制办法及决策程序。

持续经营企业的财务预算，以营利为重点，包括销售预算、销售成本、费用预算、赢利目标预算、现金流量预算。企业要对费用预算的重点项目和各类损失进行重点监控。现金流量预算的重点是经营性流入量和流出量，要确保资金能够回笼，以提高资金的使用效率。

清理企业的财务预算，以现金流量为重点，严格收支两条线。为了有效控制费用，企业要进行现金流量费用支出预算控制。

企业财务部门根据企业的经营目标，在充分论证和可行性研究的基础上，编制财务预算，提交董事会审议。董事会审议财务预算，审议通过后形成的决议作为企业发展的法定依据和目标。董事会通过的财务预算由企业经营层组织实施，财务部门进行全过程的动态监控，并将财务预算的执行情况向董事会报告。为了保证预算目标的实现，根据企业内部的管理层次和组织结构，企业要建立有效的内部制约制度，主要包括财务收支审批制度、权限规定、联签手续、稽核制度等，落实责任制。企业应通过财务会计信息的记录、分析和反馈，形成事前控制、事中监督、事后考核的内部控制系统，对财务预算实施严格的考核制度，兑现奖惩。

（五）正确进行投资决策，努力降低投资风险

投资决策需要权衡风险和回报，一个投资项目要有好的回报，涉及多方面的因素：首先要投资方向适当；其次要投资时机适当；最后要适应环境变化。项目建成后还需科学管理、良好经营。任何一个方面的问题都有可能使支出增加，甚至使项目的预期呈反向效应，造成巨大损失，使企业陷入困境。正因如此，现代企业对投资决策非常慎重。企业在决策时要识别风险、判断风险，决策后要进行风险管理，规避风险，从而获得最大的投资效益。

首先，在投资立项上要进行管理与控制。对投资立项的可行性研究，必须坚持实事求是的原则。企业应通过对市场的分析，研究产品的销路和发展趋势、工艺流程和技术数据，预测产品的销售价格、成本、税金和盈利，涉及外汇的还要考虑汇率风险，以及规避这些风险的措施。如果是借入资本搞项目投资，企业还必须考虑筹资成本。除了进行可行性研究外，企业还可以对该项目进行不可行性的研究分析，从不同角度和不同意见中分析利弊得失，从而取得比较切合实际的可行性研究结论。

其次，在投资项目管理上要进行分析与控制。项目投资以后，必须加强对投资项目的跟踪管理，不能以投代管，投资后不闻不问，放任自流。对投资对象除了听其汇报、审阅其方案外，有条件的还要选派得力人员到被投资企业去参与管理，及时反馈经营情况，发现问题要尽可能在萌芽状态就解决。这样既帮助了被投资企业，也维护了投资企业的合法权益。

最后，企业可通过多元化的投资组合来分散投资风险。从实际操作上讲，企业要想实现投资的多元化，如产品开发多元化、生产地区多元化等，可采取一业为主兼营他业和多种经营的做法。投资的多元化可以减少或抵消风险因素的不利影响。

证券投资也应遵循此原则，首先是证券种类的分散，一部分作为安全性比较高的债券投资，一部分作为风险较大的股票投资。其次是选择多个上市公司的股票，注意行业、地区分散，或选择多种债券，同时注意时间上的分散。企业不直接选择某一具体的证券或证券组合，而是投资于一些专业性投资公司的证券组合，这往往也能降低证券投资的风险。

投资前的科学论证，投资后的跟踪监督、加强管理，再加上提取一定的投资风险准备，可以使企业在投资活动中有效地规避风险，取得较高的投资回报率。

第三节 财务管理模式概述

一、管理模式的内容及特点

(一)管理模式及其内容

管理模式指的是管理者在一定管理思想的指导下,对组织的管理目标、管理对象和管理手段进行整合以推动组织有效运转,在长期的管理实践中形成的独具特色且相对稳定的管理状态。

管理模式的定义涉及管理思想、管理目标、管理对象、管理手段和管理状态。从其构成内容看,有以下七个子模式:管理理念模式、组织结构模式、组织行为模式、组织形象模式、组织沟通模式、管理激励模式和管理控制模式。

1. 管理理念模式

管理理念就是用来体现管理组织的理想、追求和价值观,指导管理组织长期生存与发展的基本信念。理念是企业生存与发展的驱动力,企业的成功要求管理者必须树立自己的核心理念。

2. 组织结构模式

任何组织的管理,都是对结构的管理。在企业里,管理者常常面对各种各样的结构,如组织结构、资金结构、产业结构等。这里所说的结构模式指企业的组织结构方面,它对其他类别的结构有着直接而深刻的影响。组织结构是根据战略目标及决策计划来确定的,它是管理者对人、财、物等组织资源进行整合的结果。

合理的组织结构模式能指引企业实现战略管理目标,并能指引管理者根据企业的实际情况,对人、财、物等资源进行有效合理的整合。

3. 组织行为模式

组织行为指的是组织的个体、群体或组织本身从组织的角度出发,对内源性或外源性的刺激所做出的反应。任何目标的实现都有赖于一定行为的实施。组织应根据管理目标和效率要求做出预先的理性设计,并制定出相应的行为规范,从组织所有成员的各种不同的职务行为中能反映出组织行为内在的一致性。

4. 组织形象模式

组织形象是社会公众对组织的总体印象，组织形象通常包括物理形象、作业形象、品质形象、效率形象、社会形象。组织形象能反映管理水平的高低及有效程度。管理好，组织形象好；管理差，组织形象也差。可见良好的组织形象对于企业来说是一笔重要的无形资产。

5. 组织沟通模式

组织沟通是科学管理的必备基础和重要内容，管理者必须重视沟通在管理中的地位和作用。如果沟通问题解决了，那么组织运转便已成功了一大半。沟通主要包括信息沟通、情感沟通和行为沟通，企业应根据沟通的目标和效率要求，科学设计沟通内容和沟通方式。成功的沟通模式应能使组织成员之间建立起密切联系，增强他们的团队协作意识，培养他们的整体观念。

6. 管理激励模式

管理激励是为了使职员乐于承担并富有效率地完成组织交给的任务而采取的措施。科学的激励应考虑激励的对象、手段、频率、程度和效果，以充分调动员工工作的积极性，使组织内部形成紧密协作的团队。

7. 管理控制模式

管理控制指的是为使组织朝着既定的目标健康地发展，而采取的一系列措施。组织要能根据组织目标和绩效的要求，制定科学的控制标准、控制内容、控制程序和控制方法。

纵观这七个子模式，不难发现，它们正好体现了管理的基本过程：从管理理念开始，设置管理目标和任务，运用管理手段（组织沟通、管理激励和管理控制）作用于管理对象——组织结构，达到一定的管理效果（组织行为和组织形象）。

（二）管理模式的特点

1. 目的性

企业的管理模式是有目的的人工系统，是为企业实现经营目标服务的。企业经营目标是一个"目标—手段"体系。总目标是利润最大化，实现总目标需要一系列手段，这些手段就成为第二层目标；第二层目标的实现又需要有一系列更具体的手段，这些手段又成为第三层目标。

2. 整体性

企业的管理模式是各种管理要素、管理子系统的有机组合。建立企业管理模式不是追求其某些要素、子系统、环节的局部优化，而是追求整体优化，追求整体功能最佳。整体功能不是局部功能的简单相加，而是各局部功能组合形成的最佳总功能。管理模式不仅要反映这种整合过程，而且要体现出整合后的状态，因此，管理模式具有整体性。

3. 制度性

企业如果不追求一种制度性的管理，就不可能形成稳定的管理模式。如果企业管理处于无制度状态，那么就没有模式可言，因为制度性是管理模式的根本特征，是其最重要的性质。

4. 独特性

企业的管理模式是共性和个性的统一，既反映同类企业管理的共同特征，又有每个企业的各自特征。因而对同类企业科学的、成功的管理模式可以借鉴，企业类型越接近，借鉴性越强，但绝不能照搬。正如世界上没有两片完全相同的树叶一样，现实经济生活中也不可能存在两个完全相同的管理模式，每个管理模式都是唯一的。这是独特性的本义所在。

5. 客观性

即使在一般意义上讲管理模式，它也应体现一定的客观内容。也就是说，当谈到某种模式时，它不应该只是一种抽象的概括而缺乏明确的内容。既然是管理模式，其内容自然要与管理活动有关。

6. 长期性

管理模式的形成是一个长期的过程，它不可能在短期内形成。管理者应该有充分的耐心，以科学管理来推动管理模式的建立。

7. 动态性

企业的管理模式不是一成不变的。随着企业经营内容、经营规模、生产技术特点和外部环境的变化，企业应不断调整以至转换管理模式，当然在模式调整与转换中，也应注意继承性，实现新旧模式的平稳过渡，避免模式转换中造成不应有的损失。

二、财务管理模式及其特点

（一）财务管理模式及其内容

财务管理模式指的是管理者在一定财务管理思想的指导下，对企业财务管理目标、财务管理对象和财务管理方法进行整合以推动财务管理活动有效、合理运营的一种管理状态。

财务管理活动中所采用的财务组织结构、财务管理行为、财务管理手段等，其实质是对企业资本进行有效运营，以实现企业财务管理目标。财务管理模式的设计应考虑企业规模、行业特点、业务类型等因素，要有利于提高财务管理效率。根据现代企业的特点，财务管理模式应由以下几个子模式构成。

1. 财务管理理念模式

财务管理理念，即企业财务管理的观念，是对财务工作过程中形成的基本观点和基本思想的认识。它体现了财务管理者的立场、观点，是进行企业财务管理工作的重要基础，对企业财务管理的内容、方法及其工作质量有着重要的影响。

财务管理理念分为基础理念、核心理念和业务理念三个层次。基础理念指的是财务管理过程中最基本的、对财务管理方法的形成和运用具有指导作用的理念，如系统理念、平衡理念、弹性理念、优化理念等。核心理念指财务管理方法运用过程中必须持有的理念，它决定着财务管理方法是否能被正确运用，如货币时间价值理念、风险与收益配比理念、资金成本理念等。业务理念指在财务管理的某一领域中运用某一方法时企业所选用的理念，这些理念针对某类财务管理活动而发挥作用，如筹资时的资本结构理念和财务杠杆理念，投资时的投资组合理念和经营杠杆理念，在企业运营控制中的资金流转理念，选择分配政策时的资本结构理念和分配政策理念等。

科学的财务管理理念模式是与时俱进的，是与不断变化的财务管理环境相适应的。它可以使企业在新的发展时期抓住机遇，促进企业的可持续发展。

2. 财务管理目标模式

财务管理目标又称理财目标，是企业进行财务活动所要达到的根本目的，是评价企业理财活动是否合理的基本标准。它决定财务管理的基本方向。

财务管理目标是一个由整体目标、分部目标和具体目标构成的目标体系。整体目标是整个企业进行财务管理所要实现的目标，也就是我们通常所说的财务管理目标，它决定着分部目标和具体目标，是财务活动的出发点和归宿。分部目标指在整体目标的制约下，进行某一部分财务活动所要实现的目标，如筹资目标。具体目标指在整体目标和分部目标的制约下，从事某项具体财务活动所要达到的目标，如某次借款要达到的目标，是整体目标和分部目标的落脚点。

财务管理目标制约着财务运行的基本特征和发展方向，是财务运行的一种驱动力。科学合理的财务管理目标模式，可以优化理财行为，实现财务管理的良性循环。

3. 财务关系模式

财务关系是企业在理财活动中产生的与各相关利益主体间的经济关系。可以将其概括为五个方面的内容：企业与出资者之间的财务关系、企业与债权人之间的财务关系、企业与国家作为行政事务管理者之间的财务关系、企业与市场交易主体之间的财务关系和企业内部各部门之间的财务关系。科学合理的企业财务关系模式可以规范现代企业的各项财务关系，尤其是内部财务关系。

4. 财务权责模式

财务权责指用于规范企业各级财务管理单位（人员、机构）的权利与责任，是财务管理权利与责任的统称。

合理的财务权责模式应能使企业各级财务管理人员的权利和责任都十分明确，应能使他们做到各司其职、各负其责，应能充分调动各方面的积极性。

5. 财务运行模式

财务运行模式是财务各要素之间彼此依存、有机结合和自动调节所形成的内在关联及运行方式，是企业财务管理模式的主要组成部分。它包括财务组织机构的设置、财务信息沟通机制、财务管理与控制机制和财务激励机制。

通过这五个子模式，不难发现，它们正好体现了财务管理的基本过程：从财务管理理念开始，经过实施财务运行模式，从中体现出一定的财务关系和财务权责，最终达到预定的财务管理目标。

（二）财务管理模式的特点

1. 稳定性

企业财务管理模式既然是一种标准样式，是制度化的，那么一经形成，就应该以稳定的形式发挥作用，如稳定的管理流程、财务制度、管理方式等，而不是随心所欲的。要保持财务管理模式的稳定性与连贯性，使财务预测、决策、控制等财务管理方法能有效施行，就应尽力提高财务管理效率。当然，这种稳定性是较短时期内的稳定，是动态中的静态，绝不是恒定不变的。

2. 一致性

财务管理是企业管理的重要手段，其管理目标要受企业总体目标的制约，因此财务管理模式不仅要与企业生存的宏观经济环境相适应，还要与企业内部的微观经营状况（规模、组织结构等）相一致。在不同的经济体制下，企业的财务管理模式是不同的；面对不同的经营现状，企业应采用不同的财务管理模式；在不同的发展阶段企业应采用不同的财务管理模式。

3. 可调节性

虽然企业财务管理模式具有稳定性，但并不代表其是一成不变的，为了与企业面对的宏观和微观经济环境，以及企业的发展需要相一致，企业必然会随着这些因素的变化对其进行调节，故财务管理模式具有一定的可调节性。通过调节，企业财务管理模式更能适应企业的需要，这种调节使企业财务管理模式的发展呈现出阶段性。财务管理模式本身应该是不断发展的，这种发展过程从短时间来看，更多的是一种调节过程，根本的突破性的发展是不常见的。

4. 协调性

财务管理是企业管理的重要组成部分，与生产管理、营销管理并称为企业的三大决策支柱，在企业的生产经营中共同发挥作用。可以说，一个企业的发展应该是一种合力作用的结果。由此可知，财务管理与生产管理、营销管理还有新兴的人力资源管理之间有着非常密切的关系。在一定程度上，可以说它们是相互依存、相互促进的。因此，好的财务管理模式必须能与其他管理模式相协调，即财务管理模式具有协调性。

三、电子商务环境下的财务管理模式创新

电子商务能够改善现代企业中的信息孤岛问题。随着我国经济的迅速发展，市场信息对企业的发展具有重要影响，是企业能够在市场中占有有利地位的首要条件。

（一）电子商务对财务管理产生的冲击

1. 电子商务对投资管理的冲击

电子商务能够加强企业与社会各部门的交流和沟通，以及与消费者做好协调，让企业对市场行业发展状况有更加深刻的了解，从而提高对市场信息把握的准确度，实现企业的健康发展。电子商务使企业能够根据市场的变动情况进行政策的调整。

企业决策对关键信息也有着迫切的需要。在企业发展速度不断提高，生产

规模逐渐增大的情况下，企业的投资决策就成为重点，生产材料的配备、生产设备的设置、相关策略的执行等都需要进行投资决策。在制定投资策略时，决策者要将市场的变化状况考虑在内，对引发市场波动的因素和市场的近期状况进行充分掌握。

2. 电子商务对企业管理对象的冲击

电子商务是不受区域限制的。人们利用计算机技术、信息技术和网络技术等做好企业的经营活动，从而提高企业的营销业绩，推进企业健康稳定发展。在电子商务运行时，只有供应商、客户和企业相互配合才能够实现共赢。在电子商务的影响下，大多数企业的管理对象发生了改变。

电子商务背景下，企业的信息活动与信息资源、网络的推广和宣传以及企业、供应商和客户之间的联系都受到了更多的重视，企业管理向信息化管理转变。因此，只有对信息技术进行把握，才能够明确企业未来的发展方向和目标。

3. 电子商务对财务分析模式的冲击

电子商务与传统的企业经营模式相比，具有普遍性和广泛性等特点，是一种崭新的经营模式。在电子商务背景下，企业改变了以往对特定企业进行管理和运作的模式。空间上，实现了远程处理、协同业务，使得财务管理能够集中化远程进行；时间上实现了会计核算动态化、实时化，使得财务管理从静态走向动态。电子商务实现了对全体网络用户进行管理，凭借新型宣传手段和有效的经营策略推进了企业的发展。

因此，企业财务分析的传统模式受到了电子商务的冲击，企业更加适应电子商务经营模式，电子商务能够实现企业经济效益的有效提升。在进行财务分析时，我们要从企业的实际销售状况出发，制作会计报表，然后结合市场信息的反馈情况和全体网络客户的满意程度，对企业的经营战略进行调整，使企业的服务水平获得提升。

（二）电子商务环境下企业财务管理模式的构建

电子商务在近些年来得到了快速有效的发展，给予人们生活、工作等方面极大的便利。电子商务虽然得到了极大的发展与利用，但是以电子商务为背景，构建新的企业财务管理模式，并没有较为具体的方法。

1. 整合财务处理程序

在电子商务背景下，企业需要通过整合财务处理程序来构建新的财务管理模式。首先，将财务管理模式与信息技术发展有机结合，使财务管理结构、财务流程组合成系统性的管理模式；其次，从全局性考虑，减少不增值活动、无效活动，合理优化各项活动的财务流程。

2.建立财务制度

在电子商务背景下，企业需要通过建立财务制度来构建财务管理模式。首先财务流程、财务组织、财务信息系统和财务处理方法必须受制于财务制度；其次，财务制度要表现出一定的宏观性，要符合社会主义经济发展，更要对电子商务背景下的企业财务管理产生约束。

3.重组财务组织结构

在电子商务背景下，企业需要通过重组财务组织结构来构建财务管理模式。首先，要更新老旧的财务管理观念和概念，站在全新的角度上思考财务管理问题；其次，要重组财务组织结构，使得企业财务管理中出现新气象。

4.深度改造财务处理控制

在电子商务背景下，企业需要通过深度改造财务处理控制来构建财务管理模式。首先，要将财务处理控制方法与信息技术相结合，使得各种财务处理控制方法能够被灵活运用；其次，要打造全新的财务管理结构，比如星型管理结构、水平总线型管理结构、虚拟组织和网络型管理结构，使得财务管理结构丰富多样。

改革开放以来，我国发生了翻天覆地的变化，很多行业、领域都得到了极大的发展，尤其是电子商务行业。在电子商务背景下，企业财务管理具有执行财务控制、集中管理、协同财务及业务、远程控制处理财务、高效管理财务组织、构建信息系统等特点，企业只有整合财务处理程序、建立财务制度、重组财务组织结构、深度改造财务处理控制，才能构建出新的财务管理模式。

第四节 矿业企业财务管理模式选择

一、陕煤集团神木张家峁矿业有限公司"6811"体系成本管控模式

（一）"6811"体系成本管控模式的内涵

为了进一步强化成本管理，实现成本管控由单一型、结果型管控向超前预算、超前预控、目标控制、过程环节强控型管控转变，实现成本管控由单一分散型向系统化、集约化管控的有效转变，应使成本管理走上超前预控型、过程

细节管控型、结果考核综合型良性发展道路，做到事前全系统审视成本、事前技术及管理优化、事前总额控制、生命周期管理、分时分类发生、托管包责运行。成本管控模式的主要特征：一是大工艺、大系统、大技术的改进优化；二是设备、材料配件的全生命周期管理；三是事前总额的清晰及托管包责；四是主要发挥管理和生产技术员工的管理成本职责。神木张家峁矿业有限公司通过对公司近年来成本管理经验的总结和对新常态下成本管理的需求的研究，创建了适合公司发展实际具有张家峁特色的"6811"体系成本管控模式。"6811"体系成本管控模式的运行，将为该公司成本管控打开新局面，使该公司能够全面实现对成本的精细化、实效化控制（见图2-2）。

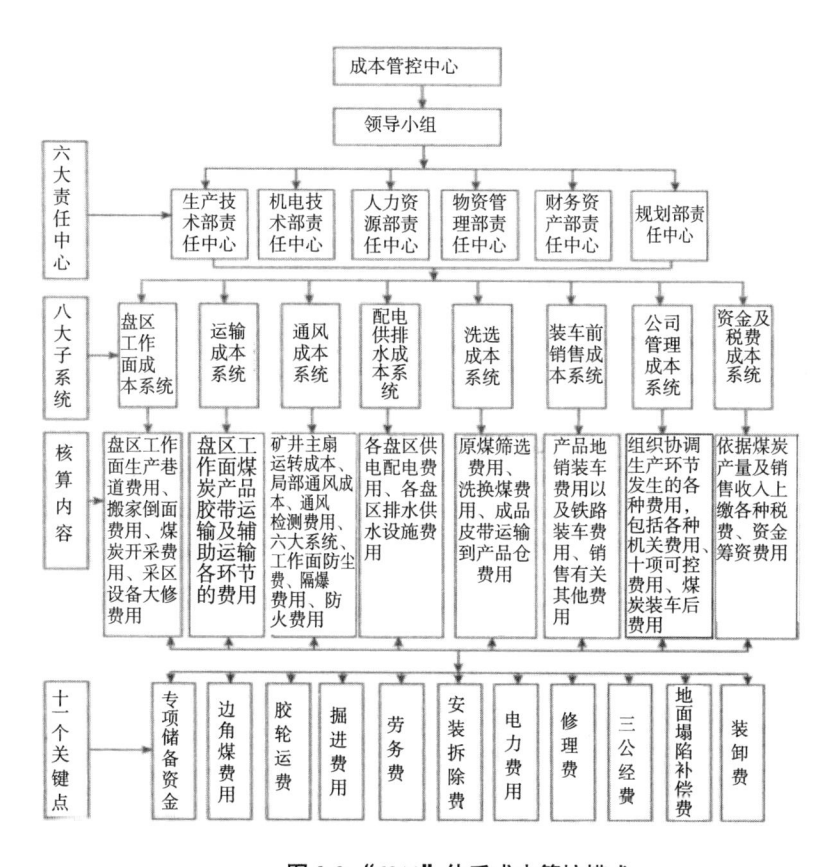

图 2-2 "6811"体系成本管控模式

成本体系由"六大"责任中心、"八大"子系统、"十一个"关键点组成。

① "六大"责任中心。根据成本作业规程要求可将成本管控中心分为生产技术部责任中心、机电技术部责任中心、人力资源部责任中心、物资管理部责任中心、财务资产部责任中心、规划部责任中心。各职能部门对"成本体系"中每个子系统中的成本项目进行全方位流程管理。由生产技术部负责生产巷道、采面设计实施费用；机电技术部负责设备选型布置、配件电费消耗以及设备发生的修理费用；人力资源部负责人员岗位优化以及薪酬费用的管理；物资管理部负责工作物料供应费用；财务资产部负责日常公司管理费用和资金管理及税费筹划；规划部负责专项工程的资金管理。

② "八大"子系统。公司煤炭产品成本按照原煤生产过程可划分为盘区工作面成本系统、运输成本系统、通风成本系统、配电供排水成本系统、洗选成本系统、装车前销售成本系统、公司管理成本系统、资金及税费成本系统，纵向具体到 85 个子系统，同时各环节费用可按会计成本 "43 项要素"进行横向细化，建立起公司的成本管控体系，从而加大对大额成本项目的管控力度。公司从生产工艺、科技运用、机械设备选型、岗位设置与责任等方面进行全面剖析，对于能取舍的环节要进行取舍，能实施科技应用的要进行科技改革，通过对每个生产环节的大额成本的有效管控和改革，节支降耗，提高盈利水平。

③ "十一个"关键点。由于核算内容比较多，公司对近年来经营运行情况进行分析，发现影响成本的关键点是专项储备资金、边角煤费用、胶轮运费、掘进费用、劳务费、安装拆除费、电力费用、修理费、三公经费、地面塌陷补偿费、装卸费。

（二）"6811"体系成本管控模式的做法

1. 工作目标

围绕成本精细化管理，建立完善成本管理数据库，强化成本预算管理，细化成本核算单元细胞，强化制度化管理，落实管理责任，全力推动岗位价值机制建设，充分发挥成本效益杠杆作用，激发全员成本管理工作热情。以"成本"体系管控建设全面促进公司成本管理走上信息化、标准化、精细化、流程化、规范化、高效化"六化"良性发展轨道。

2. 工作原则

（1）坚持统一原则

公司各职能部门按照各自管辖范围和成本管理项目内容将成本指标按照生产系统、生产工艺、工作岗位进行细化分解，做到各项指标有目标、有责任、有落实、有考核，落实到现场、落实到岗位。

（2）坚持实效原则

公司各职能部门在细化分解生产成本指标时，要给出切实、合理、翔实的控制目标数据，在目标数据中按照成本习性要突出"单位吨煤"和"绝对数值"指标，以便于与实际消耗指标进行对比、分析和调整。

（3）坚持重点管控的原则

公司既要按生产过程进行费用归类统计，又要按照费用项目（构成要素）进行费用归类统计，实施费用条块分割措施。公司要对费用变化大的过程进行重点监控，分析变化规律和影响因素，有针对性地制订预防和管控措施。

（4）坚持动态管理的原则

公司要按照"事前有预算、事中有控制、事后有分析"的原则建立成本动态管理模式，要按照每月下达的生产作业计划，制订月度成本费用控制计划，并严格按照计划执行，强化过程管控和结果分析。

（5）坚持全员参与的原则

以成本控制职能部门为中心，其他部门紧密配合，从各级职能部门负责人抓起，深入各基层区队成本控制主体，最终形成全公司上下全过程管理、全员参与、齐抓共管的格局。

3. 成本体系管控机构

为了加强成本精细化管理，公司建立了组织保障体系。"成本体系"的建立，促进公司成本管理不断升级。公司成立了以公司负责人为组长，以各部门负责人、厂队负责人为成员的成本体系管控机构。为了进一步落实生产及经营管理责任，确保公司各项成本工作指标的顺利完成，本着公平合理的原则，公司建立了领导层、公司管理层、基层节点层三个层级的"椎体"管理模式，明确了各管理层级的责任（见图 2-3）。

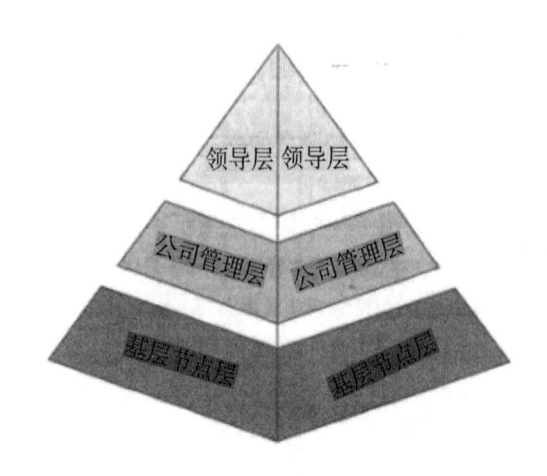

图 2-3　"锥体"管理模式图

最上层是领导层，负责组织"提升管理、开源节流、建立成本体系"，开展专项活动，确定指导思想和方案，审定成本体系发展规划，建立健全目标成本体系，制定成本体系长效管理机制，建立全覆盖、全过程、全方位、全参与的工作格局，健全和完善成本体系交流推广的工作机制，建立成本体系检查评价标准，对活动效果进行评估。

中间层是公司管理层，核心是六大责任中心，各个责任中心根据所负责的成本管理项目进行分解，确定指标定额，落实相关管理措施，分配任务到下一个管理层，并对下一个管理层的执行结果进行考核，向领导层反馈相关成本信息。

最下层指基层节点层，主要包括基层区队成本直接实施者。他们的主要任务是把任务分解到班组，分解到岗位，实施岗位价值核算，实施成本"细胞化"核算；认真调查研究，多深入基层区队、作业现场，查找问题原因，寻求最佳解决途径，反馈信息到中间层，监督落实好各项控制措施。

4. 六大责任中心成本管理体系

（1）生产技术部责任中心

生产技术部责任中心管控子体系如图 2-4 所示。①巷道费用，包括生产巷道费用、连采煤费用等；②支护材料费，包括巷道支护材料及末采末放支护材料；③标准化费用，包括标准化牌板及标准化材料费，其中标准化材料包括油漆、刷子、反光带等；④原煤汽车运费（成本资金），包括井下辅运巷原煤汽车运费；⑤科技支出（成本资金），包括与研发相关的资料费、试验费、租赁费、评审费、材料费等。⑥勘探费用，包括探放水费用、测绘费、地质勘探费、钻孔费等。

```
生产技术     ┌─ 盘区工作面成本系统 ─┬─ 巷道费用，包括生产巷道费用、连采煤费用
责任中心     │                      ├─ 支护材料费用，包括巷道支护材料及末采未放支护材料
             │                      └─ 标准化费用，包括标准化牌板、标准化材料（油漆、刷子、反光带等）费
             ├─ 运输成本系统 ────── 原煤汽车运费（成本资金），包括井下辅运巷原煤汽车运费
             └─ 公司管理成本系统 ─┬─ 科技支出（成本资金），包括与研发相关的资料费、试验费、租赁费、评审费、材料费等
                                    └─ 勘探费用，包括探放水费用、测绘费、地质勘探费、钻孔费
```

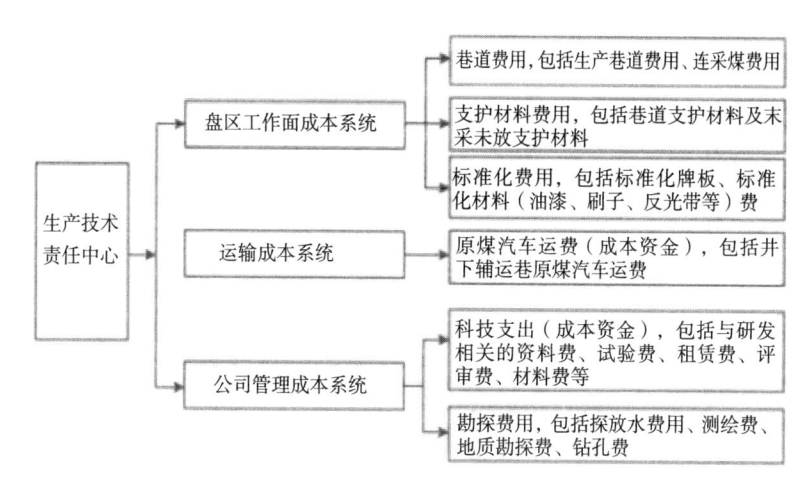

图 2-4　生产技术部责任中心管控子体系

生产巷道费用管控办法包括以下几个方面。一是通过"节约型"设计理念强化成本源头控制。二是依托数字化矿业建设，利用现代化检测手段和分析手段，科学合理分析矿压观测数据，掌握矿压活动规律，为合理留设煤柱尺寸和优化支护参数提供科学依据。三是合理优化矿井边角煤连采工艺。四是按照巷道用途，合理优化设计断面，在满足要求情况下尽量减小巷道断面。五是要不断优化支护参数，根据巷道用途、服务年限、巷道岩层自身赋存条件以及长期巷道里层监测数据确定锚杆间的排距。科技支出管控办法包括以下几个方面。一是严格控制科技交流、宣传、咨询、调研、考查等工作的费用，减少不必要费用的发生。二是对于首次使用国内外研发的新技术新工艺及推广过程中发生的设备购置费、安装费及试运行费用等，要依据矿井实际，合理支出。三是加强对科研项目的资金管理，有效降低科研项目实施过程中所发生的直接费用和间接费用。

（2）机电技术部责任中心

机电技术部责任中心管控子体系如图 2-5 所示。

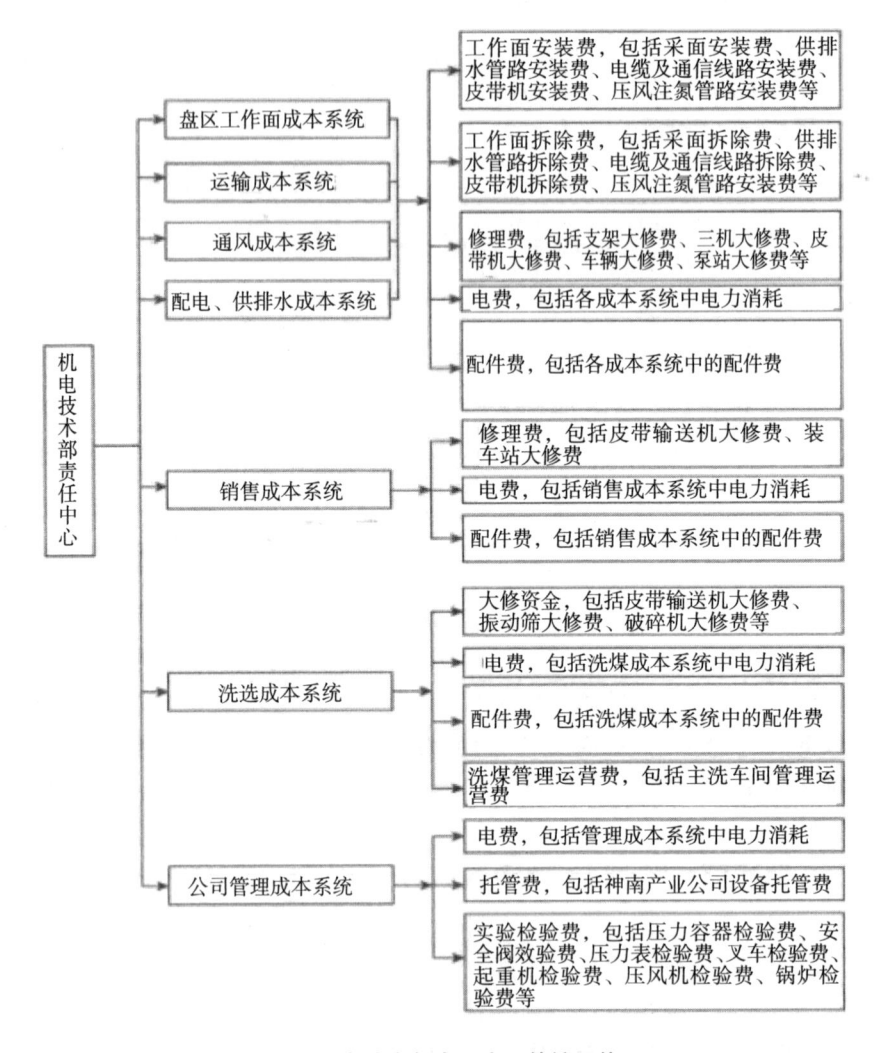

```
                              ┌─ 工作面安装费，包括采面安装费、供排
                              │  水管路安装费、电缆及通信线路安装费、
                              │  皮带机安装费、压风注氮管路安装费等
         ┌─ 盘区工作面成本系统 ─┤
         │                    └─ 工作面拆除费，包括采面拆除费、供排
         │                       水管路拆除费、电缆及通信线路拆除费、
         │                       皮带机拆除费、压风注氮管路安装费等
         │
         ├─ 运输成本系统 ───── 修理费，包括支架大修费、三机大修费、皮
         │                    带机大修费、车辆大修费、泵站大修费等
         ├─ 通风成本系统 ───── 电费，包括各成本系统中电力消耗
         │
         ├─ 配电、供排水成本系统 ── 配件费，包括各成本系统中的配件费
机                                    
电                            ┌─ 修理费，包括皮带输送机大修费、装
技                            │  车站大修费
术       ├─ 销售成本系统 ────┤── 电费，包括销售成本系统中电力消耗
部                            │
责                            └─ 配件费，包括销售成本系统中的配件费
任       
中                            ┌─ 大修资金，包括皮带输送机大修费、
心                            │  振动筛大修费、破碎机大修费等
         │                    │
         ├─ 洗选成本系统 ────┤── 电费，包括洗煤成本系统中电力消耗
         │                    ├── 配件费，包括洗煤成本系统中的配件费
         │                    │
         │                    └─ 洗煤管理运营费，包括主洗车间管理运
         │                       营费
         │                    ┌─ 电费，包括管理成本系统中电力消耗
         │                    │
         └─ 公司管理成本系统 ─┤── 托管费，包括神南产业公司设备托管费
                              │
                              └─ 实验检验费，包括压力容器检验费、安
                                 全阀效验费、压力表检验费、叉车检验费、
                                 起重机检验费、压风机检验费、锅炉检
                                 验费等
```

图 2-5　机电技术部责任中心管控子体系

①配件费用成本体系分解及管控实施细则。一是配件费用成本体系分解。机电配件费用管控主要涉及七个成本系统的管控，即盘区工作面成本系统，运输成本系统，通风成本系统，配电、供排水成本系统，销售成本系统，洗选成本系统和公司管理成本系统。二是配件定额费用管控措施。配件的消耗管理主要是实施生命周期管理，合理控制大宗配件的消耗（见表2-1），如截齿、电磁阀、控制器、扭矩轴、刮板等。截齿的管控主要是加强到货质量把关，加强回收，防止截齿流失，加强设备的现场管理，尽量避免割煤时割到顶、底板。电磁阀、控制器等电液控配件，鼓励区队有技术的人自修，不能自修的加强外委维修质

量把关，确保完好件入库，确保质保期内配件不重复维修，加强现场管理和现场配件更换追踪管理，确保所领配件确实用于所需设备，损坏件及时如数回收。

表 2-1 配件消耗数据

名称	万吨煤消耗量	单位/元	万吨煤消耗量	单位/元
截齿	10.00	286.00	5.00	286.00
电磁阀	2.00	1 060.00	1.79	2 603.00
控制器	0.10	7 344.00	0.20	3 381.00
扭矩轴	0.10	2 393.00	0.04	2 537.00
刮板	0.53	2 542.00	0.11	2 542.00
连接环	0.08	6 667.00	0.01	6 667.00
阀芯	1.20	716.00	0.09	292.00
变频器	0.00	78 512.00	0.01	49 896.00

根据公司几年来设备运行特点，结合井上下用电设备增加、系统延伸和设备老化等实际情况，机电技术部逐年逐月分析电力消耗，现提出以下节电管理办法：一是在抓好安全供电的基础上，同时抓好节电管理工作，以及现场大型设备的运转工作，减少或杜绝大型设备的空载、低效率运转，提高设备运转效率；二是积极推广新技术、新工艺，不断促进降能工作的开展。

②大修费用管控措施。一是合理制订机电设备大修计划。根据设备的主次层级，对参与矿井安全生产的主要设备实行"设备三级保护"。合理安排设备的大修时间，采用定期维修法，以保证设备能够长期高负荷运转。针对次要设备或不直接参与安全生产且易于维修的设备采用事后修理法，对已经损坏的设备及时进行修理，以确保矿井的生产有序进行。对自动化程度较高的设备，采用状态监测维修法，结合设备的运行电流、温度、震动及零漂、波动等，做到有计划地进行大修，以确保设备的安全可靠。二是严格执行外委维修原则。机修车间及各区队能够完成的设备维修任务，原则上应安排由本单位完成，尽可能发挥企业内部潜力。对需要进行外委的设备维修项目，要经过调查研究，选择维修质量高、能够满足进度要求，费用较低，服务信誉好的承修单位。优先考虑本集团、本地区的专业维修厂、设备制造厂。

（3）人力资源部责任中心

人力资源部责任中心管控子体系如图 2-6 所示。

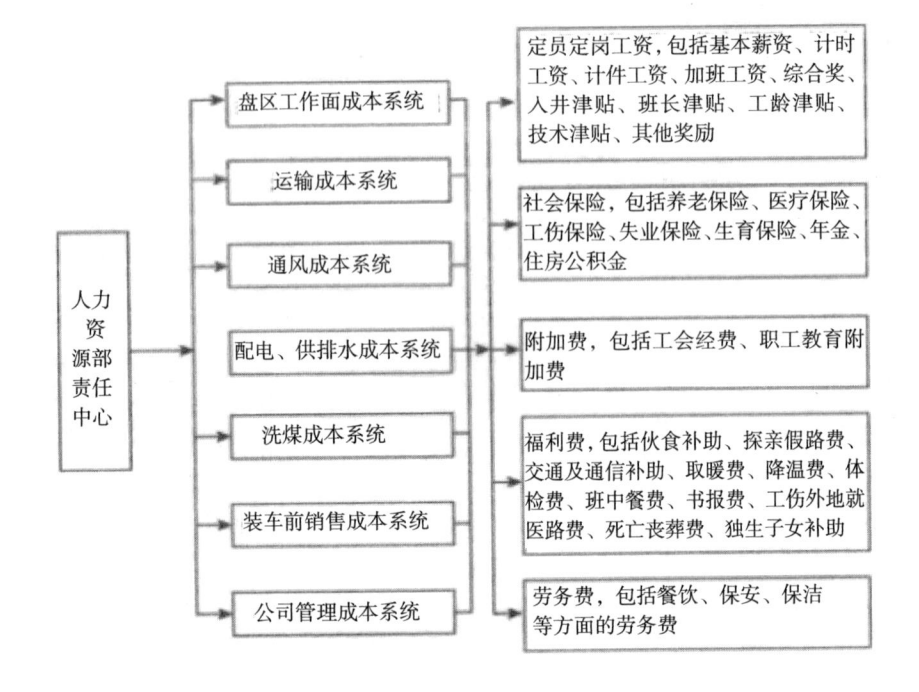

```
                          ┌─────────────────────────────────────────┐
              ┌──盘区工作面成本系统──┤ 定员定岗工资，包括基本薪资、计时      │
              │                    │ 工资、计件工资、加班工资、综合奖、     │
              │                    │ 人井津贴、班长津贴、工龄津贴、         │
              ├──运输成本系统──     │ 技术津贴、其他奖励                  │
              │                    └─────────────────────────────────────────┘
  人力         ├──通风成本系统──    ┌─────────────────────────────────────────┐
  资源         │                    │ 社会保险，包括养老保险、医疗保险、     │
  部责  ──→    ├──配电、供排水成本系统┤ 工伤保险、失业保险、生育保险、年金、   │
  任中         │                    │ 住房公积金                          │
  心           │                    └─────────────────────────────────────────┘
              ├──洗煤成本系统──    ┌─────────────────────────────────────────┐
              │                    │ 附加费，包括工会经费、职工教育附       │
              ├──装车前销售成本系统─┤ 加费                                │
              │                    └─────────────────────────────────────────┘
              └──公司管理成本系统── ┌─────────────────────────────────────────┐
                                    │ 福利费，包括伙食补助、探亲假路费、     │
                                    │ 交通及通信补助、取暖费、降温费、体     │
                                    │ 检费、班中餐费、书报费、工伤外地就     │
                                    │ 医路费、死亡丧葬费、独生子女补助       │
                                    └─────────────────────────────────────────┘
                                    ┌─────────────────────────────────────────┐
                                    │ 劳务费，包括餐饮、保安、保洁         │
                                    │ 等方面的劳务费                      │
                                    └─────────────────────────────────────────┘
```

图 2-6　人力资源部责任中心管控子体系

人力资源部责任中心成本管控措施包括以下四个方面。

一是进行工资预算管理，年初根据集团下发工资总额，层层分解，进行控制，无预算不得发放奖金，不得超预算发放奖金。

二是深挖公司内部人力资源潜力，对岗位和人员进行优化配置，做好减人提效工作。在办公室人员配置上继续遵循精干高效及一专多能、业务主管以上管理人员最少兼管两项以上业务的原则，从而达到压缩办公室人员的目的。缩减单项劳务承包单位服务范围，优化单项劳务承包岗位岗位设置，促其内部实行兼岗包岗管理。

三是合理进行劳动组织管理。合理定编定岗，控制劳动力投入，减少冗余人员，避免劳动力浪费和劳动力投入不合理，做到人尽其才，才尽其用，最大限度降低人力资源的无效损耗。

四是积极推动三工并存、动态转换工作的开展，对每位员工的工作能力、工作态度、日常行为素养进行动态综合评价，根据员工 A，B，C 三卡的考评结果，将员工分为"优秀员工""合格员工""潜力员工"，调动起员工的工作积极性、主动性和创造性，最大限度地实现矿井管理精细化、效益最大化、行为规范化；

在员工中广泛形成争先争优、赶先超优的良好竞争氛围，有效地激发员工的工作激情，全面提升企业的管理水平。

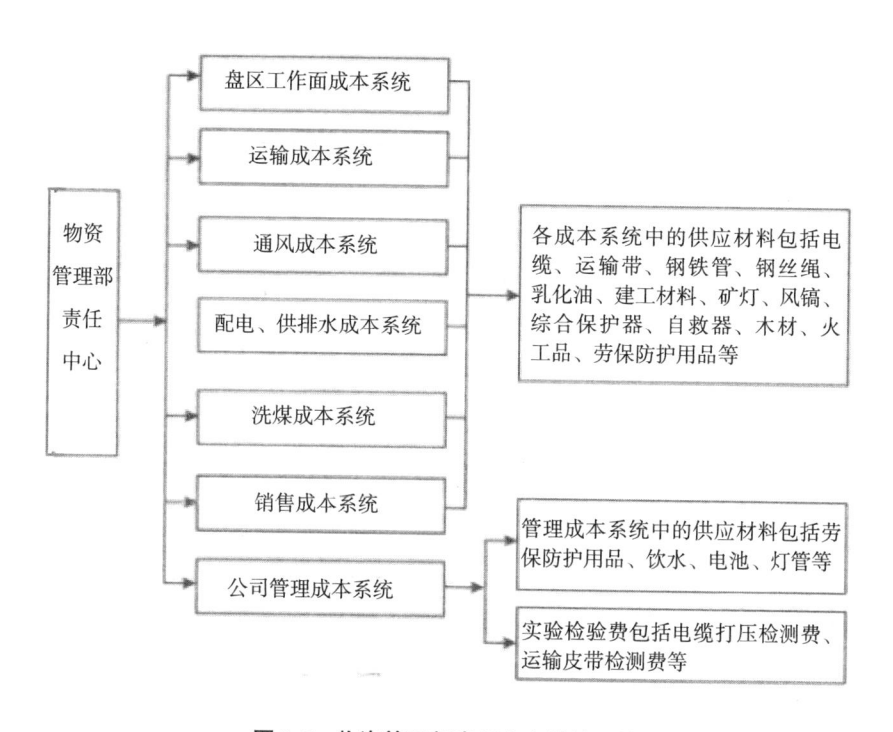

（4）物资管理部责任中心。

物资管理部责任中心管控子体系如图2-7所示。

```
                          ┌─ 盘区工作面成本系统 ─┐
                          ├─ 运输成本系统 ─────┤
                          ├─ 通风成本系统 ─────┤   各成本系统中的供应材料包括电
物资管理部责任中心 ──────┤                    ├──→ 缆、运输带、钢铁管、钢丝绳、
                          ├─ 配电、供排水成本系统 ┤   乳化油、建工材料、矿灯、风镐、
                          ├─ 洗煤成本系统 ─────┤   综合保护器、自救器、木材、火
                          ├─ 销售成本系统 ─────┤   工品、劳保防护用品等
                          └─ 公司管理成本系统 ──┐
                                                 ├──→ 管理成本系统中的供应材料包括劳
                                                 │    保防护用品、饮水、电池、灯管等
                                                 └──→ 实验检验费包括电缆打压检测费、
                                                      运输皮带检测费等
```

图 2-7　物资管理部责任中心管控子体系

物资管理部责任中心成本管控措施：为了确保各类消耗达到事前控制的目的，在月初，物资管理部责任中心根据各区队上报的材料计划，并结合公司月生产作业计划，编制出供应材料的消耗计划（预算）；对于非定额部分的材料计划，要做出指标或件数预测，尽可能地严把关口，按计划进行审批，对于无计划的材料一律不予审批，坚决杜绝无计划用料，如遇特殊情况，由使用单位提出申请，经相关部门及分管领导批准后上报；定期盘查库房，实施定额消耗管理，避免物资材料的积压，同时对区队上报的计划进行严格审查，确保计划的准确率。

坚持按生产计划定额批料（见表2-2），常用材料一次领用不得超过五天的用量，零星用料随用随领，严格控制非生产用料的领用数量，最大限度降低区队材料库存。

表 2-2　主要供应材料消耗定额表

项目		乳化液/kg	电缆/米	高压总成管/根	劳保	钢管/吨	水泵/台	综保/台	皮带/米	柴油/升
采面系统	5-2煤综采工作面	1.38	1.13	0.75	0.23	—	0.05	0.03	—	0.01
	4-2煤综采工作面	1.56	1.47	1.06	0.39	—	0.08	0.05	—	0.01
运输系统	主运输系统	—	0.03	0.04	0.22	—	0.04	0.02	0.56	0
	辅运输系统	—	—	—	0.13	—	—	—	—	0.28
通风系统	主通风及辅助通风机	—	0.04	0.02	0.12	—	0.02	0.01	—	—
供电排水系统	主供电排水系统	—	0.01	0.02	0.14	—	0.18	0.09	—	—
	辅供电排水系统	—	0.01	0.03	0.16	2.35	0.08	0.01	—	—
	地面供电排水系统	—	0.01	0.02	0.12	—	0.02	—	—	—
洗煤系统	地面洗煤系统	—	0.02	0.03	0.13	—	—	—	0.21	—
销售系统	销售设备及运输	—	—	—	0.15	—	—	—	0.06	—
管理系统	电缆打压测试皮带检测	—	—	—	0.33	—	—	—	—	—

物资管理部应建立回收台账，做好物资去向跟踪。物资管理部负责搞好废旧物资回收、修旧利废的考核与监督，保证井下物资最大限度回收复用，并要建立回收再用与修旧利废台账，台账要写明物资名称、规格型号、数量、损坏程度，如实开回收票据。对回收的综合保护器、QBZ/80开关、水泵、接线盒、电缆连接器等，公司安排专人进行预检，做到能自修的自修，不能自修的外委，填好预检单，减少外委费用。

物资管理部应实施物资的生命周期管理，做到物资从领用到使用、回收、修理、周转、报废形成闭环管理，形成事前有预测、过程中有控制、事后有考核的体制。

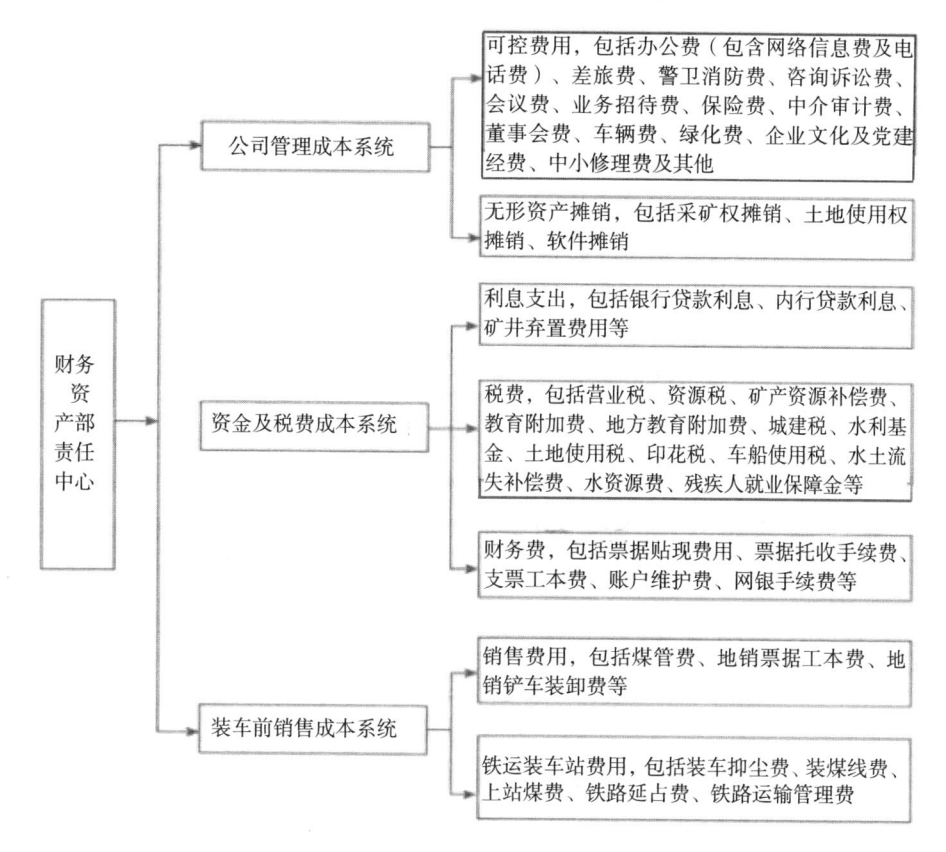

(5) 财务资产部责任中心

财务资产部责任中心管控子体系如图 2-8 所示。

```
财务资产部责任中心
├── 公司管理成本系统
│   ├── 可控费用，包括办公费（包含网络信息费及电话费）、差旅费、警卫消防费、咨询诉讼费、会议费、业务招待费、保险费、中介审计费、董事会费、车辆费、绿化费、企业文化及党建经费、中小修理费及其他
│   └── 无形资产摊销，包括采矿权摊销、土地使用权摊销、软件摊销
├── 资金及税费成本系统
│   ├── 利息支出，包括银行贷款利息、内行贷款利息、矿井弃置费用等
│   ├── 税费，包括营业税、资源税、矿产资源补偿费、教育附加费、地方教育附加费、城建税、水利基金、土地使用税、印花税、车船使用税、水土流失补偿费、水资源费、残疾人就业保障金等
│   └── 财务费，包括票据贴现费用、票据托收手续费、支票工本费、账户维护费、网银手续费等
└── 装车前销售成本系统
    ├── 销售费用，包括煤管费、地销票据工本费、地销铲车装卸费等
    └── 铁运装车站费用，包括装车抑尘费、装煤线费、上站煤费、铁路延占费、铁路运输管理费
```

图 2-8 财务资产部责任中心管控子体系

财务资产部责任中心控制费用，贯穿八大成本子系统、54 个生产环节、25 个费用项目要素。财务资产部成立了责任小组，并明确了各小组的责任。

(6) 规划部责任中心

规划部责任中心管控子体系如图 2-9 所示。

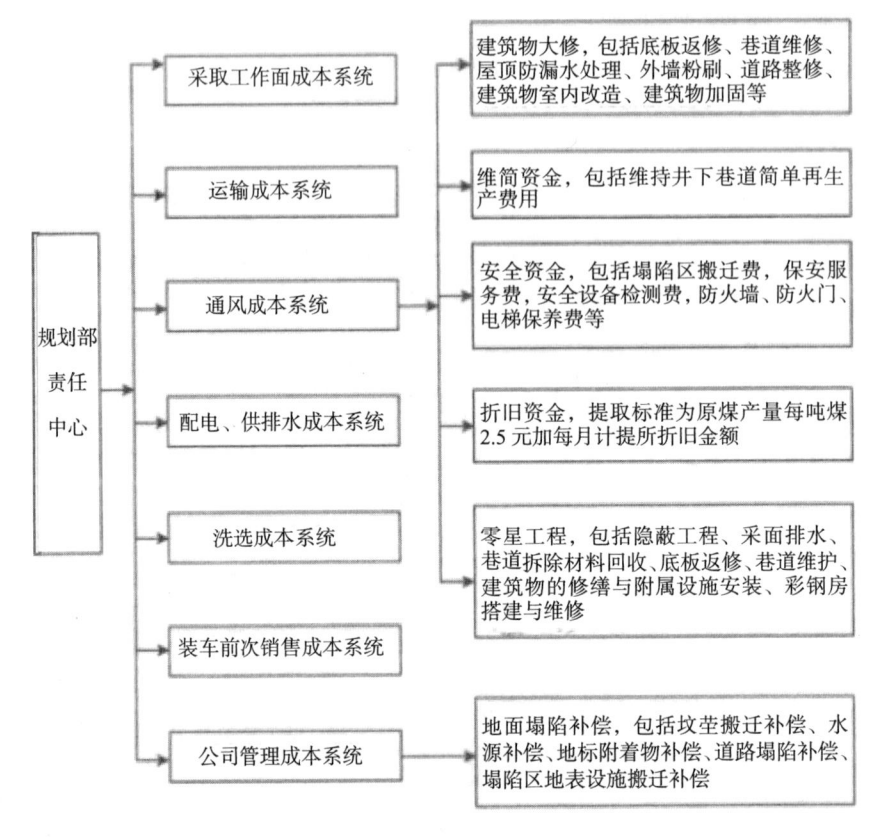

```
                                    ┌─────────────────────────────────────────┐
                    ┌──采取工作面成本系统──→│建筑物大修，包括底板返修、巷道维修、     │
                    │                    │屋顶防漏水处理、外墙粉刷、道路整修、     │
                    │                    │建筑物室内改造、建筑物加固等             │
                    │                    └─────────────────────────────────────────┘
                    │                    ┌─────────────────────────────────────────┐
                    ├──运输成本系统────→│维简资金，包括维持井下巷道简单再生       │
                    │                    │产费用                                   │
                    │                    └─────────────────────────────────────────┘
                    │                    ┌─────────────────────────────────────────┐
        规划部     │                    │安全资金，包括塌陷区搬迁费，保安服       │
        责任       ├──通风成本系统────→│务费，安全设备检测费、防火墙、防火门、   │
        中心       │                    │电梯保养费等                             │
                    │                    └─────────────────────────────────────────┘
                    │                    ┌─────────────────────────────────────────┐
                    ├──配电、供排水成本系统─→│折旧资金，提取标准为原煤产量每吨煤    │
                    │                    │2.5 元加每月计提所折旧金额               │
                    │                    └─────────────────────────────────────────┘
                    │                    ┌─────────────────────────────────────────┐
                    │                    │零星工程，包括隐蔽工程、采面排水、       │
                    ├──洗选成本系统────→│巷道拆除材料回收、底板返修、巷道维护、   │
                    │                    │建筑物的修缮与附属设施安装、彩钢房       │
                    │                    │搭建与维修                               │
                    │                    └─────────────────────────────────────────┘
                    │
                    ├──装车前次销售成本系统
                    │
                    │                    ┌─────────────────────────────────────────┐
                    │                    │地面塌陷补偿，包括坟茔搬迁补偿、水       │
                    └──公司管理成本系统─→│源补偿、地标附着物补偿、道路塌陷补偿、   │
                                        │塌陷区地表设施搬迁补偿                   │
                                        └─────────────────────────────────────────┘
```

图 2-9　规划部责任中心管控子体系

折旧工程的管控，有如下措施。按照年度专项计划，实行总量控制。无计划项目（工程或设备）不准开工和采购，否则不予结算。如遇特殊情况需开工的工程或需采购的设备，项目执行部门报书面申请，经计划主管领导、总经理审批后方可实施，费用在 10 月份调整计划时，如有结余资金给予追加计划，否则列入次年计划内再行结算。规划部每年 10 月份，根据专项计划完成情况，结合各部门盘点结果，编制年度调整计划。折旧资金（含井巷资金）调整额度不得超过总金额的 10%。为了确定工程投资额度，施工单位送审的预决算审计费用，公司负担基本审核费和 3% 以内的审计成果费，超过 3% 的审计成果费用由施工单位自行承担，公司在结算时代扣。项目实施过程中规划部应加强设计变更的管理，如果设计变更金额超过单位工程投资总金额的10%，设计在变更前由项目管理部门提出变更申请，规划部向公司请示，待批准后方可变更设计。

在八大系统环节中机电安装零星工程费，主要涉及零星工程的开工，项目管理部门在开工前30天提前办理开工备案，同时向规划部提供审批过的设计图纸或施工方案（满足计价要求），由规划部进行编制费用预算，无计划项目（工程或设备）不准开工和采购，否则不予结算。如遇特殊情况需开工的工程或需采购的设备，项目执行部门报书面申请，经计划主管领导、总经理审批后方可实施，费用在10月份调整计划时，如有结余资金给予追加计划，否则列入次年计划内再行结算。

规划部对地面塌陷补偿费的管控：地面塌陷补偿费，严格按照年度生产接续计划及地面现状，每年依法列支专款进行塌陷补偿；根据协调办和地测部门提供的补偿申请合同及必备的审批手续给予结算补偿；严格遵循专款专用的管理原则，严禁挪用、挤用和扩大范围进行使用。

二、陕西煤化彬长矿业集团以成本控制为核心的全面预算管理模式

（一）以成本控制为核心的全面预算管理模式的内涵

煤炭资源的地下赋存属性和煤炭销售的市场化属性，决定了矿业企业只有实施以成本控制为核心的全面预算管理模式，才能在市场竞争中获取最大收益。彬长矿业集团始终以低成本作为竞争的主要手段，在全面预算管理的各个阶段坚持以成本为起点以成本控制为中心，注重各生产环节和费用期间的成本管控，在公司机关内进行预算指标横向分解承包，在各基层单位进行纵向指标层层分解承包，通过每天、每周的通报奖罚，每旬、每月、每季和年度的反馈分析与刚性考核兑现，形成了"千斤重担万人挑，人人头上有指标，指标严细保预算，过程管控出成效"的良好局面，创出了有彬长特色的全面预算管理体系（见图2-10）。

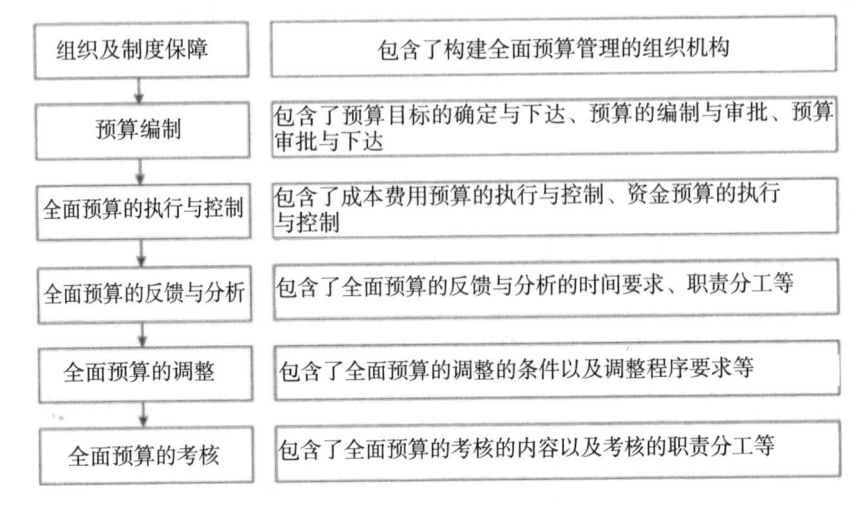

组织及制度保障	包含了构建全面预算管理的组织机构
预算编制	包含了预算目标的确定与下达、预算的编制与审批、预算审批与下达
全面预算的执行与控制	包含了成本费用预算的执行与控制、资金预算的执行与控制
全面预算的反馈与分析	包含了全面预算的反馈与分析的时间要求、职责分工等
全面预算的调整	包含了全面预算的调整的条件以及调整程序要求等
全面预算的考核	包含了全面预算的考核的内容以及考核的职责分工等

图 2-10 陕西煤化彬长矿业集团全面预算管理体系

（二）以成本控制为核心的全面预算管理模式的做法

1. 建立健全全面预算管理的制度体系和职能体系

（1）建立健全全面预算管理的制度体系

彬长矿业集团的全面预算管理制度体系包括全面预算管理体系、全面预算管理机构及职责、全面预算目标的确定与下达、全面预算的编制、全面预算的执行与控制、全面预算的反馈与分析、全面预算的调整、全面预算的考核、预算资金支出等。彬长矿业集团的一切生产经营活动都被纳入全面预算管理范畴，实现了事前预算、事中控制和事后分析相结合的全程监控。可以说，公司的每一位员工都懂得全面控制思想，企业的管理者和财务人员更是精通这一多功能的管理控制工具。

（2）建立健全全面预算管理的职能体系

集团设预算管理委员会，预算管理委员会下设预算管理办公室。集团对下属子公司、分公司的全面预算实行垂直式管理，下属子公司、分公司设立全面预算管理领导小组和全面预算管理工作小组。执行董事负责公司全面预算管理及公司年度预算方案审批。总经理负责公司全面预算的日常管理，授权全面预算管理委员会负责公司的预算管理工作。

全面预算管理委员会是全面预算管理的组织和协调机构，全面负责年度经营目标的拟定。全面预算管理委员会由执行董事、总经理、其他相关高管人员、财务经理组成，主任由执行董事担任。

全面预算管理委员会的职责：根据董事会审批的战略目标，确定公司及下属子公司、分公司的具体年度经营目标，并上报董事会审批；将经董事会审批的年度经营目标下达到公司及下属子公司、分公司；组织拟定和审议全面预算管理制度和流程操作规范；监督、协调预算编制工作的开展，以确保及时、准确地完成预算的编制；组织召开公司全面预算管理例会，对预算办公室提交的各单位预算草案和公司整体预算草案提出质询，并就必要的修改与调整提出建议；汇总、审查、平衡下属子公司、分公司的初步预算，协调内部机构间的预算矛盾；全面预算编制和执行中，对例外事项和突发事件进行协调；制订公司预算，上报董事会，履行相应批准程序；将年度预算分解下达公司及下属子公司、分公司，并根据重大形势变化对年度预算做适当的调整、修订；研究分析公司及下属子公司、分公司的预算执行业绩报告，汇总上报董事会；确定预算考核的原则、依据、程序和指标体系，按照董事会批准的预算考核制度，兑现奖惩。

全面预算管理办公室是全面预算管理委员会的执行机构，公司财务部经理担任全面预算管理办公室主任，组织全面预算管理工作。全面预算管理办公室在全面预算管理委员会的领导下可行使的职权：拟定和修改公司全面预算管理办法及相关制度、预算编制方针、预算编制程序、预算编制手册（编制说明、编制表格）、预算执行监控方法等，报全面预算管理委员会审议；协助全面预算管理委员会开展工作，按照全面预算管理委员会下达的经营目标，具体指导并组织各责任部门编制预算，并对其编制的预算进行初步审查、协调和平衡，汇总后编制公司的全面预算方案，并报全面预算管理委员会审查；向下属子公司、分公司下达经董事会批准的正式全面预算，监督各单位全面预算执行情况，定期进行全面预算执行情况的分析评价和反馈；组织全面预算管理的培训工作，向全面预算编制、执行单位提供技术支持，提出全面预算管理制度和流程操作规范的改进建议；负责公司全面预算日常管理工作，每月召开全面预算管理协调会，监控、总结全面预算执行情况，落实公司全面预算管理的要求，每季度向全面预算管理委员会汇报预算执行情况；负责将突发事项、预算内偏差较大或预算外的费用项目，及时报告给全面预算管理委员会，并拟定预算调整方案；负责协调处理预算执行过程中出现的问题；按照预算考核指标体系为预算考核提供相关综合评价信息；完成全面预算管理委员会交办的其他工作。

下属子公司、分公司全面预算管理领导小组是各子公司、分公司全面预算管理的决策和领导机构，负责各子公司、分公司全面预算的管理及调控工作。各子公司、分公司全面预算管理领导小组由各子公司、分公司总经理、财务经理、各部门经理组成，其中各子公司、分公司总经理为领导小组组长。各子公司、分公司全面预算管理领导小组的主要职责：根据全面预算管理委员会下达的年度经营目标，确定各部门的预算目标；根据集团全面预算管理制度拟定和审议本公司全面预算管理办法和流程操作规范；监督、协调本公司全面预算编制工作，监督全面预算编制流程的执行，以确保及时、准确地完成预算的编制；组织召开本公司预算管理例会，对本公司全面预算管理工作小组提交的各部门预算草案提出质询，并就必要的修改与调整提出建议；汇总、审查、平衡各部门的初步预算，协调内部机构间的预算矛盾；负责本公司全面预算的编制和执行，对例外事项和突发事件进行协调，把重大调整事项上报全面预算管理委员会；根据集团预算考核的要求，组织本公司的预算考核工作。

下属子公司、分公司全面预算管理工作小组是下属子公司、分公司全面预算管理领导小组的执行机构，下属子公司、分公司的财务部门负责工作小组的具体工作。工作小组在本公司全面预算管理领导小组的领导下可行使的职权：根据公司预算管理制度，具体负责拟定和修改本公司预算管理办法、预算编制方针、预算编制程序、预算编制手册（编制说明、编制表格）、预算执行监控方法等，报全面预算管理领导小组审议；负责协助全面预算管理领导小组，具体指导、组织各责任部门编制预算，对其编制的预算进行初步审查、协调和平衡，汇总后编制本公司的全面预算方案，并报全面预算管理领导小组审查；负责监督责任部门的预算执行情况，定期进行预算执行情况的分析、评价和反馈；组织预算管理的培训工作，向预算编制、执行单位提供技术支持，提出预算管理制度和流程操作范的改进建议；负责本公司全面预算日常管理工作，每月召开全面预算管理协调会，落实本公司全面预算管理的要求，每季度向全面预算管理领导小组汇报预算执行情况；负责将突发事项、预算内偏差较大或预算外的费用项目，及时报告给全面预算管理领导小组，并拟定预算调整方案；负责协调、处理本公司预算执行过程中出现的一些问题；按照预算考核指标体系为预算考核提供相关综合评价信息；完成全面预算管理领导小组交办的其他工作。

责任部门是全面预算管理的编制、执行与反馈部门。责任部门即公司及公司下属各分、子公司内各业务部门和职能部门，以部门为主体进行本级全面预算管理。其主要职责包括负责执行公司全面预算管理制度；根据公司全面预算管理领导机构下发的经营目标，编制本部门年度预算草案；按照全面预算管理工作小组的要求，对预算差异形成的具体原因进行分析；确认预算的考核结果；提出预算调整与修正申请；负责提出本部门管理的预算指标变更申请报告；在预算整个过程中，就发现问题及时与全面预算管理领导机构进行沟通以促进预算工作的不断改进；完成全面预算管理工作小组交办的其他工作。

2. 全面预算的编制

（1）全面预算目标的确定与下达

年度经营目标是制订预算目标的依据。彬长矿业集团全面预算管理中，年度经营目标即年度预算目标。年度经营目标由彬长矿业集团根据自身的历史水平、发展趋势、外部环境和内部资源评估等综合确定。

在确定年度预算目标后，彬长矿业集团会根据年度预算目标在本集团责任部门和归口管理部门中进行分解，分解按照各部门的职能进行。其中成本预算作为全面预算管理的核心部分，将会被分解细化为修理费预算、采购预算、备件预算、薪酬预算、期间费用预算等，各责任部门和归口管理部门依据分解的预算目标编制详细预算。

（2）全面预算编制的分工

全面预算包括财务预算、业务预算、筹资预算等，因此全面预算编制不单纯是财务、会计或者某个特定职能部门的任务，它需要公司各部门之间的分工与配合，彬长矿业集团本着"谁执行预算，谁就编制预算草案"的原则，确定各项预算草案的编制责任单位（见表2-3）。

表2-3　陕西煤化彬长矿业集团全面预算编制分工

序号	预算内容	责任部门	协助单位（部门）
1	产量预算	生产技术部	各生产矿井、规划发展部
2	销售预算	销售管理部	—
3	采购预算	物资管理部	各生产矿井、生产服务中心
4	修理费预算	机电管理部	各生产矿井、规划发展部、生产服务中心
5	备件预算	机电管理部	物资管理部、各生产矿井
6	专项资金预算	规划发展部	各相关单位
7	设备预算	机电管理部	
8	人员、薪酬预算	人力资源部	—
9	税费、筹资、财务预算	财务部	
10	销售费用预算	销售管理部	—
11	管理费用预算	财务部	综合部、后勤管理中心、各相关单位
12	财务费用预算	财务部	
13	安全投入预算	安全部	规划发展部
14	科技投入预算	科技部	
15	工程预算	工程部	—
16	技术改造预算	机电管理部	各相关单位

（3）全面预算编制流程与细则

预算编制遵循上下结合、分级编制、逐级汇总、综合平衡的编制原则。各预算责任部门根据全面预算管理委员会下达的年度预算目标和编制方针，编制本部门预算初稿。预算责任部门编制完成预算表后，将有归口管理的预算表递交相应归口管理部门进行汇总、审核，除此之外上交全面预算管理工作小组进行审核。归口管理部门汇总并审核后，将提出调整意见，并测算金额，及时上报至全面预算管理工作小组。全面预算管理工作小组对各归口管理部门提交的预算进行汇总，提交全面预算管理领导小组。

全面预算管理领导小组审核预算初稿，平衡后发还相关部门进行预算方案修正，审核通过后提交预算管理办公室。预算管理办公室汇总后提交全面预算管理委员会审核，审核不通过发还相关部门进行预算方案修正；审核通过后全面预算管理委员会向董事会提交年度预算草案。董事会对全面预算管理委员会提交的预算草案进行审议，报股东大会批准确定年度预算后，正式下达。

每年10月上中旬，全面预算管理委员会根据上级审批下达的年度经营目标，确定公司的预算目标，以及当年预算编制政策、方法和程序，并下发到公司及下属子公司、分公司全面预算管理领导小组。全面预算管理领导小组结合往年数据及下一年的目标，将全面预算管理委员会下发的预算指标分解至各部门。各责任部门按照本公司年度预算目标及上级下达的预算编制政策、方法和程序，编制年度工作计划、各项预算等报送本公司全面预算管理领导小组。

11月上中旬，各责任部门将编制完成的预算中有归口管理的预算及时上报相应归口管理部门进行汇总审核，除此之外其他预算表直接上交全面预算管理工作小组。归口管理部门审核后，应将预算表及时上交全面预算管理工作小组。全面预算管理工作小组对责任部门和归口管理部门报送的预算进行汇总，并据以编制资本预算、资金预算和财务预算，编制完成后及时上报全面预算管理领导小组平衡、审批形成本公司全面预算草案。全面预算管理工作小组需要列明预算草案与规划目标的差异，随同预算编制说明报全面预算管理领导小组，全面预算管理领导小组审批后上报全面预算管理办公室。

全面预算管理委员会召开会议，针对下属子公司、分公司提交的预算草案和规划目标的差异进行磋商、协调，修正预算草案，提出修订意见，下达至下属子公司、分公司。

11月下旬，下属子公司、分公司按照全面预算管理委员会的修订意见调整预算，再次报送全面预算管理办公室；12月上旬，全面预算管理办公室再次汇总下属子公司、分公司调整后的预算，试算平衡并相应调整全面预算后，随同修订说明上报全面预算管理委员会；12月中下旬，全面预算管理委员会根据公司年度经营目标对预算方案进行审查。

（4）全面预算编制的原则

第一，预算编制以销售预算为起点，以成本预算为核心。

第二，经营预算应以成本预算为重点。成本指标的层层分解、预测、测试和逐级汇总是整个全面预算的关键环节，是对各责任部门和区队、班组完成全年目标任务的合理预测。

第三，经营预算应以销售预算为基础。相关责任部门在编制销售预算时一般会考虑以下因素：前三年度的销售规模和销售渠道、常规经济条件下的销售规模、市场推广策略、竞争情况、季节性因素、稳定合同及潜在合同的进展情况。相关责任部门按照业务特点，区分地区、客户、产品类型并进行销售预测。

第四，资本预算应在公司战略发展、经营目标和预算目标基础上进行编制。资本预算是在项目资本预算基础上，单独反映资本项目对年度经营的影响而进行的预算。相关责任部门根据项目资本预算编制年度资本预算。

第五，资金预算应在经营预算和资本预算的基础上进行编制。根据各责任部门编制的经营预算和资本预算，全面预算管理办公室负责编制汇总经营预算和汇总资本预算，在此基础上，由资金管理部门编制资金预算。

第六，财务预算应在经营预算、资本预算和资金预算基础上进行编制。根据各责任部门编制的经营预算、资本预算和资金预算，全面预算管理办公室负责编制汇总经营预算、汇总资本预算和汇总资金预算，在此基础上，由财务部门编制财务预算。

3. 全面预算的执行与控制

彬长矿业集团将全面预算的执行与控制作为整个全面预算管理体系的核心，将成本预算的全过程控制作为整个预算目标实现的关键，建立了程序严谨、目标明确、责任分明的预算执行控制系统。明确规定公司及所属各分公司、子公司的责任部门是全面预算的执行机构；责任部门的第一负责人，即各部门的负责人或经理是责任部门预算执行的直接负责人；分管领导对其负责的责任部门的预算执行负有主要责任；下属子公司、分公司的执行董事对本公司的预算执行负最终责任。彬长矿业集团全面预算的控制内容主要包括以下几个方面。

第一，下达的预算指标是与业绩考核挂钩的硬性指标，一般情况不得突破。预算指标是制定考核方案的重要依据，根据预算执行情况对责任人进行考核和奖惩。

第二，费用预算剩余可以跨月转入使用，但不能跨年度使用。

第三，成本、费用如遇预算控制不善确需突破时，必须由责任部门提出书面申请，说明原因，分管副总经理批准后，按资金审批程序办理，经过各级审批后纳入预算外支出，同时纳入考核。

第四，预算内资金控制。预算内资金是党政联席会审批通过的正式预算资金，包括预算调整后的资金。预算内支出，按照相关财务管理制度规定的审批流程进行审批。

第五，预算外资金控制。预算外资金是由责任部门预算控制不善或计划性不强等自身管理原因造成的需要突破预算的资金，不包括预算调整的资金。预算外资金申请，须由责任部门根据业务的实际需要填写申请，该申请应该包括使用目的、使用的责任部门和责任人、使用目标、使用方式等内容。该申请经下属子公司、分公司全面预算管理领导小组审批通过后报集团全面预算管理委员会审批，经全面预算管理委员会审批通过后执行。同时，该责任部门的预算外资金需备案。全面预算管理办公室及下属子公司、分公司全面预算管理工作小组应在各部门预算外资金的当期及后期的预算表中做出清晰的标注，预算外资金使用的考核按照申请中明确的使用目标单独进行。

第六，各责任单位、部门在预算执行过程中采取的成本管控措施主要包括以下几方面。

a. 各分、子公司将各区队、车间所承包材料指标与工程技术部门的安全生产承包人进行捆绑考核，寻求技术与效益的现实结合；各分、子公司财务部设专人将本单位出库材料逐笔录入考核系统并动态计算、控制和提醒，按旬通报考核结果。

b. 成本薪酬预算指标由人力资源部承包，其通过严格控制在册人数，科学核定内部工资单价，坚持"减人不减工资、增人不增工资"的原则，激励内部减员提效。

c. 坚持"推广一项创新、杜绝一类浪费"的原则，定期召开科技表彰大会，鼓励全员创新。工程技术部门分版块、设项目、设置预算指标，制定创新项目预算考核奖罚标准，并每月负责验收，让工程技术人员带着预算任务创新，让创新成为彬长矿业集团最大的红利。

d. 各分、子公司企划部每周牵头分别开展一次地面和井下"经营预算对标工作"大检查活动；出台分专业检查实施细则，并对检查结果的经济性进行鉴定；定期深入工程管理部门检查每月对标管理措施的实施效果，努力使"对标"

成为彬长人的一种行为习惯、思维定式和特色文化。

e. 财务部对所承包的预算指标在部室内部按会计岗位进行二次分解，对日常财务报销、费用收集及核算环节分别按业务性质要求提供资金预算、计划、审批、纪要合同、比价或中标通知、培训和会议通知等事前依据，进行严格的合规性和合理性审核，认真进行效益性和可行性分析，以及动态计算，及时向责任部室及责任人通报、反映成本费用的变化情况，从而实现对经营目标的一级控制。

f. 生产技术部作为公司制造成本预算管理体系的核心，始终坚持"管生产必须管经营"，以降低整个安全生产作业环节的系统成本为核心，努力从生产技术领域确保成本预算指标的完成。坚持"集中生产、减头减面"的思想，不断优化采掘方案，减少联络工程，减少生产占用设备等，努力简化生产系统，减少运输环节；严抓各类技术方案、技术措施的审查和会审，努力提高回采和掘进工艺，严格控制巷道超挖超掘、减少巷道失修变形、积极优化支护材料、减少报废锚杆锚索，确保技术与经济的有机结合，确保设计方案和施工工艺科学合理。

g. 机电管理部承包电费和修理费预算，为了确保预算指标的完成，始终坚持"避峰填谷"用电管理；适当增加变频技术改造投入，努力提高用电设备的经济运行水平；加强对用电设备和皮带运输系统的实时监控管理，杜绝设备空转和皮带空载或轻载，杜绝井下排水泵通过阀门控制长时间排水，定期关闭井下宣传栏照明；推行菜单式设备检修和包机制，进一步明确责任，延长设备使用寿命，减少设备故障，降低维修费用。

h. 物资管理部承包全公司原煤材料预算。主要预算控制保障措施：严格审核采购计划，对计划上报不严谨、不科学和随意变动的单位定期通报和处罚；按量按需和比质比价采购；在库房管理上，定期对库房材料、设备进行检查，及时处理闲置材料、设备，减少不合理的资金占用，积极扩大生产材料"代储代销"范围，有效降低库存占用资金；加大"修旧利废"和"回收复用"的考核力度，每月根据回采计划，结合巷道实际情况，现场统计材料回收种类和数量，确定材料回收率考核指标；坚持对回收材料验收入库，分品种和规格单独建账，做到有旧料不投新料。

i. 销售管理部承包销量和煤质预算。主要预算控制保障措施：积极与陕西煤业化工集团有限责任公司签订商品煤包销合同，努力做到所产原煤不落地，这样可在降低装卸费用的同时确保库存不积压；年初向生产技术部及生产区队下达煤质预算考核指标，每月对采掘工作面进行可采样及毛煤样采样，对各生产作业环节影响煤质的事项定期进行通报；努力降低地质条件对煤质的影响，要求生产技术部门每月初报送在煤质管理方面拟采取的措施，月中跟踪落实，月末对执行效果进行效益性分析、通报。

4. 全面预算的反馈与分析

（1）全面预算执行信息反馈

预算执行过程中，各责任部门要及时检查、追踪预算的执行情况，以全面预算业绩报告和差异分析报告等书面报告的形式，全面系统地向上级预算管理部门报告本责任部门预算执行的进度和结果；全面预算管理办公室和全面预算管理工作小组根据自己记录的业绩情况与各责任部门的差异反馈报告形成本级总预算执行分析报告（集团总预算分析报告要包含全面预算管理工作小组上报的关于各分、子公司的预算执行信息），在月度预算例会上对本月预算执行情况进行信息反馈，并及时解决执行过程中出现的问题。

（2）全面预算信息反馈的方式

定期书面报告包括预算业绩报告和差异分析报告。预算业绩报告同预算编制表格一一对应，即对于各责任部门编制的每项预算，全面预算管理办公室和全面预算管理工作小组都向其提供相应实际经营情况与预算对比情况的书面报告；差异分析报告是对业绩报告的补充，各责任部门只对发生重大差异的项目进行分析，全面预算管理办公室和全面预算管理工作小组会要求本级产生重大差异的责任部门完成差异分析报告。

为保证预算目标的顺利实现，全面预算管理委员会和各分、子公司全面预算管理领导小组应每月末和年度末组织召开预算例会，对照业绩报告和差异分析报告及时总结本级预算执行情况，确定奖、惩标准，提出改进措施，并对今后预算工作进行部署；各分、子公司全面预算管理领导小组参加集团预算例会，接受集团对其承包的预算指标完成情况的奖、惩。

（3）全面预算的分析

集团和各分、子公司月末和年末制作差异分析报告，并召开月度和年度预算例会，审议和讨论本级各责任部门预算的执行情况；集团差异分析报告包含各分、子公司的预算差异分析。

全面预算管理委员会和下属子、分公司全面预算管理领导小组讨论由本级全面预算管理办公室或工作小组提交的重大差异分析报告，对全面预算的执行差异原因及本级责任部门进行审议，并提出处理意见（全面预算管理委员会提出的处理意见包含对各分、子公司的处理）。

全面预算管理办公室和下属子、分公司全面预算管理工作小组分析本级全面预算执行情况，月末和年末出具本级总的预算差异分析报告，审议确认导致差异的原因，确认应对差异负责的责任单位和责任部门，提出处理意见。

下属子、分公司月末和年末参与集团月度和年度预算例会，讨论重大差异分析报告。责任部门每月记录本部门全面预算执行情况，找出问题，分析本部门差异产生的原因，提出改进建议，落实由本部门负责的改进措施。

5. 全面预算的调整

（1）预算调整分类

预算调整分为命令调整和申请调整。命令调整由全面预算管理领导小组下达，各预算执行单位无条件执行调整。申请调整由各预算执行单位按照规定程序向公司全面预算管理领导小组提出调整申请，申请通过后申请单位执行调整。

（2）全面预算调整的权限

集团对涉及年度预算的调整具有决定权；全面预算管理委员会审议，执行董事审核后报集团审批，审批通过后以文件形式下发公司作为年度全面预算调整依据，纳入本年预算执行体系；全面预算管理委员会在保证集团公司年度经营总目标不变的情况下，对月度、季度预算及年度预算的内部调整具有决定权。

（3）全面预算的调整范围

全面预算正式下达后，不得随意调整。但在预算执行过程中，发生例外情况且对本公司的收支造成重大影响时，可对预算进行适当的调整，例外情况包括集团决定追加（或缩减）营运任务，集团的业务经营模式、经营范围发生重大调整，市场形势发生重大变化，国家相关政策发生重大变化，生产条件发生重大变化，全面预算管理领导小组认为应调整预算的其他事项。

（4）预算调整的条件

预算调整必须满足以下条件：预算调整事项符合公司发展战略和现实生产经营状况；预算调整重点放在预算执行中出现的重要的或非正式的关键性差异方面；预算调整方案客观可行，在经济上能够实现最优化；提交预算调整方案符合规定程序。

（5）预算调整程序

申请调整的预算执行单位向集团全面预算管理办公室提出书面申请，阐述预算执行的具体情况、客观因素变化情况及其对预算执行造成的影响，提出预算的调整幅度。全面预算管理办公室对各预算执行单位的预算调整报告进行审核分析集中编制公司年度预算调整方案，提交公司全面预算管理委员会审议，审议通过后下达执行。各分、子公司可参照集团的预算调整程序对集团下达的预算指标的分解明细指标进行内部调整。

（6）预算调整方案的必备内容

预算调整方案至少要包括四项内容：导致无法实现全面预算的原因，并附相关文件（如市场价格变动情况说明，相关政策变化情况说明，变更后的经营计划、公司下达追加或缩减任务、项目可行性建议书等）；已经采取的其他弥补措施和效果；调整内容；调整后的预算方案。

6. 全面预算的考核与奖惩

预算考核是全面预算管理的关键环节，在预算控制中发挥着重要作用。彬长矿业集团的预算考核分为预算指标考核和预算工作质量考核两部分。预算指标考核主要通过预算执行结果与预算考核指标的对比，确定差异及分析差异形成的原因，为评价各预算执行单位的工作业绩和公司年度综合考核评价提供依据；预算工作质量考核是在预算指标考核、财务动态监测和年度财务决算的基础上，对预算执行单位的预算管理工作质量进行的综合评估，对预算执行单位的预算编制水平、执行效果、预算管理进行评价，促进全面预算管理水平的提高。

（1）预算考核原则

多年来，彬长矿业集团预算考核始终坚持的原则：公平与公正原则，业绩考核以客观事实为依据，减少主观判断成分，做到公平公正；综合考核原则，注重预算指标考核与预算工作质量考核相结合；可控性原则，合理剔除不可控因素，对责任单位的可控事件与可控成本、收入等可控要素进行考核；协调性原则，预算考核注重评价体系与评价指标间的协调关系，预算考核应与公司综合业绩考核等其他考核相协调，避免重复考核。

（2）预算考核步骤

预算管理办公室根据各责任部门预算指标考核和预算工作质量考核结果，提出对各分、子公司和集团本部的预算综合考核建议，报预算管理委员会；预算考核建议经预算管理委员会批准后提交公司人力资源部备案，备案后按集团既定的考核办法兑现，在工资中进行结算。各分、子公司按照上述步骤在集团考核结算的工资总额内负责对所属机关本部及区队、车间的工资考核分配。

（3）预算考核内容

①生产矿井。按商品煤产量采用吨煤工资包干办法，工资总额与考核指标挂钩，根据考核结果，全额上下浮动。

②基建矿井。按基建任务和人均工资水平核定工资总额，工资总额与考核指标挂钩。

③生产服务中心。核定工作总额，工资总额与考核指标挂钩。

（三）以成本控制为核心的全面预算管理模式的实施效果

（1）提升了战略管理能力

战略目标通过全面预算加以固化与量化，预算的执行与企业战略目标的实现成为同一过程，对预算的有效监控，将确保最大限度地实现企业战略目标。公司通过预算监控可以发现未能预知的机遇和挑战，这些信息通过预算汇报体系反映到决策机构，可以帮助企业动态地调整战略规划，提升企业战略管理能力。

彬长矿业集团具有独特的资源优势、区位优势和巨大的发展潜力。多年来，其通过全面预算管理工作的实践，紧紧抓住了国家西部大开发、关（陕西关中）天（甘肃天水）一体化经济带开发、国家丝绸之路经济带开发，以及陕西省建设西部经济强省的战略机遇，及时调整了未来五年的战略规划：坚持走新型工业化道路，着力打造煤炭、煤电一体化、煤层气、铁路"四大产业板块"，努力将彬长矿业集团建设成为文明、平安、绿色、和谐的能源化工企业。

（2）监控与考核更加有效

预算的编制过程向所属单位和子、分公司双方提供了设定合理业绩指标的全面信息，同时预算执行结果是业绩考核的重要依据。将预算数据与执行情况进行对比，有利于经营者发现自身管理的薄弱环节。

（3）更加高效使用企业资源

预算指标数据直接体现了集团和各子、分公司使用资源的效率以及对各种资源的需求，因此其是调度与分配企业资源的起点。通过全面预算的编制和平衡，集团多年来对有限的资源进行了最佳的安排使用，避免了资源浪费和低效使用。集团坚持在矿区建立"物资超市"，打造材料仓储"零库存"，减少中间环节，提高了物资使用效率，降低了材料成本。

（4）有效提升收入与节约成本

全面预算过程管理、考核和奖惩制度共同作用，可以激励并约束相关主体追求尽量高的收入增长和尽量低的成本费用。编制全面预算的过程中相关人员要对企业环境变化做出理性分析，保证企业的收入增长和成本节约计划切实可行。预算执行的监控过程关注收入和成本这两个关键指标的实现和变化趋势，特别是彬长矿业集团这种以成本控制为核心的全面预算管理模式，更加注重全过程成本控制与考核，这迫使预算执行主体要对市场变化和成本节约造成的影响做出迅速有效的反应，从而提升企业的应变能力。

（四）以成本控制为核心的全面预算管理模式的启示

（1）实施全面预算管理以来，企业逐步实现了由风险揭示型向风险预警型的转变

全面预算管理实施的各个阶段，都是企业及时堵塞漏洞，遏制风险，不断提高资产收益的过程。全面预算制度体系的建立，为企业风险防控工作提供了人力、物力保障，使企业面临的现实风险和未来风险处于责任部门和人员的预警范围之内。全面预算的编制过程也是企业收集风险、预警风险，建立可行性预算指标体系的过程。定期的预算反馈与分析更是企业不断总结经验教训，发现深层次管理漏洞和潜在风险，及时采取有效措施的过程。预算的调整使企业能够有针对性地集中力量布防薄弱环节，认真预警各项风险，确保预算不再发生偏差。全面预算的考核调动了各级责任部门和人员完成预算的积极性，使他们不断思考和分析预算偏差的可能性和原因，自觉地投入企业的风险预警和防控工作中去。实施"过程管控、严细考核"的全面预算管理也是彬长矿业集团不断预警风险，修复漏洞，全面提升企业管理水平的过程。

（2）考核决定成败，全面预算能否有效实施关键在考核

彬长矿业集团全面预算管理多年来一直坚持目标一旦设定，必须刚性考核兑现，预算考核集中体现了"严、细、实"三个字。"严"突出体现在严格的预算考核程序上，即每月由责任部门将其负责的考核项目完成情况报全面预算管理办公室或分、子公司全面预算管理工作小组进审核和汇总，经上会审批同意后报人力资源部结算，人力资源部按照挂钩考核项目对应进行奖罚和工资结算，结算结果交由财务部工资会计部长、人力资源部工资员和经营副总经理进行审核，最终结果报公司执行董事审批后执行。"细"既体现在周密细致的预算考核指标涉及企业的方方面面和每位职工，又体现在细致严格的考核要求保证了考核工作的顺利开展、考核过程的科学严密、考核结果的真实可靠和落实执行的扎实到位。"实"既体现在严密周到的考核体系使考核工作真正落到了实处，又体现在严格的预算调整条件和调整程序使考核工作能够应对各种特殊情况。

(3）加大宣贯和督查力度、培育预算文化是全面预算管理长期有效实施的基础

彬长矿业集团各责任承包单位和部门都经常利用多种会议宣讲预算实施细则和奖罚激励办法，及时通报经营状况和预算考核结果，坚持定期召开预算分析列会，不定期检查区队、班组的预算管理情况，努力调动了全体职工参与全面预算管理的自觉性、积极性和主动性，逐步做到了集团内部人人会算账、勤预算、算细账和习惯预算。

（4）班组强则企业强，狠抓班组预算管理，强化班组预算模式是全面预算管理的"收效源"

各项预算指标都直接由区队、班组来执行，或经过层层分解，最终由区队、班组来执行。因此，多年来，彬长矿业集团始终坚持定期组织召开区队、班组预算分析评价会，总结本公司月度经营状况和存在问题，及时传达本公司月度和年度预算列会精神和指示，通报区队、班组预算执行结果和突出问题，组织考核评选月度和年度最差和最优班组，不定期检查班组预算管理、工资分配和台账建设情况，将集团全面预算管理理念不断向纵深引领，努力打造有彬长特色的、班组预算模式，让最小经济单元成为获取预算收益的不竭源泉。

第三章　矿业企业财务管理中的资金管理

第一节　矿业企业资金管理概述

一、资金管理理论

资金被看作企业运营的血液，因为资金不仅是企业进行各项经营的必备要素，还是各经济活动的财务反映。资金管理是公司财务管理功能的拓展和细化，在企业综合管理系统中处于核心位置。企业的资金状况不仅能够体现其资源配置状况、资源的数量及质量状况，还能够代表其资本的构成状况和企业的产权状况，因此，企业的资金状况对其生存和成长都具有非常重要的意义。掌握、控制好企业的资金就相当于抓牢了企业的生命线。

（一）资金管理的概念及内容

1. 资金管理的概念

资金管理其实是一种开放、动态以及综合性的管理，是在国家相关法律法规的引导下，参照资金运动的特征及规律，很好地开展企业资金的运动管理，有效处理不同资金之间的关系。具体地说，是对资金的调度、资金的运转以及资金的结算等资金运动流程进行全面管理，包括对企业资金的筹集、产品的销售、资金的流入等进行全面的组织、协调以及控制。

2. 资金管理的内容

资金管理的内容主要分为狭义与广义两个方面。从狭义方面来说，资金管理指企业资金的融入与使用、货币的预算与控制，现金流管理是资金管理的重要内容。

从广义方面来说，其内容更加广泛，主要有资金筹集的管理（筹资管理）、资金投入的管理（投资管理）、现金资金流的管理（现金流管理）以及资本运营等多方面的管理。

（1）筹资管理

筹资管理是组织依据生产、经营、投资以及资本结构变革需求，运用多种筹资渠道，采取不同方式，快速便捷地筹集组织所需资金的一种财务行为。筹资管理是为了满足组织资金需求、降低成本、减少风险而进行的。但是，当前我国国内资金市场还未发展成熟，组织可选择的筹资渠道还较少，大多数企业更多地依赖于银行所提供的信贷资金。

（2）投资管理

投资管理主要是与证券和资产有关的金融服务活动，为达成投资者利益最大化的目标服务，涉及组织的各个方面。从横向方面来说，包括组织内部所有的经济活动；从纵向方面来说，不仅涉及组织资金目前的合理使用，还考虑资金以后期间的有效配置。在国内，投资的概念比较广泛，除了传统的股票投资与债券投资，还包括购置或者是建造某些固定资产、采购以及存储流动资产等多种经济活动。

（3）现金流管理

现金流管理其实就是把现金流量当成组织管理的重点，同时要兼顾收益，对组织内的有关经营活动、投资活动以及筹资活动进行管理。实质上是对组织现在以及以后期间现金流的量和时间安排方面的预算和规划、实施和控制、研究和评估。

（4）资本运营

资本运营指的是把组织资本方面的增值以及组织利润的最大化作为最终目标，以组织的价值管理为特点，将本组织、本部门不同类别的资本，与其他组织、其他部门的资本不停地进行组合，最终实现本组织自己所有资本的增值以及利润最大化的最终目标的运营行为。资本运营的目的是，通过组织利润最大化、股东的利益最大化，最终实现组织的价值最大化。

（二）资金管理的基本理论

1. 委托代理理论

委托代理指的是某个人或某些人（即委托人）委托其他的人（即代理人）以委托人的利益为根本而从事的一些运作行为。委托代理关系的产生以近年来现代公司制的出现为基础。现代制度经济学家普遍认为，企业的所有权和经营权相互分离而产生的委托代理关系，使得企业存在信息不对称的情况，从而使得逆向选择以及道德风险得以存在，最终企业的代理成本无法避免地形成于企业当中。有学者对企业的代理成本进行了界定:"代理成本实质上是作为代理人的其他人从事代理工作产生的净增资本成本。"

2. 资金风险理论

现今的市场经济条件下,所有市场主体的利益都存在着一些不确定性,在客观上就具有承受经济损失的可能性,也就是有些风险是无法避免的,同样,资金也不可避免地要承担一定的风险。资金风险其实指的是企业在持有和使用资金的过程中资金出现损失的可能性。具体来说,资金风险包括资金流动风险、资金信用风险以及资金的利率风险,而风险往往与收益相互联系。在资金管理过程中,最优的状态是在风险状况一定的情况下使得企业的收益最大化;在一定的收益状况下使得企业的风险最低。

3. 资金成本效益理论

有资金运作的地方必定会有成本与收益,而资金的总量越大,资金的成本和收益水平越高。具体来说,资金成本主要有利息的支出以及费用的支付。若从成本性态方面来说,费用的支出是相对固定的,在条件不变的情况下会维持不变的状态,而在此基础上,利息的支出会与资金总量呈现出相同的变化趋势,且由于供求关系并不会维持不变,供求关系的变化幅度很有可能比资金总量的变化幅度还大,因此,资金的成本是一种递增型的混合成本。

4. 内部控制理论

20世纪末,美国注册会计师协会对内部控制进行了明确的界定,指出内部控制指由企业的董事会、管理层以及所有员工共同实施的,为企业价值最大化的实现提供有效保证的行为活动。同时,该协会还提出了企业内部控制的框架,主要包括五个互相关联的因素:企业内部控制的环境、企业风险的评估、企业内部控制活动、企业信息的沟通以及企业内部的监控。

二、企业如何做好资金管理

企业的资金管理人为了更好地强化企业内部的资金管理效果,主要可以从以下四个方面出发。

(一)关注企业的日常购销活动

企业的日常购销活动,主要涉及企业商品的销售和原材料的购入,这些活动产生了企业的应收账款和应付账款。同时值得注意的是目前国内市场上相应的投资产品数量较少，企业除了可以将多余的资金进行委托贷款，购买一些货币基金、国债，进行新股申购之外，其他相应的投资产品较少，这使得企业无法将闲散的资金进行有效的利用和增值。

（二）做好资金头寸的管理

切实管理好企业的资金头寸可以使企业的资金发挥最大的效益。例如，当前的企业现金池就是管理企业头寸的有效工具。现金池可以帮助企业将各个子账户的资金按照企业自身的需求进行相应的归集，这样加强了企业内部资金的整合和统筹管理，实现了企业内部资金的相互平衡，提高了企业资金的使用效率。长期以来企业认为手头资金充裕就说明企业资金的现状良好，其实不然，过多的闲散资金正说明了企业资金管理效率的低下。企业在正确预测出未来一段时间内资金的需求量之后，可以预留一部分资金以备不时之需，其他的闲置资金则可以投入风险小、收益稳定的产品中，争取获得比银行存款利息更高的收益，还可以借助现金池实现内部融资，这样既能实现较高的收益，又能降低企业的财务成本，使得资金发挥出最大的效益。

（三）做好现金流的预测

现金流预测在企业决策上十分有用。准确的现金流预测对于企业的经营决策具有深远的意义。企业资金管理人可以根据收集到的数据及时了解企业的资金管理能力、变现能力、赢利能力等是否还存在有待改善的地方。另外，决策者还能根据预测到的资金缺口及时采取应对办法。

企业现金流的预测是建立在对企业应收、应付账款的准确判断以及对未来资金需求量的掌握的基础上的。企业现金流的预测主要可以从现金的流入和流出这两方面进行。现金的流入主要包括经营活动、投资活动和筹资活动的现金流入。经营活动的现金流入主要包括主营业务收入、其他业务收入等。投资活动的现金流入包含出售固定资产和无形资产的营业外收入、企业并购收入等。筹资活动的现金流入包含企业长期借款、股利的收入。现金的流出主要包括营业活动、投资活动和筹资活动的现金流出。营业活动的现金流出主要包括期间费用的支付、各种税金的支付等。投资活动的现金流出主要包括固定资产、各种款项的投出。筹资活动的现金流出则主要包括支付股利、赎回本金。

企业可以按照不同的时间段将现金流的预测分为短、中、长期现金流预测。通常情况下，短期现金流预测的准确性最高。而长期现金流预测，由于未来有很多不确定的因素，因此准确地对长期现金流进行判断对于企业资金管理人来说确实是一个挑战。

（四）做好企业的投资管理

企业进行投资就是企业利用闲散的资金进行更具价值的活动，创造出更大的收益。企业可以根据自身对流动性、安全性、收益性的需求进行相应的投资活动。不同的安全性需求往往会导致企业最后的收益性有一定差异。但是安全性又是企业不得不考虑的因素，因为投资活动的失败就意味着企业将蒙受资金损失，有违最初投资的初衷。

近年来，各大企业的应收、应付账款数额居高不下。对于企业来说应收账款的难以收回造成了企业流动资金流入速度缓慢，导致企业内资金头寸的不足，严重影响了企业资金的使用效率和资金运行的质量。因此企业资金管理人应当加强对企业日常购销交易活动的监管，准确掌握应收、应付账款的详细情况，其中主要包括掌握应收账款的账龄、数量、类别、缘由，及时与欠款单位进行核对，并根据性质的不同建立相应的档案。对于应付账款也要及时、主动与供货商核对，建立相应档案。争取以企业应收、应付账款管理为切入点，强化资金管理，完善企业内部财务管理制度，提高资金使用效率。

三、企业资金管理的发展趋势

（一）企业现金池的运用

当前许多大型企业已经开始着手建立集团内部的现金池。现金池以其高效、节约成本、便于集团资金的集中化管理、能够提升企业整体价值的特性，被视为企业资金管理的有效工具，正得到越来越多企业的青睐。

在国内，现金池是一种新型产品，目前许多大型的集团公司仍未能好好地利用现金池这种高效的资金管理工具来进行资金流的监控和管理。

在现金池中，企业可以按照自身的实际情况来设定零余额和目标余额的额度。在集团内部为了使集团现金池内的信息得到及时的互通，许多跨国公司正着眼于在全球范围内使用同一种现金池技术，尽量减少合作银行的数量，从而使得当地的系统可以将集团的信息整合到自己的现金池结构中去。

（二）实施集中化管理

总的来说集中化的资金管理有助于企业实现整体利益的最大化；有利于投资方向的调整，使其能够集中进行战略方向调整；能够有效地降低企业控制成本，提高企业整体信用等级，降低财务费用的支出。集团现金池就是资金集中化管理的一个重要工具。

从集中化的银行管理来看，就是要尽量减少合作银行的数量，突出核心的合作银行。这样一来，一方面企业通过同一银行系统就能够及时地将银行信息进行归集和整理。另一方面，通过与银行的集中合作，企业成了银行的重点客户，能够获取一定的优惠价格。此外，集中化的投资和融资还能使企业获得额外的收益。

（三）借助企业资源计划（ERP）系统实施企业内部信息沟通

企业资金管理部门和营运部门之间的有效沟通是企业进行成功的流动性管理的首要条件。各个部门之间的信息互通，有利于企业进行高效的资金流的预测，获得确切、可靠的会计信息。例如，对于外汇风险的预测、长期资产余额的预测，对于企业间的日常借贷情况、中短期融资需求、投资需求的了解。

为了更好地整合内部信息，当前企业内部都会使用一些技术支持，如ERP系统。ERP系统将企业内各部门之间的信息进行整合，使得资金管理部门和企业内部的其他的营运部门之间能够进行良好的信息沟通。ERP系统为企业提供了准确清晰的买卖和收付情况的记录。但是利用该系统还是会存在一定的风险，例如，如果最后时间段，交易突然发生了变化，这就很可能会直接影响最后会计信息的可信性。

企业将流动性管理进行外包之后，就可以将精力集中在其他方面，例如，风险管理、营运资金管理、应收应付的管理等，这些方面对于企业的资金管理可能更为重要。通过外包服务，企业可以有效地对资金流进行监管、控制，同时还能够运用当前的资源进行一些增值的活动。外包服务还能够为企业分担掉一部分的风险，使企业降低营运成本。企业在进行外包服务的过程中，应基于成本和效率的考虑，当然最终是否要进行外包服务还是要取决于企业自身的需求。企业应当选择更为高效、有利的方式来进行资金管理。

（四）外包使资金管理更有效率

据了解，当前有不少企业正在考虑在未来将自己企业的资金流动性管理外包给一些专业的公司。

一些中小型企业，由于生产经营的需要，可能在将来会建立自己的专业的资金管理团队。在这个过程中，它们可以选择在公司内部进行自身系统的维护、组织架构的改革，当然也可以选择将这部分业务进行外包。

一个好的管理信息系统为企业的资金流管理奠定了基础。企业通过信息的整合，借助一定的系统，使得高效的内部信息交流成为可能。

四、矿业企业如何做好资金管理

资金是企业财产物资的货币表现,包括货币本身,即在生产经营活动中的劳动资料、劳动对象等一切财产物资的货币表现。如企业的厂房、原材料、燃料辅助材料、低值易耗品、包装物等。资金按其分布形态和占用状况分为固定资金、流动资金、专项资金和其他资金四大类。固定资金指固定资产所占用的资金。流动资金分为定额流动资金和非定额流动资金两大部分。定额流动资金主要包括储备资金(材料、燃料等)、生产资金(在产品、半成品等)、成品资金(产成品),除此之外还包括超储积压物资占用资金、待处理流动资产损失占用资金。非定额流动资金包括库存现金、应收销货款、应收票据和未弥补亏损等。专项资金包括专项存款、专项物资、专项工程支出、专项应收款等。其他资金主要包括国库券等。

(一)做好货币资金的管理

货币资金是工业企业资金的重要组成部分,企业有关收支的经济业务都依靠货币资金来进行。货币资金包括现金、银行存款和其他货币资金。在企业生产经营过程中有大量的货币资金的收付业务、企业向其他企业单位购入材料或销售产品而发生的购销业务、企业向职工发放工资和奖金的经济业务等。由于在企业日常生产经营活动中,经常发生货币资金的收付业务,因此加强对货币资金的管理,严格遵守国家有关货币资金的管理制度,对于促进企业增加收入和节约支出、正确处理企业同各方面的经济关系有着重要的意义。

(二)做好储备资金的管理

材料、设备的货币化表现为资金即储备资金。储备资金占用的合理与否,不仅关系到企业经济效益的好坏,而且影响着企业再生产活动的进行。如果企业储备资金占用大,甚至超储积压则会造成企业整体资金运行的不畅,影响企业生产经营活动的进行;相反如果储备资金管理好,就可以节省利息支出,促进再生产活动的正常进行。由此可见,储备资金管理对企业来讲是十分重要的,企业必须加强储备资金的管理,完成储备资金管理的任务。

在储备资金管理中,企业应按照生产计划及时提供生产所需的各种材料以满足生产的需要。但是,由于各种材料占用着资金,因此,又必须有计划地提供,防止材料的积压和物资的超储特别是在资金紧张的情况下,材料的储备计划显得尤为重要。加强计划管理就是必须兼顾生产的需要和资金的节约两个方面的因素。

（三）做好生产资金的管理

生产资金是产品从投入生产开始到产品完工入库为止的整个生产过程中占用的资金。生产资金的实物表现是在产品、自制半成品和其他的费用。

生产资金是企业流动资金的重要组成部分。企业的资金包括专项资金、流动资金和固定资金三大部分，其中流动资金是其主要的组成部分，定额流动资金中生产资金占有十分突出的地位。长期以来，企业的生产经营活动，注重生产的组织管理，却忽视资金管理；注重生产进度，却忽视资金利用的效果；注重生产资金的注入，却忽视生产资金潜力的挖掘。这造成了生产资金的不合理占用和低效率的使用。

从资金的循环来看，生产资金在供产销资金运动中起着承上启下的作用，一方面储备资金以材料等形式投入生产，构成生产资金的占用形态；另一方面，随同产品加工进度的推进，产品完工入库，生产资金又变成成品资金的形态。因此，生产资金对资金运动具有协调作用。

从资金管理对象而言，生产资金管理发生作用的范围是企业的生产过程。生产资金区别于储备资金、成品资金及货币资金，是企业内部相对独立的资金。加强生产资金的管理具有十分重要的意义。

（四）做好专用资金的管理

专用资金指具有专门用途的资金。企业的专用资金主要包括更新改造资金、大修理资金、新产品试制资金、生产发展资金、职工福利资金、职工奖励资金和后备资金等，还包括专用借款、专项拨款等。专用资金是企业资金的一个重要组成部分，它与基本业务资金（固定资金、流动资金）既有区别又有联系。专用资金与基本业务资金的区别：生产中的基本业务资金直接用于产品的再生产过程，而专用资金主要用于与产品再生产过程有关的固定资产购置、更新、改造和修理以及职工福利和奖励等方面；基本业务资金是处于生产流通领域之中的资金，而专用基金却是处于生产流通领域之外的资金。

对于专用资金的使用，要遵守国家的制度和财经纪律。企业应正确使用各种专用资金，坚持"专款专用"的原则，划清各种资金开支的界限。

（五）做好固定资金的管理

企业的固定资产是劳动者用来改变劳动对象的物质条件。有的用于直接传导劳动者的劳动，改变劳动对象，如机器设备；有的虽不直接改变劳动对象但对改变劳动对象有辅助作用，如运输工具等；有的是进行生产活动的必备条件，如房屋等。企业固定资产所占用的资金称为固定资金，固定资金是企业资金的一个重要组成部分，其相对稳定，流动性不大。在管理上相较于流动资金，固定资金的管理方法还简单一些，管理的工作量要小一些。

第二节　矿业企业资金管理策略

一、建立以现金流量管控为核心的资金管理机制

企业资金周转是以现金流转为中心进行的，它的每次循环总是以现金流出为起点，以现金流入为终点，即由供到产到销的过程。企业经营活动中收回必要数额的现金不仅是完成一个资金循环的重要标志，也是维持企业再生产和扩大再生产的基本前提。按现行会计制度规定，企业销售收入按责权发生制确认，这样就可能导致有的盈利企业会因资金短缺而陷入财务危机，所以企业生产经营一是要有一定的资金，二是要控制现金流入、流出在时间和数量上相适应，三是要保证现金的流转畅通，这样企业才能在良好的资金状况下稳健运营。基于上述认识，企业应牢固树立"企业管理以财务管理为中心，财务管理以资金管理为中心，资金管理以现金流量管理为核心"的资金管理理念，突出现金流量管控的核心位置，围绕核心抓资金管理。

实际工作中，在现金流入的管控上，应坚持"分流管理"，对现金流入实施"扩主流、疏支流"措施，即努力开拓矿产市场，扩大主产品销路，提高收入，同时积极发展副产品产业，厘清债权，增加营业外收入。在现金流出的管控上，采取"控主流、截支流"措施，严格控制成本投入，减少非生产性支出，压缩不合理资金占用，采用科学合理的债务偿还方式和支付手段。企业通过调控现金流量的流入流出，来实现现金净流量的增加。

①追求利润最大化，增收节支，确保一定的现金净流量。企业的生产经营可概括为筹资活动、投资活动、经营活动。追求利润最大化提高现金净流量是矿业企业生产经营的两大目标。从某种意义上讲，利润是现金净流量的真正来源，是现金净流量的主要"增长点"。然而，要实现利润的最大化，就必须紧紧抓住"增收节支"这根主线，围绕主线强化现金流量的管控。

企业应坚持每月在编制成本利润计划的同时，组织人员认真编制月度现金流量计划表。规定每月在确保完成利润目标的基础上，必须完成现金流量的净

增加，否则要分析原因追究责任，属流入量中收入不到位的要核减营销部门人员工资，属流出量中支出超计划的要核减该部门人员工资。

在现金流入的管理上重点抓产品销售收入，在增收上做文章，以销售为突破点，大力开拓矿产品市场。

在现金流出的管理上，树立广义的资金支出概念，即企业的一切支出都是现金流出的表现，加大"控主流、截支流"的工作力度。重点抓成本投入，实施预算管理，遵循"以销定产、以产定据、以产掘定人"的原则。每年年末根据目标利润，采用倒推成本法计算出目标成本，将其细化分解成若干小指标，横向落实各分管领导和职能部门的管理责任，纵向按区队、班组、个人的成本控制网络逐级承包。对影响成本较大的现金流出，坚持在预算管理下，按材料费所占成本的比重，实施重点控制。对材料采购、仓库管理、供应发放、生产消耗、回收复用等制定一系列的管理制度和办法，并明确管理责任。企管科、计划科负责材料消耗计划、修旧利废指标的落实；财务科负责按迎头、硐室、工作面、工程项目核算材料消耗，并实行日报制度，及时反馈信息，为领导决策提供依据。

在掘进成本的投入和巷道管理上，树立资金的时间价值观，优化采掘布局，探索巷道的支护方式及参数，从而保证采掘生产的正常接续，既要避免因掘进成本的早期投入而发生机会成本，又要避免因在籍巷道过长发生维修及通风等费用而增加成本支出。

在安撤面的施工上，除对工程量、工期质量、安全有明确要求外，均实行单项工程预算管理，并分别与工资挂钩；在建设过程中，务求实效，避免盲目追求高投入，造成工程功能过剩所带来的浪费；对各种非生产性支出、办公费等实行定额管理，承包到单位、科室，年总额控制用完停支，超支不补。控制维简工程和大修理工程支出，杜绝计划外工程发生。对新上投资开发项目，按"合法、合理、合算"的原则，进行经济性、技术性、可行性研究和投入产出论证分析，集体研究确定，对既无社会效益，又无经济效益的项目，严禁开工。

②压缩、盘活存量，提高现金净流量。因矿业生产企业自身的特点，矿业企业的流动资金大部分以储备资金、产成品资金的形态占用在供产环节，所以在不影响安全生产和矿产品销售的前提下，一定时期内压缩、盘活"两金"，可带来现金流量的增加。

在产成品的管理上，以"零存货"为目标，坚持"以销定产、以销促产"的原则，最大限度压缩库存，根据市场需求组织生产。

在储备资金的管理上，及时根据生产、市场情况，划分长短线物资，核定最低储备量，优化库存结构。采购过程中，做到"货比多家"，降低采购成本。坚持低价少储，选择部分材料积极探索"代储制"，即为供货商提供仓储条件，代为保管，用后再付款，这样做既降低了资金占用，也为使用中出现的质量索赔创造了有利条件。对积压物资，应采用内部调剂、出售改制、与厂商串换等方式，盘活存量，提高现金净流量。

③抓债权债务管理，提高现金净流量。企业在偿还债务时，要在严格遵守国家有关结算制度的基础上，认真研究银行的多种结算办法，针对不同的经济业务，选择有利的结算方式，如在物资采购、工程款、土地使用费等大额款项的支付上，最好分期付款，注意把握付款节奏，努力扩大银行承兑汇票的使用范围，部分可采用委托付款和托收承付，尽量少用银行汇票和转账支票，以规避付款上的财务风险，延缓现金流出企业。

企业在债权的管理上，一是重点抓应收账款的清理。首先制定产品营销管理办法，从购销合同、发票管理、收货回执单、货款结算、档案管理等方面规范基础工作，堵塞资金回笼方面的漏洞。同时根据客户的产品使用量、资信程度等对其进行分类管理，严格执行"三不政策"，杜绝新欠发生。对旧欠款采取组织专职队伍和全员参与相结合的方式，利用"分片、蹲点、盯人"的办法进行清欠，并适时制定、修改清欠奖励政策以激励大家积极参与。对债权中的其他应收款项，实行科目负责制，定期或不定期地组织人员进行核对、清理，防止呆坏账发生。二是采取措施压缩矿属单位的资金占用。三是管好、用好备用金，严格控制借款范围及额度，限定报销及还款时间。

二、资金预算"分块"管理

资金预算是实现资金良性循环的首要环节。有效的资金预算制度能为企业提高资金使用效率打下良好的基础。如何将资金管好用好，使资金预算合理化、科学化，是我们需要探讨研究的问题。

（一）资金分块管理的原则

①各单位应遵循"以收定支，先收后支，收支平衡，略有节余"的原则对年度或月度货币资金收支情况进行分析。

②"分块"资金的使用，原则上不混淆、不相互调剂，做到专款专用。遇特殊情况需要调整时，须提前申请。

③企业对"分块"资金采用"分块总量控制，分批拨付"的管理办法。资金拨付后由各单位根据具体情况进行资金支付。

（二）资金分块管理的具体措施

1. 日常生产经营资金的管理

日常生产经营资金指维持日常生产经营所需的资金。各单位要根据日常生产经营实际，遵循"以收定支、略有节余"的原则，安排资金收支，编制资金收支预算。日常生产经营资金收入预算由财务部门根据销售部门编制的当期产品销售计划、劳务收入、回款计划等编制。日常生产经营资金支出预算要根据生产成本费用、期间费用编制。生产成本费用支出应扣除折旧费、维简费及井巷费、安全费等不发生现金流出的支出，确定费用支出总额；期间费用包括管理费用、财务费用、营业费用，其支出应遵循月度均衡的原则，在扣除无形资产、递延资产等不发生现金流出的支出后，确定支出总额。

2. 维简及安全工程资金的管理

维简及安全工程资金包括维持简单再生产工程支出和煤矿安全生产工程支出所需资金。对维简及安全工程资金的管理，企业要根据两项工程资金来源及年度维简工程和安全费用支出计划，分解落实月度资金支出预算。各单位必须严格执行企业的维简计划和安全费用支出计划，并根据工程进度按月编制工程资金支出预算，主要包括设备购置、土建施工、工程物资、费用性支出等工程支出。凡是特殊原因确需支付的计划外项目费用，需说明原因，报公司批准后支付。

3. 基本建设及重大技改项目资金的管理

基本建设及重大技改项目资金指经集团公司批准的非煤新建项目及重大技改项目建设所需的资金。各单位的非煤新建项目及重大技改项目，坚持"先落实资金来源和额度，后开工建设"的原则，各单位应根据项目建设情况和具体工程进度编制资金支出预算，报集团公司审批。各单位分块资金收支预算每月初上报集团公司财务部，财务部对上报预算进行审核汇总后，报总会计师、总经理审批。审批通过的预算会及时反馈各单位。

三、加强矿业企业的财务管理和监督

（一）实施源头控制，加强建设项目前期工作的财务管理和监督

建设项目前期工作是从建设项目酝酿到开工建设前进行的各项工作，主要包括提出项目建议书、可行性研究报告、初步设计和施工图设计，以及按照管

理权限提请有关部门审批相关内容。建设项目的前期工作一般委托具有相应资质的专业设计研究部门实施，工作一般由工程技术人员完成，建设项目财务人员很少参与，财务管理和财务监督基本是空白的。正是这种习惯做法，造成项目的前期工作财务监督缺位，使得部分建设项目在实施过程中出现预算超概算，投资规模一再突破。因此，在项目前期工作阶段，财务管理、监督的重点在建设项目立项、工程可行性研究。具体包括以下两个方面。

①建设项目资金筹措的管理和监督。建设项目的建设资金主要由项目资本金、借入资金构成。对项目资本金的监督必须按照国家有关规定进行，确认项目资本金筹集的可能性，以及资本金的筹集是否符合国家法律法规；确认项目资本金能够达到规定的最低限额以上，以保证建设项目的资产负债比达到合理的水平，为项目投产后的运营提供良好的基础。对于借入资金的监督，主要是确认拟建项目准备利用国内（外）银行贷款或国际金融组织贷款是否经有关部门批准，银行是否出具贷款承诺意向书等，以保证项目实施时能够按计划、按进度及时借入资金，使得建设项目顺利实施。

②加强对建设项目经济效益、财务效益的预测分析和评价，建立健全评价分析指标体系。建设项目在立项、工程可行性研究阶段，财务管理、监督的重点是对建设项目在技术上、经济上是否可行进行研究，采取需要—可能—可行—最佳步骤对项目进行科学决策。因此，在项目立项、初步可行性研究阶段，财务部门应根据国家的现行财税政策和价格体系分析、计算项目的财务效益和费用，编制财务报表，计算评价指标，考查项目的赢利能力、偿债能力和外汇平衡等财务状况，以判断项目的财务可行性，并结合国民经济评价进行综合考虑提出投资决策建议。财务监督就是对财务预测进行客观公正和实事求是的评价，对收益的预测不宜过分乐观，对项目风险要尽可能预防，防止人为地提高财务收益这种违背经济规律的现象发生。

（二）开展过程控制，加强建设项目实施过程的财务管理和监督

建设项目能否在批准的概算投资内按质按量完成，是检验建设项目财务管理效果的标准，因此财务部门应在建设项目实施环节加强财务管理和监督工作。

①规范建设项目的会计基础工作，结合国家现行财政法规健全各项财务规章制度，保证建设项目资金监管有章可循、有法可依。

②建立健全内部控制制度。一是建立组织机构。建设单位内部机构应本着合理解决领导层各职能部门及各个环节之间相互牵制问题的原则设置，形成互相制约的机制。二是建立健全规章制度和明确职责分工。企业应将各项经济活

动划分到具体工作岗位，按照岗位需要确定任务、职责和权限，用制度来规范建设项目的各项经济活动和管理工作。三是完善内部监督和检查机制。企业应按照制定的各项制度定期和不定期对建设项目的资金管理、工程进度、工程质量等进行检查，并对现存的内控制度进行评价，达到不断完善内部控制制度的目的。

③强化建设资金监管。建设单位要合理安排和使用建设资金，建立有效的资金运行机制，强化建设资金使用的控制和约束。具体措施：一是对建设资金实行专款专用、专户储存，不得挤占和挪用；二是落实建设资金监管责任人，建设单位负责人对本单位的建设资金负责，建设单位内部各职能部门按职责分工，落实建设资金监管的各项制度，共同监督管理建设资金；三是建设资金监管按照效益原则进行，防止损失浪费，降低工程成本，提高资金使用效益。

④加强工程价款结算的管理和监督。一是审核工程价款结算的手续是否完备、结算审批程序是否规范；二是审核结算凭证的合法性和真实性，防止高估冒算和虚报冒领。

（三）严格末端控制，加强竣工项目的财务管理和监督

为了确保建设项目新增资产价值正确全面地反映投资者的权益，要加强对竣工项目的财务管理和监督。

1. 竣工项目财产物资、债权债务的清理

建设项目竣工后，应对各种物资、材料、设备、债权债务及时进行清理，做到工完账清；清理核实各项资产，待处理的财产物资按照规定冲减相关成本；报废工程需按规定的程序上报有关部门批准。

2. 结余资金的管理和监督

建设项目实际到位资金与建设成本之差，是结余资金。对结余资金的管理和监督，一是严格按照财政法规进行分配处理，该上交的要全部上交，不得截留和挪用；二是建设单位留成收入要按规定计提和在开支范围内使用。

3. 收入管理和监督

在建设项目施工过程中形成的各项工程建设副产品变价净收入、负荷试车运行收入及其他收入构成建设项目收入。企业要加强对这些收入的管理和监督，按照税法规定缴纳所得税，按规定将税后净收入作为建设单位留成收入，留成收入按国家财政法规的规定进行分配使用。

（四）建设项目财务管理和监督的保障措施

1. 实行会计机构委派制

双元控制主体管理组织结构是票据监督弱化的土壤。矿业企业可对所有的建设项目实行会计机构委派制，成立对财务进行监督和管理的"监事会"，"监事会"结合目标责任制行使监督权，将定期审计和不定期财务抽查结合起来并选派较为固定的人员负责固定地区。

2. 建立财务业绩评价体系

财务业绩评价指运用科学和规范的管理、财务和数理统计方法对建设项目的资金使用情况进行定量和定性的考核、分析，做出客观、公正的综合评价。财务业绩评价体系由评价目标、评价对象、评价指标、评价标准和评价报告五个基本要素组成。一方面在财务活动、预算执行过程中，财务人员通过财务业绩评价信息的反馈及相应的调控，随时发现和纠正实际结算与预算的偏差，从而实现对财务管理过程的控制；另一方面预算编制、执行、评价是一个完整的系统，企业应使之周而复始地循环，以实现对整个建设项目的最终控制。

第四章 矿业企业财务管理中的税收筹划

第一节 财务管理与税收筹划

企业财务管理是有关现金(也可称为资金)的筹集、投资和分配的管理工作,反映的是企业在生产经营过程中的现金运动及其所体现的经济利益关系,本质上是现金及其流转。税收是国家为实现其职能,凭借政治权力,按照法律规定,通过税收工具强制地、无偿地参与国民收入和社会产品的分配和再分配取得财政收入的一种形式,从本质上说是一种利益分配关系。市场经济条件下,企业基于利益驱动目的,必然具有追求利益的驱动力,从资金运动形式上看是企业现金的减少。随着经济全球化趋势的发展和税收环境的变化,基于纳税需求的税收筹划被更多的企业所认识和接受。

一、基于企业财务管理的税收筹划内涵

(一)税收筹划的内涵

所谓税收筹划,就是纳税人在不违反税收法律、法规的前提下,按照税收法律规定,在利益的驱动下,为实现最小合理纳税而进行的理财活动。

基于企业财务管理的税收筹划是在日趋复杂的财务管理竞争环境下产生的,其目的是降低税收负担,实现企业总体收益最大化。企业是营利性组织,其出发点和归宿都是获利。在竞争环境下,企业始终处于生存和破产、发展和萎缩的矛盾之中,这就要求企业站在战略的高度统筹筹资决策、投资决策和股利决策,合理配置企业资源,使之与竞争环境相适应。在这个过程中,不断调整的税收政策和日趋复杂的税收环境使得企业为财务管理目标的实现进行税收筹划,以提高企业的核心竞争力。企业核心竞争力体现在财务管理的创造价值原则之中,具体表现为产品品牌、营销渠道、人力资本等方面的优势。企业通过技术创新、科技进步以及设备技术改造等方面的税收筹划,来实现股东财富最大化目标。

1. 税收筹划属于财务管理范畴

企业为降低税负而进行的税收筹划，从根本上讲，应归结于财务管理的范畴，它的目标是由财务管理的目标决定的。也就是说，在企业财务活动中纳税成本只是众多成本中的一种，因为税收筹划降低的税负并不一定会增加股东财富，一味地考虑纳税成本的降低可能忽略因税收筹划方案实施而导致的其他费用的增加或收入的减少，最终导致企业整体利益下降。特别是投资决策，需要权衡税与非税因素，企业应着眼于投资项目实施后是否有长期发展的潜力以及该项目在市场上是否具有长期的竞争优势和比较优势，如果一味追求纳税成本的最小化可能导致企业总体利益下降，因此企业投资决策者应选择总体利益最大但税收成本并不一定最低的投资方案。

2. 税收筹划是企业资源整合的重要影响因素之一

资源整合是企业对不同来源、不同层次、不同结构、不同内容的资源进行识别与选择、配置与融合，使其具有系统性和价值性，可实现有限资源的优化配置。企业根据税法的各项优惠政策，进行生产性资本投资、流动资产投资、融资、股权收购、资产收购等，谋求税收成本最低以实现整体收益最大化，企业的财务管理过程实质是资源整合的过程。税收筹划对企业资源整合具有重要作用，是企业资源整合的重要影响因素之一。

3. 税收筹划是企业获取隐性增量现金流量的重要渠道

财务管理的内容主要是现金及其流转，财务活动的过程实质上是现金流转的过程。纳税成本是付现成本，税金的缴纳会导致现金流量的减少。投资与筹资决策中利用税法的优惠政策，可以降低税负，减少营业现金流出，进而使营业现金净流量增加；投资管理中的折旧优惠政策等，可以使企业推迟纳税，获取资金时间价值。税收筹划降低的税负是企业获取隐性增量现金流量的重要渠道。

（二）税收筹划的对象

从财务管理职能看，财务计划是根据企业整体战略和规划，结合未来宏观、微观形式的预测，针对未来一定时期，落实既定决策，明确未来期间应完成的事项。因而，基于企业财务管理的税收筹划对象，是企业理财过程中的涉税事项。

1. 时间的税收筹划

从时间上看，税收筹划筹划的是未来涉税事项。企业财务管理是对拟投资、融资、股利分配和企业重组业务所做的财务策划，因而，税收筹划是对企业未来的投资、融资、股利分配和企业重组业务的涉税事项所做的战略性谋划。

2. 空间的税收筹划

从具体筹划空间看，筹划对象既包括投资涉税事项，也包括筹资涉税事项，还包括股利分配和企业重组业务涉税事项。生产性资本投资主要涉及完整工业性项目投资和单纯性资本项目投资利用折旧政策、减免税以及费用扣除等企业所得税优惠政策所做的税收筹划；证券投资主要涉及股票（股权）利用股息（红利）和资本利得的税收优惠政策所做的税收筹划；流动资金管理主要涉及增值税和消费税等利用业务流程、合同法等所做的税收筹划；融资主要涉及资金成本和资本结构利用资本成本的所得税税前扣除所做的税收筹划；股利分配主要涉及企业的投资者所得税税收筹划；企业重组业务主要涉及收购企业、目标公司、目标公司原股东的涉税事项的税收筹划。

3. 结果的税收筹划

从筹划结果看，策划对象包括少交税的涉税事项、延期纳税的涉税事项和不交税的涉税事项。少交税的涉税事项主要是利用企业所得税中"三免三减半"、投资额抵免、境外投资所得抵免等税收优惠政策进行税收筹划的事项；延期纳税的涉税事项主要是利用折旧政策、科技创新和科学技术投入的扣除等税收优惠政策进行税收筹划的事项；不交税的涉税事项主要是企业投资项目选择免征所得进行税收筹划的事项。

（三）税收筹划的特征分析

税收筹划是企业为获取整体经济利益最大化，实现股东财富最大化的财务管理目标，在不违反税收法律法规的前提下进行的一项理财活动。财务管理涉及面非常广泛，制约与促进财务管理目标实现的因素有可预见的、可调节的，也有不可预见的。从外部环境来讲，企业需要适应国家宏观财政政策和货币政策，从自身来讲，企业需要获得适应自身创新和发展的条件和环境。税收筹划具有以下几个特征。

1. 税收筹划的合法性

国家在制定税收法律制度时，为保持税收收入的可持续增长和涵养税源，往往会根据特定时期下的经济发展状况制定税收优惠政策，并通过税收优惠政策引导社会资源的有效配置与税收的合理分配。而税收筹划正是基于税收优惠政策所做的策划，因而税收筹划具有合法性，符合税法立法精神。

2. 税收筹划的战略性

纳税导致企业既得利益的损失，税收的存在对企业有着直接或间接的约束。

企业在市场经济中会倍加关心自身利益的得失，因此，企业进行税收筹划时首先要以全局观念，统筹策划筹资、投资、股利分配和企业重组过程中涉及的各种税金，考虑税种之间的此消彼长的特点，不能只注重财务活动中个别税种的税负高低，而要着眼于整体税负的高低对股东财富的影响。财务人员要根据企业战略目标制定与之相匹配的财务战略目标，在财务战略的指导下，需要考虑长期的税收利益，这就要求税收筹划具有长期性和预见性。此外，税收筹划应能够降低财务活动中固有的经营风险和财务风险。因此，财务人员在进行税收筹划时应站在战略的高度，从企业战略目标和财务战略目标出发，趋利避害，达到降低税负、实现股东财富最大化的理财目标。

3. 税收筹划的目的性

市场经济条件下，企业具有很强的利益驱动力，税收筹划存在的基础是企业的逐利性以及不断调整的税收法律法规，因而，企业进行税收筹划具有减轻税负、获取税收利益的目的性。其目的性主要体现在：一是选择税收优惠政策和税收弹性空间使税负降低，降低的税负使企业节约了现金流出，获得了机会成本，这样企业就有可能获得更高的投资报酬；二是利用税收优惠政策，迟延纳税，获取货币资金时间价值以实现股东财富最大化的财务管理目标。

4. 税收筹划利益的不确定性

税收筹划是企业根据财务管理竞争环境和税收法律法规提供的税收筹划空间进行的理性行为。国家根据税收的外部环境、经济发展情况和税收制度的缺陷不断完善税收法律制度，不断调整企业税收筹划空间。由于企业理财环境的不确定性和税收政策的不断调整，因此税收筹划带来的税收利益具有不确定性。

5. 税收筹划的计划性

税收筹划是对企业投资、筹资和股利分配等过程中的涉税事项事前做出的规划、设计和安排。在实际的经济活动中，税务机关征税，纳税人纳税是根据已经发生的涉税事项进行的，即纳税人承担的纳税义务具有滞后性。财务管理中的税收筹划，需要企业在财务战略目标的指导下，根据财务活动的已税情况，考虑现实的要求和条件，对企业未来的财务活动涉税情况做出具体的预计和测算，预计和测算各项生产经营活动方案中税收对经济效益的影响，为财务决策提供可靠的依据，因而，税收筹划具有计划性。

二、基于企业财务管理的税收筹划理论依据

企业财务管理在投资、筹资和分配活动中，与企业各方面有着广泛的财务关系，这种关系实质是企业在生产经营过程中客观存在的资金运动所体现的经济利益关系。资金运动所体现的经济利益关系实际上表现为企业各方面的契约关系。企业的逐利性要求企业在财务管理中应遵循自利行为原则，税收的存在使财务活动各方在交易中表现为"非零和博弈"，此外，股东财富最大化的财务管理需要企业在理财过程中遵循比较优势原则。由此可见，基于企业财务管理的税收筹划有其深厚的理论渊源。

（一）契约理论与税收筹划

科斯的企业契约理论认为，由于市场交易存在与签约、监督相关的交易费用，这样就有必要形成一个替代性的组织——企业，并允许某个权威来支配资源，从而达到节约利用市场机制所产生的交易费用的目的，因此，企业组织是市场机制的替代物，企业的实质是"一系列契约的联合"。

财务管理的资金运动涉及企业与股东的契约、企业与债权人的契约、企业与受资者的契约、企业与债务人的契约、企业与政府的契约、企业与供应商（或客户）的契约、企业与雇员的契约等关系。为此，企业是股东、债权人、受资者、债务人、政府、供应商和雇员相互之间的契约关系的结合，不同契约之间不可避免地存在着利益冲突，其中，企业与政府的税收契约即税收法律法规是影响财务管理税收筹划的重要因素之一。

1. 税收契约的时滞性使税收筹划具有可行性

一般来讲，任何经济政策都存在一定的时滞性，就是说政策从制定到获得主要或全部效果都必须经历一段时间。时滞主要分为两种——内部时滞和外部时滞，前者指着手制定政策所需要的时间，后者指政策对经济行为影响所需要的时间。财政政策的外部时滞较短，而内部时滞较长，因为财政政策通常要有一个较长的批准过程，财政政策使用起来一般比较谨慎。税收契约作为财政政策的重要组成部分，在订立后，相对于其他契约方而言，政府无法及时调整它，要调整也需要通过税法修改来调整，内部时滞较长。由此可见，企业面对既定的税收契约，可以及时调整财务活动中的税收筹划方案，使税收筹划具有可行性。

2. 税收契约的强制性影响税收筹划范围

在订立税收契约时，国家为企业提供公共产品，契约订立的主动权在国家，

国家有权制定税收法律法规，并保留解释、修改和违法处罚的权利，这使得企业必须向政府缴纳税收并不得违反税收契约，同时税收契约要求企业必须在税收法律法规许可的范围内进行合理合法的税收筹划。

3. 税收契约的原则为税收筹划提供空间

税收契约的"公平税负，鼓励竞争"原则包括两个层次的内容：首先是要求税收保持中立，即对所有纳税人同等对待（横向公平——比例税率），以便为纳税人创造一个合理的税收环境，促进经营者进行公平竞争；其次是对客观上存在的不公平因素，如资源禀赋差异等，需要通过差别征税实施调节（纵向公平——差别税率和累进税率），来创造大体同等或大体公平的竞争环境。由此可见，不同支付能力的纳税人面临着不同的边际税率，同时国家对资源禀赋差异以及经济外部性问题给予不同的税收政策，如现行所得税法的外部不经济性内部化的税收优惠政策（节能节水、环境保护、资源综合利用和安全生产），使投资产生不同的投资回报率，为财务活动提供了税收筹划空间。

税收契约的"调节经济，优化经济结构"原则使不同纳税人处于不同的税收地位。税收契约调控经济的职能及作用概括起来有两种方式：一是税收自动稳定机制，即国家税收规模随经济景气状况而自动进行增减调整，以"熨平"经济波动；二是相机抉择的税收政策，即国家根据经济景气状况有选择地交替采用减税和增税措施，以"熨平"经济波动。该原则既兼顾了财政需要也兼顾了企业的利益，特别是相机抉择中的税负差别待遇为企业进行税收筹划提供了法律依据。税收筹划也是企业对税收契约调节经济的正向回应，如所得税法为扶持农业项目发展、鼓励基础设施建设、促进技术创新和技术进步给予的所得税优惠政策，使投资资产可以产生不同投资回报率。

4. 不同契约之间的利益冲突使税收筹划成为必要

政府为企业提供公共产品，企业必须向国家缴纳税收，纳税导致企业既得利益减少；股东作为企业资产的所有者，其收入在支付给债权人利息、国家税收后才能取得，股东为实现自身利益最大化，在自利行为原则下，要求经营者通过税收筹划来谋求自身利益；而经营者作为股东的代理人，有义务和责任实现股东财富最大化，在这种情况下，企业经营者就会利用信息不对称和税收契约的不完备性以及财务政策的可选择性进行税收筹划。

税收契约通过外在税收环境刺激或制约的行为选择，使企业适应税收的变化，形成对所有的经济主体总体上一视同仁的激励与制约机制。这表明税收调控并不针对具体的纳税主体，不同的纳税主体所面临的是同样的税收环境。在市场经济中，纳税主体要想获得合法的税收利益，只有通过税收筹划才能实现，而企望得到国家的个别优惠是不现实的。同时，国家也将根据调控目标与税收政策实施结果对税收政策做出新的调整，税制的动态性要求企业税收筹划应及时对税收政策变动做出相应的配合。

（二）博弈论与税收筹划

博弈论认为，博弈是一些个人或组织，面对一定的环境条件，在一定的规则下，同时或先后，一次或多次，从各自允许选择的行为或策略中进行选择并加以实施，并从中取得相应结果的过程。重复博弈反映的是经济、社会活动中的长期行为和关系，博弈信号传递和信息沟通，对参与者的策略选择具有重要作用。

对于国家而言，其通过税收工具取得的税收收入能够保证其支出需要。对于企业而言，为追求股东财富最大化目标，一方面要考虑税收的存在导致其减少了多少既得利益和现金流量，另一方面要关注国家通过征税提供的公共产品能够在多大程度上给企业带来直接或间接的利益增值。基于上述两方面的思考，企业总是尽可能减少纳税以减少既得利益的"损失"，这样就形成了征税（多）与纳税（少）的博弈。

1. "纳什均衡"为税收筹划提供空间

"纳什均衡"是应用博弈论的基础和核心，具有每个对弈者的策略都是对其他对弈者策略的最佳反映的特征。在税收博弈过程中，国家是税收法律制度制定的主体，纳税人只能接受制度的约束。按照供应学派的观点，税率是经济活动最有效的刺激，但政府的税收应有一定的限度。根据拉弗曲线可知，假如税法规定税率为零，国家财政收入为零；假如税率为高税率或100%，企业将其全部或者大部分收入上交国家，企业一定选择不生产，国家财政收入仍然为零。因此博弈双方可以达成一定的协议即"纳什均衡"，而协议被遵守的前提是遵守协议的收益大于破坏协议的收益。在追求自身利益最大化的前提下，博弈双方都有不遵守协议的动机，那么协议的制定就成为要害。税收契约就是博弈双方的协议，因而在制定、实施税收契约时必须考虑遵守税收契约的收益大于破坏它们的收益，即税法在制定时必然要考虑税源的存在和可持续增长，为纳税人预留一定的空间。如在所得税制中存在大量的税收优惠政策，这就为企业进行税收筹划提供了空间。

2. 征纳双方认定博弈使税收筹划具有动态性

税收实践中，税收筹划具有多样性、灵活性的运作特征，企业一旦选择进行税收筹划，必然会与征税方发生利益博弈。税收筹划针对的是企业的生产经营行为，每个企业的生产经营行为都有其特殊性，筹划方案的确定与具体实施，都由企业自己选择，有些筹划活动是完全在税收契约约束下进行的（如利用税收优惠政策），但有些筹划活动的合法性还需税务机关界定（如关联方关联交易的转让定价）。筹划方案能否给企业带来税收利益，是否符合税法规定，很大程度上取决于主管税务机关对企业税收筹划方案的认定。如果纳税人所选择的方法并不符合税法立法精神，税务机关可能认定其为避税或偷（逃）税，这使得企业的税收筹划收益具有风险。因而，征纳双方对涉税事项认定的差异是一种动态博弈。

3. 税收环境博弈实现"征、纳"双赢

从博弈论角度看，税收政策的调整、企业对税收政策的选择与运用就是征纳双方的重复博弈。税收筹划的过程，实际上就是企业对税收政策进行选择的过程，这种选择是企业基于已有信息的判定过程；企业所获取的信息精确度越高，信息的价值越大，企业进行的税收筹划就越有可能成功。从企业的角度出发，它对自己的筹划意图、财务和经营状况有着充分的了解，并且熟悉国家的各种税收政策和法规。但是税收环境的变化对企业来说是信息不对称的，企业无法准确猜测和把握税收环境的变化时间、变化趋势和如何变化等。同样对税收环境而言，它由税收制度、税收征管和税收法规等组成，其中某一特定企业的信息对它来说也是不对称的。因此企业和税收环境就成为一个博弈的两个博弈方。

对企业来说，进行税收筹划需要付出的成本包括货币成本、风险成本和机会成本。货币成本指企业为税收筹划发生的人、财物的耗费，它包括税收筹划方案的设计成本和实施成本两部分；风险成本指税收筹划方案因设计失误或实施不当而造成的筹划目标落空的经济损失以及要承担的相应法律责任；机会成本指采纳该项税收筹划方案而放弃的其他方案的最大收益。对国家来说，完善税收环境需要付出的成本包括税收制定成本、税收征管成本和税收执法成本。

基于成本—效益原则，企业作为博弈的一方，在追求自身利益最大化的驱动下，会积极利用税收优惠政策并以此来安排自己的经济活动；国家作为博弈的另一方，在观察到企业的行为后，会发现税收契约中的缺陷，并通过完善税收契约进行反应。因双方存在着利益冲突，这种博弈过程会一直进行下去。经过一系列的动态博弈之后，国家和企业将分享税收筹划收益。

（三）比较优势理论与税收筹划

英国经济学家大卫·李嘉图在《政治经济学与赋税原理》中提出的比较优

势理论认为，两国间不同商品的比较成本存在差异，比较成本较低的商品是该国的比较优势商品，而比较成本较高的商品是该国的比较劣势商品。在自由贸易条件下，两国都将生产自己的比较优势商品，通过交换双方都将取得比较利益。因此该理论通常被应用于比较两个不同系统的利益。

1. 集团公司利益的税收筹划

运用比较优势理论，集团公司的税收筹划主要表现在集团内各子公司或控股公司的利益比较上，即转移定价所涉及的企业所得税问题。假如我们将企业集团视作一个系统，其成员企业就是子系统，它们之间必然存在着比较利益问题，这种比较可能源自集团对不同利益子系统的比较。但需指出的是，这里的利益不是个别子系统的利益，而是整个系统的利益，是为了达到整个系统利益的最大化。通过不同子系统的利益比较，集团公司自然会发现比较利益差异，系统内的交换因此产生，这种交换多数以价格为媒介，由此可见，企业集团可以通过在不同子公司之间利用价格转移收益以实现整体利益最大化，这就是转让定价的理论渊源。然而，集团内各子公司或控股公司之间的关联交易转移定价必须在税收法律法规规定的范围内进行，适当的情况下可采取预约定价方式规避企业所得税的特别纳税调整。税收筹划只是集团实现利益最大化的一种手段，需要放入集团公司整个经营战略中进行考虑。

2. 跨国公司利益的税收筹划

运用比较优势理论在跨国公司并购及生产经营的税收筹划主要表现在其经济利益和政治利益的比较。境外投资既存在跨国公司生产经营所导致的国际贸易基础即生产技术的相对差别产生的相对成本差别，也存在国与国之间的所得税率、优惠政策及投资所得抵免的差别，每个国家应根据"两利相权取其重，两弊相权取其轻"的原则，集中生产并出口具有"比较优势"的产品，进口具有"比较劣势"的产品，为此，产生了跨国公司对其经济利益和政治利益的比较，如跨国公司对其设在不同国家分支机构经济利益的比较，由此带来投资国的选择、投资企业组织形式的选择以及投资架构的选择等税收筹划问题。

三、基于企业财务管理的税收筹划效应分析

对于国家而言，由于税收筹划由税收政策引发并受其约束，通过企业推陈出新的税收筹划行为，国家可以发现税收法律法规的缺陷；对于企业而言，基于股东财富最大化的驱动力，企业通过税收筹划整合创新财务活动中的投资、筹资和股利决策，从而降低税负实现整体收益最大化。

（一）税收筹划的宏观效应分析

1. 有利于完善税收政策

市场经济下，政府的职责不是干预企业行为，而是通过宏观经济政策引导和调节企业行为。税收的存在导致企业既得利益的损失，企业的逐利性使得其需要对财务活动进行税收筹划，而企业选择哪种纳税方案以及如何实施，取决于企业对税收法律法规的理解和判断。企业往往通过税种的税负弹性、纳税人定义的变通性、税率的差异性等税收弹性政策进行税收筹划。本质上讲，税收筹划行为是企业行为，由于税收制度的相对稳定性、调整的时滞性以及经济环境的变化，国家可通过企业能动地运用税收弹性政策进行的税收筹划，发现税收政策的漏洞及空白，从而适时调整税收政策，使其符合当前经济发展情况。从这个意义上说，税收筹划为国家完善税收政策提供了微观支持。

2. 有助于税收征收管理方式的改变

随着经济全球化发展以及企业边界的扩大，企业财务活动呈现复杂多样化特点，表现为企业资源的信息化管理、企业组织形式的可选择性（总分支机构或控股公司）、企业内部组织交易形式的多样性等。企业或企业集团通过税收筹划可实现税负最小化目标，如企业集团通过内部转移定价和税率差异实现税负由高税率地区向低税率地区转移，总分支机构通过跨区经营成本安排实现总分支机构亏损抵税等。企业或企业集团可通过组织形式的选择实现纳税时间、纳税地点和纳税环节等税收要素的改变。这就要求税务机关对企业集团采用电子化税收征管方式，开发税务应用信息管理系统和数据处理中心，提高对企业信息流的监控；同时，对于企业集团跨区经营的，各地税务机关应就关联交易建立信息和数据共享平台。由此可见，税收筹划将促进税收征收管理。

3. 有利于涵养税源

税收优惠政策，对国家来说，是为实现特定社会经济目标对一部分财政收入的放弃。对企业而言，企业通过运用税收优惠政策增加了可支配收入。企业利用税收优惠政策进行的税收筹划，在形式上，以明确的法律条文为依据，在内容上，符合立法意图和立法精神。企业运用税收优惠政策对基础设施投资和技术进步的税收筹划，有利于国家实现经济增长的目标（经济增长的因素包括资本投入、劳动力供给和技术进步）；企业运用税收优惠政策对资源综合利用、环境保护以及新行业进入的税收筹划，有利于国家实现产业结构的调整。从这个意义上说，企业在法律法规许可的前提下进行的税收筹划实质是国家为实现经济增长和进行产业结构调整而放弃税收利益的特定行为，有利于涵养税源。

（二）税收筹划的微观效应分析

1. 有利于实现股东财富最大化目标

税收筹划的目的是降低税负以获得税收利益。由于企业财务活动中既存在税收因素，也存在非税收因素，因此企业进行税收筹划不应单纯为"降低税负"而"降低税负"。当税收筹划所带来的税收利益最大时，如果企业不能实现股东财富最大化目标，那么企业应该放弃税收筹划获得税收利益最大的筹划方案，而选择能使企业总体利益最大但税负不一定最低的投资决策，以实现税收筹划和财务决策的最终目标——股东财富最大化。这样既考虑了财务管理运作的不确定性，也强调了风险与报酬的均衡。

2. 有助于降低税收筹划风险

税收筹划是经济环境和税收环境的伴生物，由于经济环境的不断变化，因此税收制度的动态性是持续的，正是动态性的税收制度使税收筹划存在固有的风险性。税收筹划风险既有企业对税收政策的理解与判断主观所引发的风险，也有国家不断调整税收法律法规客观导致的风险。企业只要按照税收法律法规规定的税收优惠政策、税率差异等对财务管理中的投资、筹资和股利分配涉税事项进行筹划，密切关注税收法律法规的变化，保持税收筹划方案适度的灵活性，就可降低税收筹划风险。

四、基于企业财务管理的税收筹划环节

企业财务管理的目标是实现股东财富最大化，税收筹划的目标是在法律许可的前提下企业通过降低税负以实现自身整体收益最大化。二者的意图、目标的一致性决定了基于财务管理的税收筹划环节。税收筹划环节指以财务管理中财务活动的本质特征为基础，按照税收筹划目标要求所进行的税收筹划的工作步骤与一般工作程序。

（一）分析税收环境并识别税收筹划要素

在市场经济条件下，企业处于竞争环境之下，在财务活动中，除交易双方外，国家是不请自来的交易第三方，通过税收形式强制参与企业收入分配。经济活动的日趋复杂，征纳双方的博弈，使得税收环境也处于不断的变动中，因而，税收环境是影响企业税收筹划的重要因素之一，也是降低税收筹划风险和税收筹划结果不确定性的前提条件。

税收环境包括税收制度、税收征管、税务代理、税收执法等，影响企业税

收筹划最关键的是税收制度。狭义的税收制度是国家根据税收政策、通过法律程序确定的征税依据和规范，包括税收体系和税制要素两方面的内容。税收体系指税种、种类的构成及其相互关系，即一国设立哪些税种和种类，这些税种和种类各自所处地位如何；税制要素指构成每一种税的纳税义务人、征税对象、税率、纳税环节、纳税期限、违法处理等基本要素。分析税收制度等税收环境，掌握税种间的相互制约关系以及财务活动中具备节税效应的税收政策，识别税收筹划要素，能使企业抓住可利用的税收筹划机会。征纳双方的博弈，使税制处于不断地调整中，因而，对税收环境的分析应贯穿于税收筹划的全过程中。

（二）确定税收筹划方法并设计税收筹划方案

设计税收筹划方案即制订和分析税收筹划可能采取的方案。在这个阶段里，首先应确定税收筹划方法，然后以税收收益为目标，设计出各种可能采取的方案，并分析评价每一个方案的得失和利弊。

税收筹划方法的确定取决于税种和具体的经营活动，企业财务管理筹划的应是企业的资金运动，即投资、筹资和股利分配等活动的涉税事项。国家为引导投资方向、调节产业结构和鼓励投资，不同经济时期，企业所得税法给予企业不同程度的税收优惠；税收优惠政策，对国家来说是为实现特定社会经济目标而放弃征税权，对企业来说其帮助企业减轻税负从而取得税收收益。

1. 减免税额法

减免税额法包括减税和免税。减税是将企业的应纳税额减征一部分，从而减轻企业税收负担；免税则是将企业的应纳税额全部免征，使企业不负担税款。国家为鼓励企业承担越来越多的社会责任，发展循环经济，对基础设施和第一产业投资的给予减免企业所得税的优惠。如企业投资于农、林、牧、渔业项目所得可以免征、减征企业所得税；参与基础设施建设享受"三免三减半"的优惠政策；投资于公共污水处理、公共垃圾处理、沼气综合开发利用、节能减排技术改造、海水淡化等项目所得可享受"三免三减半"的优惠政策。为鼓励企业创新技术，企业符合条件的技术所得不超过500万元的部分，免征企业所得税，超过500万元的部分，减半征收企业所得税。企业选择新行业时，可采用减免税额法进行税收筹划。

2. 税收扣除法

税收扣除法是税法允许企业把某种或某些合乎规定的特殊项目，按一定的比率或全部预先从计税依据或应纳税所得额中扣除，以减轻企业税收负担的方法，包括直接扣除法和费用增加法。直接扣除法允许企业发生的与应税收入配比的成本费用全部扣除，如与主营业务收入配比的主营业务成本全额可扣除，有些费用可部分扣除，如业务招待费每次可按发生额的60%扣除，最多不得超过企业年营业收入的5‰。直接扣除法能缩小企业应纳税所得额的税基，减轻企业的税收负担，但在运用时强调扣除费用应与收入配比。费用增加法允许企业增加费用、多计成本，以缩小企业所得税税基，如企业进行技术创新发生的研究开发费用扣除全额外，还可加扣50%。由此可见，无论是直接扣除法还是费用增加法，均导致企业的应纳税所得额减少，降低了企业的税收负担。

3. 投资抵免法

投资抵免法是企业在计算应纳税额时，可以将某些特殊支出项目，按一定比例抵扣其应纳税额，从而降低企业的税收负担。投资抵免法适用于资本项目投资和股权投资的企业所得税筹划。

4. 亏损弥补法

为解决企业产品生命周期和人为纳税年度的矛盾，降低投资风险，企业所得税法允许企业发生的亏损向以后年度结转，以使企业在一定时期内的总体税负减轻。采用亏损弥补法进行税收筹划，不仅适用于企业纳税年度发生的亏损，也适用于总分支机构跨区经营，总机构与分支机构汇总纳税时总分支机构间的盈亏可以互抵，同时还适用于企业合并。亏损弥补法的使用受结转时间的限制，一般情况下，企业纳税年度发生的亏损向以后年度结转，最多不得超过5年时间。

5. 税率差异法

税率差异法是利用税法给予的税率差异，通过财务活动选择低税率以降低企业税负的方法。如为鼓励微利企业的投资积极性，企业所得税税率可降低5个百分点。税收优惠政策使企业实际纳税的税率可能降为0、10%、12.5%和20%。

6. 税收抵免法

税收抵免法是企业就境外已纳所得税的所得从企业当期应纳税额中抵免的方法，该方法主要为了避免重复征税，以减轻企业的税收负担。采用税收抵免法进行税收筹划，首先，应注意抵免的税款仅为国外实际缴纳的税款，主要在于各国为了实现特定目标或社会发展目标等，会规定各种不同形式和程度的税收优惠，这些税收优惠是企业的法定纳税义务，但又是国家财政上所做的让步，国外税收优惠不属于税收抵免的范畴。其次，税收抵免方法的选用对企业税负的影响是不同的，如企业境外分支机构均有盈利且税率不同的情况下，采取综合限额法比采取分国限额法获得的税收抵免额大。如境外分支机构有盈有亏，采用综合限额法，盈亏相抵后抵免限额下降，在这种情况下，分国限额法比综合限额法对企业有利。

7. 延期纳税法

延期纳税法是企业利用税收使用权申请延期纳税或前期增加税前扣除费用，以获得税收货币资金时间价值的方法。企业延期纳税，相当于国家给企业提供了一笔无息贷款，从本质上看，是企业资产投资成本得到一定税款的补助，如企业因技术进步、产品更新换代较快或常年处于强震动（高腐蚀）状态的固定资产采用加速折旧法，既可减轻企业在早期的税收负担，又可减轻企业资金压力。

8. 居民企业与非居民企业选择法

居民企业应当就其来源于中国境内、境外的所得缴纳企业所得税；非居民企业在中国境内设立机构、场所的，应当就其所设机构、场所取得的来源于中国境内的所得（含发生在境外与其机构、场所有联系的所得）缴纳企业所得税。被购并企业为居民企业的，应独立纳税，购并后被购并企业为分公司的则由总公司汇总纳税。

9. 会计政策选择法

会计政策选择法是企业通过生产经营活动的安排，根据会计准则可选择的会计处理方法，增加前期扣除费用或推迟收入确认以减轻税收负担的方法，如投资性房地产的计价、存货发出的计价、收入的确认、固定资产折旧方法、无形资产摊销方法、资产的期末计价方法等。由于税务利润即应纳税所得额是以税前会计利润为基础调整确定的，选择会计政策的目的是通过调控利润来影响所得税，这有利于增加净现金流量。

10. 税负转嫁法

基于企业财务管理的税负转嫁法指企业通过企业成本、供应商成本和客户成本管理，将税负转嫁给商品购买者或商品供应者，以减少或消除纳税义务。税负转嫁并不影响税收的总体负担，但会使税收负担在企业、供应商、客户及直接负税人间进行分配，对不同的纳税人产生不同的经济影响。

（三）税收筹划方案的决策

一项决策的优劣，是与其他可替代方案相比较而言的。税收筹划方案的抉择，需要周密地考查方案对企业总体收益的直接影响和间接影响，即在考虑降低税收成本、节约现金流量的同时，还需要考虑该方案对产品销售收入引起的现金流入的积极作用或消极作用，以及增加的现金投资成本。

1. 税收筹划决策的价值标准

税收筹划决策的价值标准是评价筹划方案优劣的尺度。企业财务管理目标决定了税收筹划的目标，税收筹划只有在财务管理的总体框架下有效地进行才能充分发挥其作用，财务战略目标是企业战略目标实现的具体化，税收成本是企业战略管理中诸多成本中的一种。可见，决策者在进行税收筹划决策时应以企业战略目标为核心，以全局观念考虑税收因素和非税收因素，选择使企业整体收益最大（即股东财富最大化）的筹划方案，而不是节税效应最大但可能导致企业现金收入减少或成本费用等现金耗费增加的方案。

2. 税收筹划决策方法

企业财务管理主要是现金管理，在现金的循环中，有些财务活动重复出现，如以现金购买原材料，原材料加工成产成品，产成品出售取得现金；有的财务活动不经常发生，如新技术开发、新产品开发、企业重组等。在重复出现的财务活动中，税收的征收具有一定的规律性，涉税事项的税收筹划决策可以根据经验判断选择；对不经常发生的财务活动其涉税事项的税收筹划，由于具有独特性和创新性，只能采用定量分析方法进行方案的确定、评价和选择，如概率分析法、优选对比法等。

（四）税收筹划风险管理

税收筹划在给企业带来税收利益的同时也存在较大的风险。从宏观层面上看，经济的全球化、繁杂的税收政策体系及严格的税收征管体系，使税收筹划具有固有的风险特征；从微观层面上看，企业依法纳税意识的缺失、不知悉或不熟悉税收法律相关政策、曲解税收法律政策，使税收风险存在于企业财务管理的各领域、各环节中。

1. 税收筹划风险的含义

风险一般指对企业的目标产生负面影响的事件发生的可能性。不确定性的范围包括发生与否的不确定性、发生时间的不确定性、发生状况的不确定性以及发生结果的不确定性。由于税收筹划是事前行为，财务活动涉税事项是否发生、发生的状况和结果是否偏离期望值、税收法律政策是否调整等均具有不确定性。因而，税收筹划风险是企业在财务活动涉税事项筹划过程中，税收环境和理财环境不确定性因素的作用，使涉税行为因未能正确有效遵守税收法律规定，而导致企业税收筹划节税效应未能使企业整体利益最大化的可能性，如筹划方案失败、筹划目标落空、声誉损失、偷逃税罪的认定以及由此而发生的各种损失和成本的可能性。

2.税收筹划风险管理

（1）确定税收筹划风险管理目标

税收筹划风险管理目标是在特定的税收环境和理财环境中，通过企业的税收筹划活动所要达到的企业整体收益最大化目标。从根本上讲，税收筹划风险管理目标取决于财务管理目标，即股东财富最大化。

（2）税收筹划风险管理策略

税收筹划筹划的是企业未来的涉税事项的税收成本，税收筹划风险管理本质上属于企业财务管理中的现金流量管理，由企业财务风险管理的策略可知，税收筹划风险管理包括以下几个方面。

①规避风险。规避风险指为避免风险的发生而拒绝某种行为。当税收筹划涉税风险所造成的损失（因税收筹划方案而增加的费用或减少的收入）不能由该筹划方案可能获得的收益予以抵销时，决策者应当放弃该方案，以规避税收筹划涉税风险。

②减少风险。减少风险指企业通过识别税收筹划要素准确设计税收筹划方案、对决策进行多方案优选和替代、及时与税务主管部门沟通获取税收法律政策信息等方法控制风险发生的频率，以降低风险发生的可能性。

③转移风险。转移风险指将税收筹划风险以某种方式进行转移。如采用税务代理筹划等外包形式实现风险转移。

④接受风险。接受风险指企业税收筹划带来的实际税收利益偏离预期税收利益时，企业通过风险自担和风险自保方式承担税收筹划涉税风险。在涉税风险发生时，企业将各种损失和成本直接计入费用，即风险自担；风险自保是为可能发生的税收筹划涉税风险预先提取风险准备金。

（五）税务纠纷的解决

企业与税务机关，从法律地位看双方是平等关系，从管理的角度看双方是管理与被管理关系。由于税务机关是行政管理者，企业是被管理者，其权利与义务不对等，一方面，税法中的程序法、征管法赋予税务机关较大的"自由裁量权",且税收征管过程中"程序法优于实体法",另一方面,税法规定企业必须承担纳税义务。正是税务机关与企业的权利与义务的不对等,使企业处于从属、被动地位,税收筹划方案是否符合税法规定、能否给企业带来节税效应以实现企业整体收益最大化,往往取决于税务机关对税收筹划方法的认定,征纳双方对税收筹划方案实施结果的认定差异,带来了税务纠纷。当税收筹划方案实施过程中发生税务纠纷时,企业应在税法赋予的权利范围内维护自身的利益。

第一,了解税务机关认定的程序。税务机关的认定需要通过税务检查实施,税务机关通过税务检查对企业税收筹划方案实施结果进行认定,包括对实施结果计算的准确性等的认定。税务认定往往需要主管税务机关的税务人员通过对计税依据、税率、纳税期限和减免税的检查,在税法赋予的"自由裁量"权利范围内,依据检查中获得的认定证据进行认定。

第二,税务行政复议。税务行政复议是解决税务纠纷的有效途径,通过行政复议,企业可参与处理税务纠纷。税务行政复议是《中华人民共和国行政复议法》的一个组成部分,具体指纳税人、扣缴义务人等税务当事人或者其他行政相关人员认为税务机关及其工作人员做出的税务具体行为侵犯其合法权益时,依法向上一级税务机关提出复查该税务具体行政行为的申请,由复议机关以该具体行政行为的合法性和适当性做出裁决的制度和活动。企业对主管税务机关做出的征税行为,税收处罚行为,不予依法办理或答复的行为,取消增值税一般纳税人资格的行为,收缴发票、停止发售发票、责令纳税人提供纳税担保或者不依法确认纳税担保有效的行为,不依法给予举报奖励的行为,在税务行政复议规则规定的期限内行使复议权利。

第三,税务行政诉讼。税务行政诉讼指公民、法人和其他组织认为税务机关做出的税务具体行政行为违法或者不当,侵害了其合法权益,依法向人民法院提起行政诉讼,由人民法院进行审理并做出裁决的诉讼制度。其目的是保证人民法院正确、及时地审理税务诉讼案件,保护纳税人、扣缴义务人等税务当事人和其他行政相对人的合法权益,维护、监督税务机关依法行使行政职权。

五、税收筹划与企业财务管理的相关性分析

财务管理作为企业管理的重要组成部分,是对财务活动中现金流量以及利润分配进行的有效资源配置。在财务管理的资源配置中税收是影响企业财务活动的重要因素,税收与财务管理同时渗透到企业的各个业务环节。税收影响企

业财务决策，对企业财务管理目标的实现有重大影响。企业要实现股东财富最大化的财务管理目标，就有必要进行税收筹划。

（一）税收筹划与企业财务管理目标的共同性

财务管理的目标取决于企业的总体目标，在"生存、发展和获利"以及企业对社会责任（改善职工收入、改善劳动条件、减少污染、提高产品质量）履行的企业总体目标要求下，基于公司契约论和企业生存及长期稳定发展，财务管理最合理的目标应是股东财富最大化，该目标强调企业价值增值中满足以股东为首的各利益群体（含股东、债权人、国家和社区）的利益。

税收筹划是企业在法律许可的前提下，通过对企业融、投资等活动的事前筹划，使自身获得税收利益，以实现企业价值最大化的理财活动。在现行税收体系中，除增值税外，其余税种的支出从利润的构成关系看均导致股东财富的减少，形成"税收成本"，因而税收筹划是一种理财活动，应围绕企业的财务管理目标进行。由于企业经营、投资和理财活动是多方面的，按照税法的优惠政策等相关法律法规，在针对某项理财活动有两种或两种以上的纳税方案时，企业可能存在税收筹划，其目的是获取节税利益，因而，税收筹划也是一种策划活动，属于财务管理的范畴，贯穿于企业财务管理活动的全过程，其方案的设计、选择与实施都是围绕财务管理目标进行的。

（二）税收筹划与企业财务管理对象的同一性

按照企业财务管理观点，企业的价值在于其产生现金流量的能力。生产经营活动中，企业在金融市场上通过债务资本和权益资本取得现金，将现金投资于资本项目、净营运资本和金融资产创造现金。创造的现金首先用来支付债权人的利息和本金，股东以现金股利的方式得到投资回报，当创造的现金用于上述支付后形成增量现金流量时，企业的价值增加了。由于税收的存在，企业投资的资产在创造现金过程中需要向国家缴纳流转税、企业所得税等，支付税金导致增量现金流量减少，因而，税收影响企业现金流量，进而影响企业的价值。资本项目的折旧和债务资本利息的减税效应以及国家给予某些项目的税收优惠政策可使企业上缴的税金减少。由此可见，税收筹划是创造企业价值、增加增量现金流量的重要因素之一，属于财务管理对象——现金流量管理的内容之一。此外，企业的应纳税金不像对资金成本的支付，如债务的利息支付和对股东投资资本的股息或红利的分派那样具有较大的弹性，它对企业的现金流量表现出一种"刚性"约束。企业编制现金预算时，必须考虑税金对企业现金流量的影响，以保证企业资金的正常流转。

（三）税收筹划与企业财务管理内容的关联性

实现股东财富最大化的途径是提高资产投资报酬率和减少风险，而企业投资报酬率的高低和风险大小又决定于投资项目、资本结构和股利政策，因而，投资决策、筹资决策和股利决策构成了财务管理的主要内容，而企业在融、投资以及股利决策过程中，既要考虑非税收因素，同时也需要考虑税收因素，即税与非税的权衡。

一是纳税方案的可选择性。由于税法具有多样性、规范性特征，企业在投资决策、融资决策和股利决策过程中，在税法规范的前提下，往往存在多种纳税方案的选择，不同的纳税方案，企业的税收负担往往不同。在投资决策中，企业投资的行业、购置的设备、金融资产投资品种的不同，决定了企业是否能获得所得税的优惠政策，营运资金的运用情况决定了企业能否获得流转税金的节税利益，折旧政策的选择决定了企业能否获得所得税的节税利益。在筹资决策中，不同的筹资方式其资金成本可否税前列支，会影响企业的资本结构。在股利决策中，个人所得税和企业所得税对股利分配政策的选择有重大影响。

二是税收利益的目的性。税收利益的目的性主要指企业在决策过程中具有很强的降低税负、取得节税利益的动机。投资决策中，为获得较高的投资报酬率和减少风险，企业往往会利用税法的优惠政策，如选择具有税收优惠政策的项目和资产（政府债券、节能节水设备、环保设备等）进行投资，在现行税法许可的前提下进行技术改造和选择加速折旧方法等。筹资决策中，在满足加权平均资金成本最小和股东财富最大化的前提下，企业会增加债务筹资方式。股利决策中，在考虑法律对累积盈余的制约和税收的前提下，企业可选择股票股利、职工期权、财产股利和债务股利等形式。

由此可见，税收筹划贯穿于企业财务管理活动的各个环节，融于财务管理各项内容之中。

（四）税收筹划与企业财务管理职能的统一性

财务管理的职能包括财务计划、财务决策和财务控制，税收筹划是事前的计划。

首先，税收筹划是财务决策的重要组成部分，从财务决策系统要素（决策者、决策对象、信息、决策理论和方法、决策结果）看，税收筹划本质上就是决策者收集税收信息，利用决策理论和方法，针对税收对决策对象的影响，形成决策结果的过程（财务管理中企业的纳税行为）。

其次，税收筹划的实质是对企业财务进行的计划。由于税收是一个相互制约的体系，在编制财务预算时应考虑销售预算和材料采购预算中流转税（增值税和消费税）的现金流出、预算期间生产经营所得应纳的企业所得税的现金流出以及资本预算筹资费用和折旧对企业所得税的抵税作用。企业通过编制财务预算落实既定决策，财务计划对税收筹划起指导和制约作用，而税收筹划作为财务计划的组成部分，要为财务目标的实现服务，不能仅仅着眼于税负上的考虑，更重要的是着眼于企业整体利益。

再次，税收筹划的落实离不开财务控制。在既定筹划方案的实施过程中，企业应对税收成本进行控制，同时要建立一定的税收筹划风险控制组织体系，以保证筹划目标的实现，其中财务控制是保证税收筹划方案顺利进行的有效措施。

（五）税收筹划与企业财务管理原则的一致性

1. 税收筹划行为是自利原则的重要组成部分

在"经济人"假设下，企业财务管理的自利原则指人们在进行决策时按照自己的财务利益性行事，在其他条件相同的情况下人们会选择对自己经济利益最大的行动，即人们对每一项交易都会衡量其代价和利益，并且会选择对自己最有利的方案来行动。而税收筹划中的涉税行为，体现了企业在不违法的前提下所做出的纳税方案的选择，也是出于追求经济利益最大化的行为。因此，税收筹划是企业在税收环境下所做出的理性取向，是财务管理自利原则的重要组成部分。

2. 税收筹划与双方交易原则均具有"非零和博弈"特征

企业财务管理的双方交易原则指每一项交易都存在至少两方，在一方根据自己的经济利益决策时，另一方也会按照自己的经济利益进行决策。在任何一项交易中，国家均要从中收取税金，减少税收，交易双方均可享受税收利益。由于博弈的存在，政府对交易征什么税、征多少税、如何征税，不仅取决于政府的选择，也取决于纳税人对税收政策的选择。因而，税收筹划的本质就是寻求减少或降低税收的办法，税收筹划以及筹划形成的结果虽然可使交易双方获得税收利益，但是会使其他纳税人承担更大的税收负担。税收的存在，使得一些交易表现为"非零和博弈"。

3.税收筹划与创造价值原则具有同一目的性

企业财务管理有关创造价值的原则是基于企业的竞争优势和选择最适合的产品生产以增加股东财富，如企业可通过直接投资项目的创意使企业生产的产品、营销渠道等有别于其他企业，还可通过合并或收购取得生产经营的优势互补。因此，创造价值原则使得财务活动目的明确。而税收筹划是企业在现行税法许可的前提下，为减少税收负担、降低税收成本而进行的活动，其目的与创造价值原则相同。

4.税收筹划具有货币资金时间价值的特征

企业财务管理的货币资金时间价值原则指在进行财务计量时要考虑货币资金的时间价值因素，表现在财务活动安排上就是"早收晚付"。税收筹划获得的税收利益主要通过选择税收优惠政策以及延期纳税实现。延期纳税是在税法允许的范围内推延纳税时间，符合财务管理货币资金时间价值原则的"早收晚付"特征。虽然纳税时间的推延不会减少纳税的总体税负，但企业可获隐性现金流入，本质上相当于国家为企业提供了一笔免费资金，考虑货币资金时间价值，则延期纳税增加了股东财富。

第二节 矿业企业涉税现状及税收筹划问题

一、矿业企业税收筹划战略目标

税收筹划战略目标，通俗来讲就是企业进行筹划工作所要达到的既定目标，它是筹划工作的起点和方向指南，也是筹划理论体系建立与方案实施的基础。企业税收筹划最初定位于节税筹划，而随着企业业务量和复杂程度的不断增加，单一的节税筹划显得顾此失彼，某些筹划方案可以减少企业纳税成本，但未考虑实施过程中所造成的其他成本的增加，这无疑损害了企业整体经济利益。矿业企业是我国的能源支柱企业，在国民经济发展中有着特殊的经济地位，也是我国重点税源。如图4-1所示，矿业企业税收筹划的目标体系可分为基本目标、最终目标和具体目标，这样区分能够避免因目标偏航而造成经济损失。此后，矿业企业将目标再进一步细化便形成了日常工作中的行动指南。

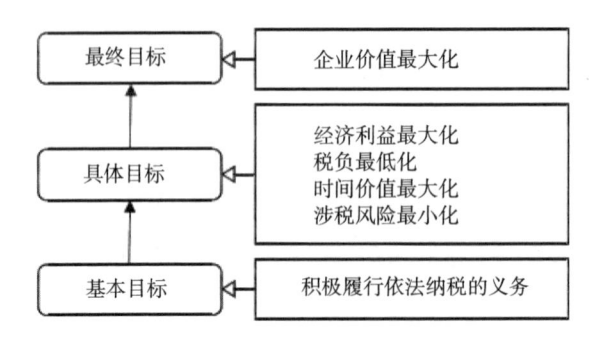

```
最终目标 ← 企业价值最大化

具体目标 ← 经济利益最大化
           税负最低化
           时间价值最大化
           涉税风险最小化

基本目标 ← 积极履行依法纳税的义务
```

图 4-1　矿业企业税收筹划的目标体系

有专家学者认为将企业价值最大化作为企业税收筹划的整体目标，无疑迎合了管理者的意愿，但忽视了作为纳税人应履行的公民基本义务——依法合规纳税。矿业企业所肩负的社会责任要求其做到依法纳税。万丈高楼能够平地起，其决定性因素就是坚固的地基基础。将合法合规纳税确立为企业筹划的基本目标，不仅体现了纳税人的最基本的权利义务观，也体现了法治社会正日益走向成熟。由于税收政策不断更新和调整，企业业务性质不断复杂化，因此企业应掌握税收政策，将税收筹划置于法律法规和企业管理框架体系内，降低纳税成本，实现涉税风险最小化。

降低企业税负并不意味着企业综合价值的提升，企业要实现企业价值最大化，在降低税负的同时应关注企业涉税风险和资金的时间价值。

1. 涉税风险最小化

企业在征管体系中是被管理方，要遵守管理方制定的政策，若有违规行为将面临补缴税款、加征滞纳金和税收罚款的风险，更有甚者要追究其刑事责任，这样会造成企业声誉和经济损失。企业进行税收筹划就是利用税法明确规定的优惠政策降低企业的纳税成本。企业只有在低风险的环境下实施税收筹划，才更具有现实意义。

2. 时间价值最大化

企业计算申报应纳税额到划转缴纳税额是有一定期限的，而且有的税种缴纳期限较长。这段时间企业相当于向国家借了一笔无息款项，这笔无息借款将为企业带来一定的货币时间价值。对企业而言，长期存在的货币时间价值就是企业的一笔财富。

3. 税负最低化

将一部分税款以合法合规手段留存企业，可使企业获得更多的投资、运营等扩大再生产的机会,这对企业的健康成长具有重要作用。税负最低化就是企业利用税收优惠政策,在实际业务中深挖税收筹划点,或者创造税收筹划条件,从而使企业承担的税负最轻。

4. 经济利益最大化

税收筹划是财务管理手段的一种,在设定筹划目标时应与财务目标管理体系保持一致。经济利益最大化就是要做到企业总收益与总成本的差值最大化。企业应充分利用税收优惠政策,抓紧时间发展,创造价值。

矿业企业税收筹划目标体系,克服了以往的税收筹划目标体系的局限性,既有根基又有高度,还有鲜明的层次性,突出了矿业企业税收筹划的方向和现实指导作用。

二、矿业企业涉税政策

(一)增值税税收政策

增值税是我国现行税制中的主体税种,对我国矿业企业来说,增值税的征收深刻地影响着这些企业的运营管理水平。如图 4-2 所示,增值税体现在矿业企业业务流转的各个环节中。

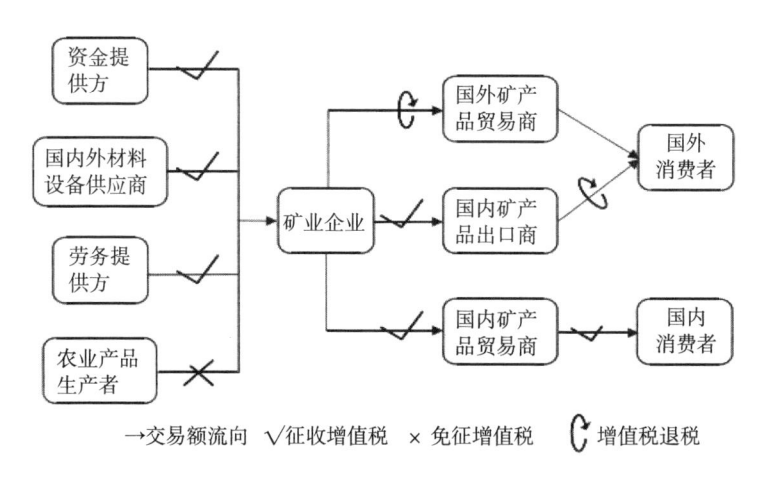

图 4-2 矿业企业增值税课税环节模型

1. 矿业企业增值税税率

1994 年 5 月起,出于税制改革不增加企业负担的改革思想,采掘业的赋税税率被下调,从 17% 被调整为 13%,由于矿业企业征收的税种中有很大比例为采掘业的,这使得矿业企业的税率大大降低,对采掘业的稳定和发展起到了一定的积极作用。另外,2009 年增值税转型改革使得固定资产购置所涉及的增值税可以作为进项税进行抵扣，矿业行业产品的增值税税率又重新恢复到 17%。2016 年全面营改增后，政府继续坚持降低税负、让利于民的思想方针。

2. 进项税抵扣政策

截止 2008 年底，由于增值税抵扣要求中不包含购置固定资产的增值税，矿产行业与其他行业一样，外购设备所含增值税不允许作为进项税额抵扣。2009 年，企业购买机械设备所产生的税额允许作为进项税进行抵扣。但因管理不善造成的货物损失等不得抵扣进项税。

2016 年 5 月全面营改增后，增值税制度进一步完善，抵扣链条得以完整，采掘企业购进的用于生产的机器设备、建筑物、建筑服务等支出，开具了相关可抵扣票据的，可以抵扣，如此便大大减轻了企业的税负。

（二）资源税税收政策

针对开采企业征收资源税，是规范资源开采模式、保护自然环境和可持续发展的一项基本国策。从税收筹划的角度来讲，销售额中不包括从坑口到车站、码头或指定位置的运输费用，适用减免征收资源税等税收优惠政策。

（三）房产税税收政策

如图 4-3 所示，房产税的课税对象包括自用经营和出租经营的房产。对于自用经营房产，按照房屋原值一次性减除 10% 至 30% 后的房屋余值进行征税，税率为 1.2%，房产原值应包括与房屋不可分割的各种附属设备或一般不单独计算价值的配套设施。在确定计税余值时，房产原值的具体减除比例，由省（自治区、直辖市）人民政府在税法规定的减除幅度内自行确定。

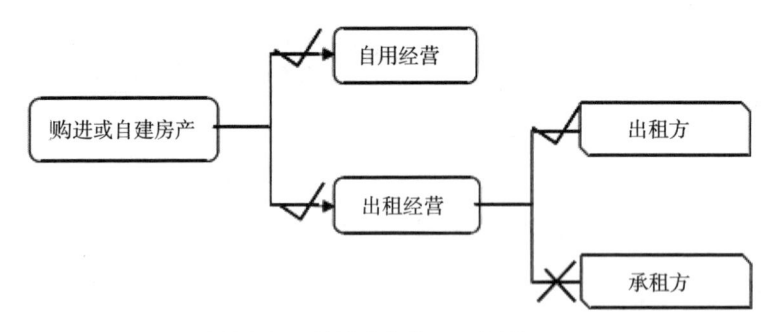

→交易方向　√征收房产税　× 不征税

图 4-3　房产税课税模型

（四）企业所得税税收政策

企业所得税是应纳税所得额乘以适用税率计算得出的应纳税额。应纳税所得额的计算主要有两种途径：一是直接法，应纳税所得额就是企业每一个纳税年度内收入总额，减除不征税收入、免税收入、各项扣除，以及允许弥补以前年度亏损后的余额；二是间接法，应纳税所得额就是企业每一个纳税年度内计算的会计利润总额按照税法规定进行调整后的金额。实践中，第二种方法被广泛应用，如图4-4所示，矿业企业的收入主要是销售各种矿产品，以及提供服务的收入。

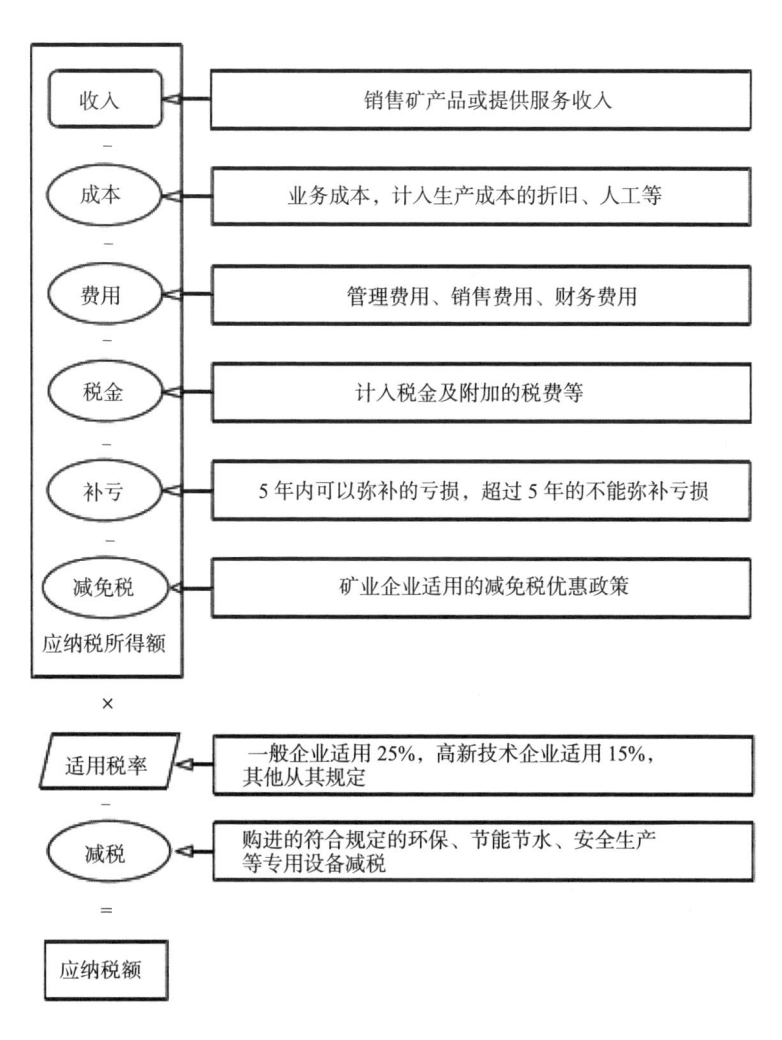

图 4-4 矿业企业所得税计算模型

1.扣除项目的一般规定

税前扣除主要分为三类，一是按照实际发生额扣除，如企业实际发生的工资薪金、汇兑损失等；二是按照限定比例扣除，如职工福利费、工会经费、职工教育费、业务招待费、广告宣传费、公益性捐赠等；三是按照限定手续扣除环境保护专项资金、资产损失等。不得税前扣除的项目包括企业所得税税款、税收滞纳金、行政机关的罚金、赞助支出、未经核定的准备金支出等。

2.亏损弥补

矿业企业发生的亏损，可以用下一年度的税前所得弥补，不足弥补的，可以逐年延续弥补，年限不超过 5 年。企业汇总计算企业所得税的，境外的营业亏损不得抵减境内营业机构的盈利。

3.企业重组的特殊税务处理

企业重组的特殊税务处理，强调计税基础的税收责任。对于符合"一个目的（合理的商业目的）""两个比例（50%、80%）""两个持续（12 个月）"的特定条件的，将其对价的股权支出部分和非股权支出部分分别进行处理，其中股权支出部分可以免予确认所得或损失，但非股权支出部分应确认所得或损失。

三、矿业企业税收筹划现状及问题分析

（一）矿业企业税收筹划现状

税收筹划作为一项有效的财务管理手段，越来越受到企业高层领导的重视，有的企业将税收筹划作为一项长期的工作来抓，主要表现为企业成立税收筹划领导小组，聘请专业的外部机构指导税收筹划工作，剥离出一部分财务人员专门研究最近的税收政策。矿业企业基本做到了依法纳税和合理筹划，在税收争议上也能正确运用税收法律、法规维护企业的合法权益。但对于用足税收政策，充分做好税收筹划，矿业企业仍需要做出更大的努力，尤其是在税收筹划风险的把控上还没有完善的预警方案。目前，矿业企业正逐步以筹划带动税务管理，鼓励各分、子公司主动暴露问题，并制定有效的方案来解决问题。

（二）矿业企业税收筹划存在的问题

1.税收筹划组织架构设置缺乏实用性

矿业企业纳税业务一般由集团总部负责。税收筹划部门的组织结构简单，

职责不够明确，考核机制欠缺，奖惩制度几乎为零。这样就出现下属单位对税收筹划不重视的现象，他们抱有事不关己的态度，使得税收筹划在全集团内很难真正展开。

2. 历史遗留问题阻碍了税收筹划的有效实施

由于矿业企业存续时间长，而税改政策较晚，矿业企业有很多历史问题在新的税收政策下存在较大的税务风险。税收筹划要想达到最终目标，就要实现依法纳税的基本目标，一些企业在解决历史问题上犹豫不决，对涉税风险问题束手无策，导致税收筹划工作很难向前推进。

3. 缺乏高水平的税收筹划人员

税收筹划工作是一项综合性较高的工作，要求筹划人员具有扎实的基础，筹划人员要及时了解和准确把握最新的税收政策，制定行之有效的方案，这在一定程度要求其掌握有关国家法律法规、税收政策、财务知识、行业特色，以及具有丰富的从业经验。由于矿业企业的特殊性，筹划人员往往在具体制定方案的过程中顾此失彼，方案落实上缺乏可行性，最终导致筹划的失败。因此，具有较高的专业素质和有效的沟通能力是筹划得以成功的重要保障。

第三节 矿业企业税收筹划技术

一、税基式筹划

（一）税基式筹划的概念和基本策略

1. 税基式筹划的概念

税基式筹划指纳税人通过缩小税基的方式来减轻税收负担。由于税基是计税的依据，在适用税率一定的条件下，税额的大小与税基的大小成正比，税基越小，纳税人负有的纳税义务越轻。例如，企业所得税计算公式为"应纳所得税额＝应纳税所得额×所得税率"，"应纳税所得额"是税基，在所得税率一定的情况下，"应纳所得税额"随"应纳税所得额"这一税基的减少而减少。税基是决定纳税人税负高低的主要因素，同时，不同税种对税基的规定也存在很大差异，所以对税基进行筹划，可以实现税后利益的最大化。对税基进行筹划既可以通过税基的最小化减轻企业的税负，也可以通过对税基的实现时间进行安排，在递延纳税、适用税率、减免税等方面获取税收利益。

2. 税基式筹划的基本策略

（1）税基递延实现

在一般情况下企业可递延纳税，等于企业取得了资金的货币时间价值，取得了无息贷款，节约了融资成本。在通货膨胀的情况下，税基递延实现等于降低了实际应纳税额。在适用累进税率的情况下，税基递延实现有时可以防止税率的爬升。

（2）税基均衡实现

税基均衡实现就是税基总量不变，税基在各纳税期之间均衡实现。在有免征额或税前扣除定额（主要是个人所得税的免征额和各地依据税法确定的扣除定额），且收入较少的情况下，税基均衡实现可实现免征额或者税前扣除的最大化。在有起征点且收入较少的情况下，税基均衡实现有时可以实现起征点的最大化。在适用累进税率的情况下，税基均衡实现可实现边际税率的最小化。

（3）税基即期实现

税基即期实现就是税基总量不变，税基合法提前实现。在减免税期间，税基即期实现可以实现减免税的最大化。但是，与税基递延实现和均衡实现相比较，税基即期实现有时会造成税收利益的减少。

（4）税基最小化

税基最小化就是税基总量合法减少，这样可减少纳税或者避免多纳税。税基最小化是所得税、营业税筹划常用的方法。

（二）税基式筹划的几种基本方法

1. 收入筹划

（1）收入筹划方法

销售收入是企业利润表中的重要项目，它不但影响企业利润的形成，进而影响企业所得税的计算与缴纳，而且是计算确定企业增值税、营业税等税额的关键因素。

①企业销售方式选择的税收筹划。企业在经营过程中，采用的销售方式是多种多样的。在这些不同的销售方式下，销售者取得的销售额的大小和时间是不同的，承担的税负也有较大的差异。因此，企业可以通过税收筹划，采用合理合法的手段降低企业当期销售额，减少应纳税额。

②企业结算方式选择的税收筹划。企业销售货物有多种结算方式，不同的结算方式其收入的确认时间有不同的标准。如《中华人民共和国增值税暂行条

例》规定：企业采用现销方式，收到货款或是取得索取货款的凭据的当天确认销售收入；企业采用托收承付或是委托收款方式，发出货物并办妥托收手续的当天确认销售收入；企业采用赊销和分期收款方式销售货物，按合同约定的收款日期的当天确认销售收入。因此，企业可根据企业产品销售策略选择适当的销售收入确认方式，尽量推迟确认销售收入时间，从而推延纳税义务发生时间。企业通过销售结算方式的选择，控制收入确认的时间，达到减税或延缓纳税的目的。

③收入确认时间的控制与选择。企业的生产经营活动与收入的取得密切相关，企业可通过各种方法控制收入实现的条件，选择收入实现的时间。因此，在进行税收筹划时，企业应特别注意临近年终所发生的销售业务收入确认时间的筹划。企业可推迟销售收入的确认时间。例如，直接收款销货时，企业可通过推迟收款时间或推迟提货单的交付时间，把收入确认时间延至次年，获得延迟纳税的税收利益。

在实际操作中企业一般可以通过以下方式控制或选择收入确认时间：一是企业通过业务控制，合理规划业务流程和业务规模，合理安排业务活动；二是企业通过合同控制，合理规划业务活动的发生时间和资金的收支；三是收入条件的控制，对于满足条件的收入及时入账，对于不满足条件的收入自然不能入账。

④工程合同收入、劳务收入计算方法的选择。长期合同工程的收益计算可采用完工百分比法和完成合同法。考虑税收因素的影响，采用完成合同法为佳，因为完成合同法在工程全部完工年度才报缴所得税，故可获得延缓纳税之利益。完成合同法可反映实际成本、费用和毛利，若采用完工百分比法，则易出现前盈后亏的现象。如果企业每年均无亏损，则企业宜采用完成合同法，因采用该方法企业可获得延缓纳税及合并计算费用限额的利益。企业若有前五年待弥补亏损，且开工前就已存在，则以采用完工百分比法为佳。

至于完工百分比法中涉及的完工进度，根据企业会计制度和会计准则的规定，也有不同的确认方法：可以根据技术测定，可以按照费用投入情况确认，还可以根据收入的实现情况确认。总之，控制和确认完工进度，也就给合理确认收入提供了弹性空间。

（2）收入筹划具体情况分析

①企业赊销方式筹划。由于市场竞争的加剧，越来越多的企业为了在竞争中求发展，提高产品的市场占有率，通常采用产品赊销策略，并且在企业发出货物时即开出销货发票做销售入账。这样使得企业应收账款数额增多，为客户

垫付了大量资金，负担了大笔的管理费用、坏账损失和机会成本，而且提前缴纳了大量的税款。

在企业为促销而采用产品赊销政策时，为避免上述损失发生，最直接的办法是赊销产品时不开具销售发票，收到货款时再开具销售发票并确认收入。但这样做，一则客户因不能取得扣税凭证而可能影响客户的采购积极性，造成产品市场占有率的下降；二则也影响企业的收入，因为销售收入和规模也是衡量一个企业市场竞争力的重要因素。因此，企业必须在扩大收入与税务负担之间寻求平衡，权衡利弊而决策。

②商业折扣税收筹划。折扣销售指销售方在销售货物或应税劳务时，由于购货数量较大等原因，而给予购货方一定的价格优惠。如购买10件该产品，价格优惠10%，购买200件该产品，价格优惠20%等。

在这里需要说明的是折扣销售不同于销售折扣。销售折扣指销货方在销售货物或应税劳务后，为了鼓励购货方及早偿还货款，而协议许诺给购货方的一种折扣优惠（如在10天内付款，货款优惠2%；20天内付款，贷款优惠1%；30天内全价付款）。销售折扣发生在销货之后，是一种融资性质的理财方法，因此，销售折扣额不得从销售额中减除。

2. 成本费用筹划

（1）存货计价方法的选择

这里的存货指企业在生产经营过程中为销售或者耗用而储存的各种资产，如商品、产成品、半成品、在产品以及各类材料、燃料、包装物、低值易耗品等。存货是资产负债表中的重要项目，也是利润表中用来确定主营业务成本的一项重要内容。

由公式"销货成本＝期初存货＋本期存货－期末存货"可知，期末存货的大小，恰好与销货成本高低成反向变化。换言之，本期期末存货的多计，必然会降低本期销货成本，增大本期收益。此外，本期期末存货的多计，又会增加下期期初存货成本，从而使下期的销货成本提高，降低下一期的收益。由于存货计价对企业的收益和应税所得额均有直接影响，会计制度规定的存货计价方法又有多种，不同的计价方法对企业利润和纳税多少的影响是不一样的，因而企业在选择存货计价方法时，可选择使其税负较轻的一种方法。

对企业来说，其可选用的存货计价主要有先进先出法、个别认定法、后进先出法、加权平均法、移动加权平均法等不同方法。在价格平稳或者价格波动不大时，这几种计算方法对成本影响基本相同。若存在通货膨胀，价格水平总是处于不断上扬时,企业应尽早补充材料耗费,推延所得税的交纳时间。通常企业选择的存货计价方法为先进先出法、后进先出法、加权平均法。采用先进先出法计算存货成本,其发出存货成本是前期购进存货的价格,在通货膨胀率高、存货储备时间较长的情况下,这部分资金已无法再购到等量的相同存货。这会造成企业成本补偿不足、利润虚增。而采用后进先出法计算存货成本,其期末存货价格接近于期初存货价格,发出存货成本符合市场价格,销售产品成本提高,应纳所得税减少,能较好抵减通货膨胀带来的损失。加权平均法由于以平均价计算成本,故所得税税款介于前两种方法之间。

不同的存货计价方法对企业纳税的影响是不同的。存货计价方法的选择既是财务管理的重要步骤,也是税收筹划的重要内容。一般采取何种方法为佳,则应具体情况具体分析。

①当物价有上涨趋势时,采用后进先出法计算出的期末存货价值最低,销售成本最高,可将利润递延至次年,以延缓纳税;当物价呈下降趋势时,则采用先进先出法计算出的期末存货价值最低,同样可达到延缓纳税的目的。

②若企业处于所得税的免税期,企业获得的利润越多,其得到的免税额就越多,这样,企业就可以选择先进先出法计算期末存货价值,以减少当期成本费用的摊入,扩大当期利润。相反,若企业处于征税期或高税负期,企业就可以选择后进先出法,将当期的摊入成本尽量扩大,以达到减少当期利润、降低应纳所得税额的目的。

③存货计价方法是企业内部核算的具体方法,企业可以通过市场价格水平变动来达到降低税负的目的。由于商品的市场价格总是处于动态变化之中的,政府对商品市场价格的控制也总是有一定的限度的,这就为企业利用价格变动使自己得到最大利益创造了条件。

采用存货计价方法应当考虑和注意以下问题。

①应当考虑价格变动因素。在预测购进货物价格下降的情况下,企业应当采用先进先出法;在预测价格上升的情况下,企业应当采用后进先出法;在预测价格较稳定或者难以预测价格变化的情况下,企业应当采用加权平均法;在价格变化不定且单位价格较大的情况下,企业应当采用个别计价法。

②企业应当注意存货计价方法变动的法定程序。

③享受定期减免所得税的企业,正确选择存货计价的核算方法,将高额的利润保留在免税年度,也同样能起到降低税负的作用。

(2)折旧方法的选择

折旧是固定资产在使用过程中,由于逐渐损耗(包括有形损耗和无形损耗)

而转移到产品成本或商品流通费中的那部分价值。折旧的核算是一个成本分摊的过程，即将固定资产取得成本按合理而系统的方式，在它的估计有效使用期内进行摊配。这不仅是为了收回投资，使企业有能力在将来重置固定资产，也是为了把资产的成本分配于各个收益期，实现会计期间收入与费用的合理配比。

由于折旧要计入产品成本，直接关系到企业当期成本的大小、利润的高低和应纳所得税的多少，因此折旧方法的选择、折旧的计算就成为十分重要的问题。在计算折旧时，主要考虑以下几个因素：固定资产原值 C、固定资产残值 S、固定资产清理费用 F 和固定资产折旧年限 N。固定资产的折旧方法有以下三种。

①直线折旧法：年折旧额 $=(C+F-S)/N$。

②年数总和法：年折旧率 $=2(N-K)/N(N+1)$（K 为已使用年限），

年折旧额 $=(C+F-S)R$。

③双倍余额递减法：年折旧率 $=2/N$，

年折旧额 $=2C/N$。

对于固定资产筹划，可以从折旧年限和折旧方法角度进行税务筹划。

固定资产折旧是根据固定资产原值、预计净残值、预计使用年限或预计工作量，采用直线法或工作量（或产量）法计算出来的。对于固定资产折旧，税法规定按财务制度的规定执行。而企业财务制度虽然对固定资产折旧年限做出了分类规定，但仍有一定的弹性。由于折旧年限本身就是一个预计的经验值，因此折旧年限容纳了很多人为的成分，这为税务筹划提供了可能性。

缩短折旧年限有利于加速成本收回，可以使后期成本费用前移，从而使前期会计利润后移。由于资金存在时间价值，前期增加折旧额，税款推迟到后期缴纳。在税率稳定的情况下，所得税的递延缴纳，相当于企业向国家借取了一笔无息贷款。

税法赋予企业固定资产折旧方法的选择权，但选择加速折旧法须经批准，并且选择之后不能任意变更。由于固定资产折旧方法的选用直接影响企业成本、费用的计算，因此，企业对固定资产折旧方法的选用，应当科学合理。

不同的折旧方法使得固定资产在使用年限内，计入各会计期或纳税期的折旧额会有差异，进而会影响各期营业成本和利润。这一差异为税务筹划提供了可能。

对于固定资产折旧方法，到底采用哪种方法更符合企业利益，要视企业的具体情况而定。在比例税率下，如果各年度的所得税率不变或有下降趋势，以采用加速折旧法为优。这样，把前期利润推延至后期，延缓了纳税时间。在比例税率下，如果各年度的所得税率有上升趋势，以直线折旧法为优。因为加速折旧法延缓纳税的利益与税率高低成正比,在未来所得税率愈来愈高时,以后纳税年度的税负增加往往大于延缓纳税的利益,这样直线折旧法比加速折旧法更有利。在比例税率下,如果企业从获利年度起就享有一定的减免税期,则企业应尽量把利润集中在减免税期,推迟确认费用。为了避免错过减免税的优惠期,企业应选择采用直线折旧法。在超额累进税率下,直线折旧法优于加速折旧法。直线折旧法可使企业每年的费用大致相等,利润比较均衡,可避免利润的过大波动导致适用较高的税率,引起税款的过多支付。为了推迟企业获利年度,企业采取缩短折旧年限或不留固定资产残值的方法,提高折旧率,加速折旧,达到推迟纳税的目的。

（3）费用的分摊与列支

企业通过对成本各项内容的计算、组合,使其达到一个最佳成本值,以实现最大限度地抵消利润少缴税。企业进行费用的分摊与列支,并非任意夸大成本、乱摊费用,而是在税法允许的范围内,运用费用计算程序和核算方法等合法手段进行的筹划活动。

①费用分摊法。利用费用分摊法来影响企业纳税水平,涉及两方面的问题:一是如何实现费用支付最小化,二是如何实现费用摊入成本最大化。

企业通常有多项费用开支项目,每个项目都有其规定的开支标准和限额,如劳务费用标准、管理费用定额、损耗标准、各种补贴标准等。企业在正常生产经营活动过程中,选择最小的费用支付额,即实现生产经营效益与费用支付的最佳组合,是运用费用分摊法的基础。

②费用列支法。企业应在税法允许的范围内,充分列支费用、预计可能发生的损失,这样才能缩小税基,减少所得税。首先,要使企业所发生的费用全部得到补偿。国家允许企业列支的费用,可使企业合理减少利润,企业应将这些费用列足,如按规定提足折旧等。其次,要充分预计可能发生的损失和费用。对于一些可预计的损失和费用,企业应以预提的方法将其提前计入费用。例如,对于可能发生坏账,提取坏账准备金,对于发生概率较大的诉讼支出、售后服务费用等有支出合理预提。再次,已发生的费用及时核销入账。如存货的盘亏及毁损应及时查明原因,属于正常损耗的及时列入费用。适当缩短以后年度需分摊列支的费用的摊销期。例如,低值易耗品、待摊费用等的摊销应选择最短年限,递延纳税。对于限额列支的费用,如业务招待费及公益、救济性捐赠等,应准确掌握其允许列支的限额,争取在限额以内的部分充分列支。最后,对于税法有列支限额的费用尽量不要超过限额。对超过的部分,税法不允许在税前扣除,其要并入利润纳税。

对于纳税人来说，实现费用合理列支应注意以下几个方面。一是注意取得合法凭证。凭证的取得要符合税法规定，这是企业正确筹划纳税的基本前提。一般在现实中常犯的错误：取得虚假发票；取得非交易对象发票；未依时限取得发票。二是合法报告备案。税法规定部分费用及损失应事先完成报备手续，否则不予以认定或按原规定方法确认。三是延后列报费用。税法规定部分费用及损失有限额规定，超过部分将不予以认定。因此企业财务人员在进行纳税申报时应注意各项费用及损失是否超过了限额，如果超过限额则可以考虑延至下期列支。

③坏账损失筹划。税法规定，纳税人按规定提取的坏账准备金和商品削价准备金，准予在计算应纳税所得额时扣除。不建立坏账准备金的纳税人，发生的坏账损失，经主管税务机关核定后，按当期实际发生数扣除。坏账损失的财务处理方法，主要有直接注销法和备抵法。

④销售活动中预估折扣率筹划。折扣销售一般分为商业折扣和现金折扣两种。所谓商业折扣，也叫"价格折扣"。它是销售方销售货物或应税劳务时，因购货数量较大而给予购买方的一种价格优惠；现金折扣是销售单位采用赊销的方式销售货物或应税劳务后，为了及时收回货款而给予购货方的一种折扣的办法。一般而言，目前企业广泛采用的销售折扣方式多为商业折扣。

3. 盈亏抵补筹划

（1）盈亏抵补筹划方法

税法规定，企业发生的年度亏损，可以用下一年度的税前利润弥补；弥补不足的，可以在五年内用所得税前利润延续弥补；仍不够弥补的亏损，可以逐年延续弥补，但是延续弥补期最长不超过五年。这一规定适用于不同经济成分、不同经营组织形式的企业。由此可见，国家允许企业用下一年度的所得弥补本年度亏损的政策，充分维护了企业的利益。

（2）合并纳税法

企业以新设合并、吸收合并或兼并方式合并，被吸收或兼并企业不具备独立纳税人资格的，各企业合并或兼并前尚未弥补的经营亏损，可在税收法规规定的弥补期限内，由合并或兼并后的企业逐年弥补。

合并纳税法指在税法许可的范围内，集团企业将集团内部各具有法人资格的企业的盈亏相抵后合并申报纳税，使企业的亏损提前得到抵补，实现递延纳税。

4. 租赁筹划

租赁指出租人根据与承租人签订的租赁契约，以收取一定的租金为条件，将租赁资产在规定期限内交给承租人使用，其所有权仍属于出租人的一种经济行为。租赁从承租人筹资的角度来看，大致可以分为两大类：融资租赁和经营租赁。

（1）融资租赁

融资租赁也称金融租赁或资本租赁，指当企业需要筹措生产设备资金时，租赁公司按其要求购入所需生产设备并租赁给该企业，从而将"融资"与"融物"结合起来的一种租赁方式。融资租赁是出现最早、应用最广的筹资方式，采用这种租赁形式，企业可获得租赁公司的设备使用权，实际上也就是获得了企业购置设备所需的资金，所以这是一种将资金筹措和设备租赁结合在一起的筹资方法。

由于这一筹资方法具有特殊的优点，很快就在世界各地流行起来，并成为一种国际化的筹资手段。我国20世纪80年代初期，成立了一批租赁公司，开展融资租赁业务，设备融资租赁已成为我国企业筹措国内外资金的一种有效方法。融资租赁具有以下特点。

①由出租人（租赁公司）通过融资提供资金，购进承租人所需的生产设备并租赁给承租人使用。而且该生产设备往往是由承租人直接从设备制造商或销售商那里选定的。

②合同期限较长，一般设备3—5年，大型设备10年以上。租赁合同期包括不可解约的固定期限及合同中规定的续租期或展期等。

③承租人按合同规定，分期向出租人（租赁公司）缴纳租金，并承担合同期内设备的维修、保养义务。

④租赁期满时，根据租赁合同条款规定处理设备。一般有三种处理方法：一是到期后将设备退还给租赁公司；二是另订合同，继续租赁；三是承租人留购，即以很少的"名义价格"（租赁期满后租赁设备残值的市场售价）或"协商价格"把设备买下来。

融资租赁的形式一般有以下几个。

①购买式租赁。购买式租赁就是由租赁公司通过国内外贷款或合股等办法，在国内外资金市场上筹集资金，然后向国内外供应商直接购买承租人所需的设备，将其租赁给承租人使用。

②转租赁。这种租赁形式的特点是承租人所租设备是租赁公司从国内外的其他租赁公司或设备制造厂家租来的。

③回租。回租即承租企业可将原来已买进的设备出售给租赁公司，再从租赁公司租回使用。

④杠杆租赁。杠杆租赁就是由一家或几家租赁公司联合，以少量的资金融通大量资金（一般是以设备和租金做抵押向银行贷款），以购买大型的、价格高昂的设备给承租企业的一种融资租赁形式。

（2）经营租赁

经营租赁也称服务租赁或管理租赁，指租赁公司购入企业临时需要的设备（大中型通用设备、加工机械、运输车辆等），提供给多个承租企业使用的租赁方式。利用经营租赁可以解决企业短期的、临时性的资产需求问题。经营租赁有以下特征：

①经营租赁是一种现代服务，它适用于更新快或短期使用的设备的租赁；

②与固定资产经济寿命相比，经营租赁的租期较短，因而承租可以避免购入的风险；

③在合理的限制条件内可以中途解约；

④经营租赁的租金一般比融资租赁的高，但其维修、保养等产生的费用由出租人负担。

由于融资租赁费用中由承租方支付的手续费及安装交付使用后支付的利息，可以在支付当期直接从纳税所得额中扣除，因此筹资成本较权益资金成本要低；融资租赁设备可以计提折旧并在税前扣除，而租赁费高于折旧的差额也可以税前扣除；融资租入设备的改良支出可以作为递延资产，在不短于五年的时间内摊销，而自有固定资产的改良支出，则作为资本性支出，增加了固定资产的原值，且固定资产的折旧年限一般长于五年；如果租赁费用通过举债支付，其利息同样可以在税前列支。

因此，融资租赁对企业所得税税基的减小是很明显的，具有显著的节税效应。

当出租人和承租人属于关联企业时，若一方赢利较高，而另一方赢利较少或亏损时，赢利较少或亏损方可以利用租赁形式把某些不重要的设备租赁给赢利方，通过收取较高的租赁费或租赁期满后由赢利方以高价购入的方式使利润流向亏损方，从而获得税收上的收益。尤其是在关联双方适用税率有差别的情况下，使利润流向税率较低的一方，筹划节税效果更显著。

5.投资筹划

税负的轻重，对投资决策起着决定性的作用，纳税人在进行新的投资时，应从投资行业、投资方式、企业的组织形式等方面进行选择。

但是，投资筹划可能更多地涉及一些非税因素，其同样不能忽视。这些因素有政治因素、交通因素、劳动力素质及成本、原材料供应、市场供求关系、投资项目和管理水平对投资所在国的适应性等。

（1）投资地点与行业的选择

根据税后收益最大化的要求，企业通过选择不同的投资地点，在地区性税收优惠、避免双重征税等方面，对未来纳税进行规划。在其他投资条件相同的情况下，在低税国家或地区进行投资，会得到更多的税收利益。

在我国国内投资，从税负角度讲，主要考虑所得税的因素。在其他投资条件相同的情况下，一般主要考虑在税负低的经济特区、经济技术开发区、高新技术开发区、西部开发区等进行投资。

（2）投资企业形式的选择

现代企业主要指公司制企业。公司制企业又分为有限责任公司和股份有限公司，其中股份有限公司是一种最为普遍的组织形式。一些大型集团公司，尤其是跨国公司，其内部组织结构极其复杂，组织形式多种多样，有的为金字塔结构，一个母公司下设众多子公司或分公司，子公司下又设子公司等；有的为双母公司结构，即一个集团内设两个并行的母公司；有的采用全球矩阵式组织结构。

公司内部组织结构不同，其总体税负水平也会有一定差异。这主要因为子公司与分公司的税收待遇不一致，从税法角度看，子公司是独立纳税人，而分公司作为母公司的分支机构不具备独立纳税人资格。

①企业模式（私人企业、合伙企业与公司）的选择。在存在对个人投资经济性双重征税的国家或地区，在规划经营规模较小的情况下，应当选择私人企业或合伙企业，因为一般各国都对私人企业和合伙企业只征收个人所得税，不征企业所得税，这可以解决经济性双重征税的问题。但是，私人企业或者合伙企业应当承担无限责任，这不利于规模效益的提高，一般在规模效益不明显、资本投入不大的第三产业选择该种企业形式。

在存在对个人投资经济性双重征税的国家或地区，在规划经营规模较大的情况下，应当选择公司的形式，虽然存在经济性双重征税的问题，但公司因是有限责任，风险较小，易融资，并可产生规模效益，可从几方面弥补双重征税的损失。

在解决经济性双重征税较彻底的国家或地区，决策者主要应根据投资规模大小等情况做出选择，税收不是选择企业形式的主要依据。

②多级企业组织形式（母、子公司，总分支机构，企业集团）的选择。母、子公司属于不同的法人实体，它们的纳税人不同，应当分别纳税。所以，一般情况下，母公司从国内外子公司取得的投资收益，应当按照母公司所在地的税法规定汇总计缴所得税，所以在国内对母子公司存在经济性双重征税的问题，在国家之间存在税收管辖权双重征税的问题。而大多数国家或地区对国内企业的税收采取了不同的消除经济性双重征税的措施；在国家或地区之间，都采取了单方面或双方避免税收管辖权双重征税的措施。

在跨国投资时，一般选择在低税率国家或地区设立母公司或子公司，这样可以取得更多的税后收益；同时，投资时应当注意居住国与投资目标国避免双重征税的程度，选择有税收饶让协定条款的国家投资。对跨国投资者而言，一般在国外建立子公司较分公司有利，而对于国内投资者来说，情况就不同。因为分公司不作为独立纳税人、其利润或亏损结转给总公司，由总公司统一集中纳税，这样总公司和各分公司之间的盈亏在计税时可以互抵，而母公司与子公司之间则不享有这一纳税优惠。如果总机构与子公司或分支机构适用不同的税率，则上述情况又将发生变化。实际上，设立子公司与设立分公司孰优孰劣并不是绝对的，它受到国家税制、纳税人经营状况及企业内部利润分配政策等多重因素的影响。

一般而言，如果将总机构设在低税区，分支机构设在高税区，则企业既可以取得高税地区的非税收利益，又可以获得低税区的税收利益；如果总机构设在高税区，则企业只能获得合并纳税的好处。所以就国内税收而言，设立总、分公司比母、子公司获得的税收利益要多。

一个企业对外投资设立分公司（分支机构），一般可以产生以下好处：设立分公司（分支机构）的法律手续简单；总机构直接控制分公司（分支机构）的经营活动，并负法律责任；管理上比较方便，分公司（分支机构）的财务会计工作也比较简单，一般不要求分公司（分支机构）公开财务资料；分支机构在初期发生营业亏损时，可以冲减总机构的利润，减轻总机构税收负担；分公司（分支机构）与总机构之间的资本转移，如将总机构的固定资产、无形资产转给分公司（分支机构），因涉及所有权变动，企业不必负担税收。

采用分公司（分支机构）组织形式也会产生以下坏处：分公司（分支机构）不能享受政府为子公司提供的减免税优惠及其他投资鼓励；分公司（分支机构）一旦取得利润后，总公司就须在其机构所在地纳税，如果分公司（分支机构）位于低税区，而总公司位于高税区，则税收负担较重；总公司与分公司（分支机构）之间支付的利息或特许权使用费不能从利润中扣除。

③企业分立的选择。企业分立不同于前述的设立分支机构。企业分立指将一个企业依法分化成两个或两个以上新企业的经济行为。企业分立中的税务筹划主要体现在以下两方面：一是在企业所得税采用累进税率情况下，通过分立原本适用高税率的一个企业分化成两个或两个以上适用低税率的企业，这样总体税负得以减轻；二是将特定产品的生产部门分立为独立的企业，以期获得流转税的税负降低。

企业分立筹划是有一定规律的：在适用累进税率的条件下，企业分立可以降低适用的边际税率；对于增值税纳税人经营的混合销售业务（包括运费、装修费等），可视其情况设立运输企业或者销售企业，这样可降低税负；对于自行收购大量废旧物资做原材料的工业企业，应当单独设立独立核算的废旧物资收购公司，实现税款的抵扣；一些综合性农牧企业通过适度分立，也能够获取一定的税收利益。

需要注意的是，在企业分立时，如果因分立而发生的费用超过了所节约的税款，分立企业的方案就是不可取的。

（3）投资方式的选择

企业根据税后收益最大化的要求，可以通过对不同投资方式的选择，在税负结构、所得税减免等方面，对未来纳税进行规划。

从投资对象的不同和投资者对被投资企业的生产经营是否实际参与、控制及管理的不同，投资可分为直接投资和间接投资。直接投资一般指对经营资产的投资，即投资者通过购买经营资产，兴办企业，掌握被投资企业的实际控制权，从而获取经营利润。间接投资指对股票或债券等金融资产的投资。

一般来讲，进行直接投资应考虑的税制因素比进行间接投资的要多。由于直接投资需要对企业的生产经营活动进行直接的管理和控制，这就涉及企业所面临的各种流转税、所得税、财产税和行为税等。而间接投资一般仅涉及股息或利息的所得税及股票、债券资本增值而产生的资本利得税等。总之，在进行投资时，除要考虑投资风险和投资收益等因素外，还必须考虑相关的税收问题，合理决策。

6. 筹资筹划

筹资筹划指利用一定的筹资技巧使企业获利水平最大和税负最小的方法。筹资筹划主要包括筹资渠道筹划和还本付息筹划。

一般来说，企业筹资方式有：①筹集财政资金；②筹集金融机构信贷资金；③企业自我积累；④企业间相互拆借；⑤企业内部集资；⑥发行债券或股票筹资；⑦商业信用筹资；⑧租赁筹资。这些方式无论采用哪一种或几种并用，都能满足企业的资金需求。但从企业纳税角度考虑，不同的筹资方式企业的税收负担却大不相同。

企业应比较其资金成本，包括资金占用费（借款利息、债券利息、股息等）和资金筹集费（股票发行费和上市费、债券发行费等）。因为不同的筹资方式资金成本各不相同，资金取得的难易程度也不同。企业必须综合考虑包括税收在内的各种因素，才能比较出哪种筹资方式对企业更有利。

从纳税角度看，各筹资方式产生的纳税效果有很大的差异，对某些筹资渠道的利用可有效地帮助企业减轻税负，获得税收上的利益。通常情况下，企业自我积累筹资使企业所承受的税收负担要重于向金融机构贷款使企业所承受的税收负担，企业之间互相拆借筹资使企业所承受的税收负担要重于企业内部集资使企业所承受的税收负担。站在节税的角度，企业内部集资与企业之间拆借方式效果最好（尤其企业间税率有差别时），向金融机构贷款次之，自我积累效果最差。其原因在于企业内部集资与企业之间拆借涉及的部门和机构较多，容易使纳税利润规模分散而降低税负，出现"削山头"现象。

筹资活动不可避免地要涉及还本付息的问题。资金往来双方的关系及其所处经济活动地位的不同往往是实现合理节税的关键所在。向金融机构贷款其利率比较稳定、变化幅度较小，实行节税的选择余地不大。而企业之间的资金拆借在利息计算和资金回收期限方面均有较大弹性和回旋余地，这为节税提供了有利条件。

二、税率式筹划

（一）税率式筹划策略

税率式筹划指纳税人通过降低适用税率的方式来减轻税收负担。在税负既定的情况下，税额的大小和税率的高低呈正向变化，税率式筹划正是有效地运用了这一简单而又最基本的原理。

税率是税收制度的基本要素之一，也是决定纳税人税负高低的主要因素之一。一般情况下，税率低，应纳税额少，税后利益就多；但是，税率低，不一定等于税后利益最大化。所以对税率进行筹划，可以寻求税后利益最大化的最低税负点或者最佳税负点。

不同的税种适用不同的税率，纳税人可以利用课税对象界定上的含糊性进行筹划；即使是同一税种，适用税率也会因税基或区域不同而发生相应的变化，纳税人可以通过改变税基分布调整适用税率，从而降低税收负担率，以达到降低税负的目的。

1. 筹划比例税率

①由于同一税种（主要是流转税）对不同征税对象实行不同税率政策，分析其差距的原因及对税后利益的影响，有利于寻求实现税后利益最大化的最低税负点或最佳税负点。

②分析名称不同但性质相近的税种之间税率的差距，寻求最佳税负点。如我国增值税的税率与营业税的税率就有一定的差距。

2. 筹划累进税率

各种形式的累进税率都存在一定的税负差异，筹划累进税率的主要目标是防止税率的爬升。其中，适用超额累进税率的纳税人对防止税率爬升的欲望较弱；适用全额累进税率的纳税人对防止税率爬升的欲望较强；适用超率累进税率的纳税人防止税率爬升的欲望程度与适用超额累进税率的纳税人的相同。

我国个人所得税实行程度不同的超额累进税率，个人所得越多，适用税率越高，纳税人的收入体现一定的效应递减性。纳税人通过合理的筹划，可以在一定程度上改变自己适用税率的状况，在税法许可的范围内降低税负。

（二）低税率筹划法

低税率筹划法指纳税人通过一定的合法途径，使其所拥有的课税对象直接适用于较低的税率计税，以达到减轻税收负担的目的。引起这种税务筹划行为的外部原因主要有税收的地区、行业差异，以及国家对不同所有制性质的企业实行不同的税收待遇。

许多国家为了鼓励国内外投资者经营各种经济业务和从事各种经营活动，设立了经济特区和经济开发区，并对经济特区和经济开发区实行税收优惠政策，如降低税率、减少纳税环节等。但是，经济特区和经济开发区的税收优惠所产生的影响绝非仅限于那些位于这一区域内的纳税人，因为低税区的税收优惠政策的实施在客观上造成了国内区域之间的税收差异，这就为国内纳税人利用这种差异进行税务筹划和利润转移创造了条件。

低税率筹划法除运用区域间税率差别外，有时还运用行业间的税收差别。前者主要表现在所得税方面，而后者主要表现在流转税方面。当流转税税目划分不明确，而一些企业的生产经营活动及其产品又介于两个部门或行业之间，且两个部门或行业的增值税、营业税的税率存在差别时，纳税人将选择低税率进行计税，从而达到降低税负的目的。

1. 增值税低税率筹划

分析增值税的基本内容和相关法律条文，增值税筹划的各种可能主要包括以下几个。

①利用一般纳税人与小规模纳税人的区别来筹划。税法规定的一般纳税人与小规模纳税人，在计算税款时其税率、计算方法、享受税款抵扣、发票的使用等存在诸多不同，这就给纳税人以可乘之机，纳税人可以根据自身的情况来决策是成为小规模纳税人对自己有利，还是成为一般纳税人对自己有利，从而合理选择以达到节税的目的。

②利用基本税率与低税率的差别扩大兼营低税率的份额。税法规定有五类货物享受低税率，而其对这五类货物的界定有一定的缺陷，纳税人很容易筹划节税。如五类享受低税率的货物中有农机和农用物品这一类，规定适用低税率的是农机的整机，而农机的部件则不属于农机的征收范围。在现实生活中，是很难划分哪些是农机的整机，哪些是农机的部件，因为一些农机生产企业既生产、销售农机整机，也生产销售农机部件，还可能把一些小农机组装成功能更强大的大农机，农机整机和农机零部件是很难界定的，这方面存在较大的税收筹划空间。

③纳税人根据企业的经营性质，在混合销售或兼营时可以选择适用增值税或营业税。一项销售行为，如果既涉及增值税应税货物又涉及非应税劳务，则其称为混合销售行为。税法关于混合销售的规定：从事货物的生产、批发或零售的企业、企业性单位及个体经营者，以货物的生产、批发或零售为主，并兼营非应税劳务的企业、企业性单位及个体经营者，发生的混合销售行为，视为销售货物，征收增值税。因此，发生混合销售行为的纳税企业，应看自己是否

属于从事货物生产、批发或零售的企业、企业性单位，如果不是，则只需缴纳营业税。对于兼营非应税劳务的企业，应分别核算应税货物或应税劳务和非应税劳务销售额，并对应税货物或应税劳务的销售收入按各自适用税率计算增值税；对非应税劳务的营业额，按其适用税率征收营业税。

2. 消费税低税率筹划

税率的高低直接影响着纳税人缴纳税款的多少。因此，纳税人筹划的着眼点也主要在如何使应税商品所认定的适用税率为最低，以达到降低税负的目的。比如，纳税人可以利用甲类卷烟、乙类卷烟及烟丝的税率差别来筹划，利用白酒、啤酒与黄酒的税率差别来筹划。由于化妆品与护肤品的税率差别较大，纳税人就可通过应税产品结构调节、新产品开发等经营活动，降低企业的整体税负。

3. 营业税低税率筹划

在筹划营业税时，纳税人应注意，若同时兼营几种适用不同税率的娱乐项目，应分别核算营业额；未分别核算营业额的，从高适用税率。

三、税额式筹划

（一）税额式筹划策略

税额式筹划指纳税人通过直接减少应纳税额的方式来减轻税收负担或者解除纳税义务。税额式筹划常常与税收优惠中的全部免征或减半征收相联系，因而，其主要筹划方式是利用税收优惠政策。

1. 减免税筹划

国家为了实现不同的政策目标，几乎在所有税制中都规定有减免税政策，尤其是所得税的减免税政策非常多，这形成了税负的许多差异。企业研究减免税的优惠政策、条件以及对税后收益的影响，通过合理地安排，可以取得明显的税收利益。

减免税是税务筹划的主要内容之一，有着广阔的筹划空间。减免税政策主要有以下几种类型：体现产业政策的减免税；体现区域政策的减免税；鼓励技术进步的减免税；鼓励投资的减免税；充分就业的减免税；扩大内需的减免税；保护环境的减免税；促进教育事业发展的减免税；体现社会政策的减免税；其他减免税。

2. 其他税收优惠政策筹划

在经济领域有许多税收优惠政策，如出口退税、外商投资企业再投资退税等。对这些税收优惠政策进行筹划，纳税人可以取得明显的税收利益。

（二）税额式筹划涉及的税收优惠形式

税收优惠，国外也称"税式支出"。实际上，政府实施税收优惠，就是对一部分财政收入的放弃。最初的税收优惠，主要是维持性减税、免税，即帮助纳税人在遭受自然灾害或遇到特殊困难的情况下渡过难关，恢复生产。随着社会的进步和经济的发展，税收作用的范围不断扩大，如国家为了扶持工农业生产发展，搞好经济，促进技术创新，鼓励支持新产品的开发，支持出口创汇，吸引外商投资，鼓励引进先进技术等，便给予了低税率、减免税等形式的税收优惠。

1. 税收减免

减税、免税是对某些纳税人给予鼓励或照顾的一种特殊措施。它有利于把税法的统一性和必要的灵活性结合起来，处理征税过程中的各种特殊情况，更好地贯彻国家税收政策。减税、免税是税收优惠的最普遍形式。

2. 免征额

免征额亦称扣除额，指在征税对象全部数额中免予征税的数额。它是按照一定标准，从征税对象全部数额中预先扣除的数额。免征额部分不征税，国家只对超过免征额的部分征税。

根据纳税人的法律属性不同，具体扣除形式又有所区别：一是对个人所得税的扣除采取了规定生计费用额的形式，征税时扣除生计费用；二是对法人所得的税收扣除采取了规定允许税前列支项目的形式。

3. 起征点

起征点也称征税起点，是根据征税对象的数量，规定一个标准，达到这个标准或超过这个标准的就其全部数额征税，未达到这个标准就不征税，这个标准就称为起征点。

4. 优惠退税

优惠退税指为了直接减轻纳税人的税收负担，给予全部或部分退税。对消费税、增值税的退税一般适用于出口产品。在对外贸易中，退税是奖励出口的一种措施，一般有两种形式：一种是退还进口税，即用进口原料或半成品加工制成成品后，在出口时退还已纳的进口税；另一种是退还已缴纳的消费税、增值税等，即在产品出口时退还国内已缴纳的税费。

5. 盈亏互抵

盈亏互抵指国家准许企业在一定时期以某一年度的亏损，去抵以后年度的盈余，以减少以后年度的应纳税额，或是去冲抵以前年度的盈余，申请退税。这种优惠形式对推动新办企业的发展有重要作用，对风险投资有相当大的奖励作用。但这种优惠形式的应用，需以企业有亏损发生为前提，否则就不具有鼓励的效果，而且也仅适用于所得税。

6. 税收饶让

税收饶让指居住国政府对跨国纳税人在非居住国获得的减税或免税优惠，视同已经缴纳的税款给予抵免。税收饶让对发展中国家引进资金和技术具有积极意义。它可以使资本输入国政府因实行优惠政策而放弃的税收收入真正成为投资者的实惠，切实起到了鼓励投资和技术合作的作用。目前我国与许多国家签订的双边税收协定中均做出了税收饶让的规定。

7. 优惠税率

优惠税率指对合乎规定的企业课以较一般为低的税率。优惠税率的适用范围可以根据实际的需要而加以伸缩。它既可以是有期限的优待，也可以是长期的优待。一般来说，有期限的优惠税率对企业的奖励程度要小于免税形式，需要巨额投资且获利较迟的产业，需要通过长时期的优惠税率得到较大的支持。

8. 税收递延

税收递延又称税收延后，或称税负分期缴纳，其形式是允许企业在合乎规定的年限内，分期缴纳应付税款，形式上表现为通过加速扣除来减轻税负，在功能上与免息贷款相同。税收递延的实质是现在应缴纳的税款允许将来缴纳。

9. 税收抵免

税收抵免是对纳税人的国内外全部所得计征所得税时，准予在税法规定的范围内以其国外已纳税款抵充其应纳税款，从而避免重复课税。

（三）税额式筹划的基本方法

1. 综合利用筹划法

综合利用筹划法指企业通过综合利用"三废"开发产品，从而享受减免税待遇。企业自筹资金建设的再生资源加工利用项目生产的产品，可由省（自治区、直辖市）税务机关审查批准，给予定期减免税收照顾。

综合利用减免税范围：一是企业在产品设计规定以外，利用废弃资源回收的各种产品；二是废渣的综合利用，利用工矿企业的采矿废石、碎尘、污泥和各种废渣生产的产品；三是废液的综合利用，利用工矿企业投放的废酸液、废碱液、废油和其他废液生产的产品；四是废气的综合利用，利用工矿企业加工过程中排放的烟气、焦炉气等生产的产品；五是利用工矿企业余热、余压和低热值燃料生产的热力；六是利用电厂热水发展养殖业所生产的产品；七是利用造材截头和加工剩余物生产的产品。

2. 新产品筹划法

新产品筹划法指企业利用国家鼓励新产品开发的税收优惠，通过改变产品结构和种类使本企业符合新产品规定要求，从而享受新产品税收优惠。

新产品强调的是采用新技术原理、新设计构思研制生产，或在结构性质工艺等某方面比老产品有明显的改进，或者在产品性能及功能上有所创新。

享受新产品税收优惠的企业，需要满足以下条件：一是生产的产品要符合新产品的定义，不符合的不能给予优惠；二是生产的产品必须列入国家计划，属于计划产品；三是产品必须经科委鉴定；四是必须经同级税务部门同意。

企业可以改变产品所耗原料和用途，使之符合新产品的定义，减少或者规避消费税，如企业以橡胶为原料生产汽车轮胎，要交纳消费税，当转产为生产飞机轮胎则可免缴消费税。企业可以改变产品的性质或性能，通过深加工连续生产，减少或者规避消费税，如某酒精生产企业，若直接对外销售酒精，需按销售额的5%交纳消费税，若企业对酒精继续加工，加工成白酒对外销售，那么自用酒精不需再交纳消费税。

3. 技术引进筹划法

企业在进行技术改造进口仪器设备时，通过使本企业符合特定名义和进口项目，从而避征进口关税，享受国家对进口先进设备的政策优惠，即技术引进筹划法。

目前企业进行技术改造进口技术、仪器设备的相关税收优惠政策：一是内地企业进行技术改造生产、制造新设备、新产品而必须进口的关键仪器设备，减半征收关税和增值税；二是开发地区的企业进行技术改造进口的仪器设备免征进口关税和增值税，对于随着设备进口的数量合理的零部件、备件，其价值不超过仪器设备总额5%的部分，免征进口关税和增值税，免征软件的进口关税和进口环节增值税。

4.调整组织结构筹划法

利用企业的组建、嫁接、兼并、重组进行筹划节税。有些老企业将盈利较高的车间新组建成具有法人资格的企业（如福利分厂等），或嫁接成"三资"企业，利用国家对新企业和"三资"企业的税收优惠进行税收筹划。

对于按产品价值进行道道征税的，纳税人可以通过调整组织结构，由专业化协作关系的上、下游企业合并为企业集团，减少流通环节；对于效益好的企业可以通过兼并、重组亏损企业，减少纳税所得；对于业务联系紧密的企业，利用承包、改组、改变经营模式等方法筹划节税。

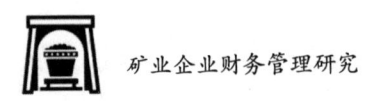

第五章 矿业上市公司财务风险评价体系与控制措施

第一节 矿业上市公司财务风险评价体系的构建

一、指标选取原则

由于造成财务风险的原因是复杂多样的,为了更加全面、正确地反映企业的财务风险,财务风险评价指标的选取应该遵循以下几个原则。

1. 针对性原则

由于不同的财务风险评价指标反映了企业在不同方面、环节的财务风险,因此,在对矿业企业进行财务风险评价时,财务风险评价指标的选取要结合矿业企业的具体情况,有针对性地选取财务风险评价指标。这样从选取的财务风险评价指标当中就可以找出矿业上市公司财务风险的原因。

2. 可比性原则

在对财务风险进行评价分析时,要考虑矿业上市公司之间的分析、比较,因此,在选取财务风险评价指标的时候,应该考虑到指标的可比性。例如,每股经营活动现金净流量是一个能够很好反映企业现金流量能力的财务风险评价指标,然而,由于每股经营活动现金净流量的计算公式是经营活动现金净流量除以总股数,总股数对这个指标数值有很大的影响,但是矿业上市公司之间的总股数是没有可比性的,所以每股经营活动现金净流量这个指标不会被纳入财务风险评价指标体系当中。

3. 全面性原则

财务风险存在于企业的每个环节当中,因此,在选择财务风险评价指标时,应该顾及企业财务状况的方方面面,尽量使财务风险评价指标体系可以全面地反映企业的整体财务状况。同时,由于财务风险评价指标之间存在着互相干扰、相似的情况，所以，对于财务风险评价指标的选取，要注意消除财务风险评价指标之间的相似性，使指标之间形成互补，这样才可以使构建的财务风险评价指标体系能够全面地反映企业的财务状况，从而使评价分析结果更准确、全面。

4. 可操作性原则

造成企业财务风险的原因有很多，有些是可估量的，有些是不可估量的。然而，在做财务风险评价分析时，财务风险评价指标是要可量化的，要有数据的支撑。因此，在财务风险评价指标的选取上，应该考虑数据的可获取性以及获取的难易度，这就要求财务风险评价指标具有可操作性。如果选择的指标缺乏可操作性，那么即使勉强获得了指标数据，数据也是不准确的。

二、财务风险评价指标体系

根据我国矿业上市公司财务风险现状及财务风险评价指标体系构建原则，结合矿业上市公司的特点，我们确定了从企业的偿债能力、营运能力、赢利能力、现金流量能力以及发展能力五大方面选取 16 个财务风险评价指标（如表 5-1），从而建立起矿业企业财务风险评价的指标体系。

表 5-1 选取的财务风险评价指标及其计算公式

指标类型	指标代码	指标名称	计算公式
偿债能力	X_1	流动比率	期末流动资产 / 期末流动负债
	X_2	速动比率	（流动资产 − 存货净额）/ 流动负债
	X_3	资产负债率	负债总额 / 资产总额
营运能力	X_4	总资产周转率	营业总收入 /[（期初资产总额 + 期末资产总额）/2]
	X_5	存货周转率	营业成本 /[（期初存货净额 + 期末存货净额）/2]
	X_6	流动资产周转率	销售收入 /[（期初流动资产 + 期末流动资产）/2]
赢利能力	X_7	销售净利率	净利润 / 销售收入
	X_8	净资产收益率	净利润 / 股东权益平均余额
	X_9	总资产净利润率	净利润 /[（期初总资产 + 期末总资产）/2]
	X_{10}	资产报酬率	（净利润 + 利息费用 + 所得税）/ 平均资产总额
现金流量能力	X_{11}	营业收入现金比率	经营活动现金净流量 / 营业收入
	X_{12}	现金流量比率	经营活动现金流量净额 / 流动负债
	X_{13}	现金与利润总额比	经营活动产生的现金流量净额 / 利润总额

续表

指标类型	指标代码	指标名称	计算公式
发展能力	X_{14}	总资产增长率	（期末资产总额－上年期末资产总额）／上年期末资产总额
	X_{15}	营业收入增长率	（本年营业收入－上年营业收入）／上年营业收入
	X_{16}	净利润增长率	（本年净利润－上年净利润）／上年净利润

1. 偿债能力指标

偿债能力是企业偿还短期债务和长期债务的能力。企业的偿债能力决定着企业是否能够健康生存和发展，是反映企业财务状况的重要指标之一。就矿业企业来说，由于矿业企业本身具有的高投资且投资项目时间长的特点，因此矿业企业在流动资产方面会受到一定的限制，这样很可能造成企业偿债能力不足，从而导致企业出现财务风险。偿债能力分为长期偿债能力和短期偿债能力，在偿债能力指标的选取方面，应区分短期偿债能力指标和长期偿债能力指标，尽量使其可以对矿业上市公司的偿债能力有一个全面的反映。

流动比率（X_1）是短期偿债能力分析指标。该指标的数值越大，说明企业的变现能力越强，从而短期偿债能力越强。但是，如果数值过大，则说明企业的流动资产占比较大，其会影响企业的经营资金周转率及获利能力。一般来说，比较合理的流动比率在2以上。

速动比率（X_2）是短期偿债能力分析指标。速动比率是对流动比率的补充，由于速动比率剔除了一些流动性很差的资产，如待摊费用，因此速动比率可以更加明确直观地反映企业的短期偿债能力。该指标反映的是流动资产立即变现用于偿还短期负债的能力。该指标数值越大，说明企业的短期偿债能力越强。存货积压很有可能造成矿业企业的资金流动性变差，因此，在评估矿业企业的短期偿债能力时，不仅需要分析流动比率，也需要速动比率来进行补充，这样分析出来的结果更加客观。

资产负债率（X_3）是长期偿债能力分析指标。它不仅反映了企业自身负债占总资产的比重，还反映了企业对债权人的风险保障程度。在企业经营情况良好时，该指标数值越高，企业可以获得越多的获利机会，但是，在企业经营状况不好的时候，该指标数值高说明企业可能面临着严重的财务风险。

2. 营运能力指标

营运能力指企业的经营运行管理能力，代表着企业运用各项资产以获取利润的能力。企业的营运能力越好，表示企业运用资产获取利润的速度越快。通常，矿业企业的项目投资期较长，一般都需要几年，因此企业资金被占用的时间较长，从而企业经营运转周期较长。在这种情况下，矿业上市公司与其他某些行业公司相比具有更大的财务风险。所以，对矿业上市公司的营运能力指标进行分析有利于对其财务风险进行判别。

总资产周转率（X_4）反映了企业整体资产的运营能力，该指标用于分析企业资产的利用率及管理质量。一般来说，该指标越高，表明企业利用总资产进行生产经营活动的效果越好。因此，若该指标的数值长期处于一个较低的状态，矿业上市公司就应该采取相应的措施来提高企业整体资产的运营能力。

存货周转率（X_5）是衡量企业营运能力的重要指标之一，该指标被广泛地应用于企业的管理决策当中。存货周转率不仅可以用来衡量企业在采购、投入产出、销售等各经营环节中的存货运营效率，还可以用来评价企业的经营业绩。该指标数值越大，说明企业的存货流动性越强，反之，存货流动性越弱，这样很可能导致企业陷入财务危机。

流动资产周转率（X_6）反映了企业流动资产的周转速度。该指标是从企业流动资产的角度出发对企业的资产运用效率进行分析的，通过该指标企业可以找出影响自身资产质量的主要因素。一般来说，该指标数值越大，说明流动资产的周转情况越好，企业的营运情况越好。

3. 赢利能力指标

赢利能力直接影响着企业多方面的财务能力，因此其可以用来衡量企业的财务实力。矿业上市公司从盈利的角度出发发现经营管理中存在的问题，对防范财务风险有着重要的意义。这里选取了销售净利率、净资产收益率、总资产净利润率及资产报酬率四个财务风险评价指标来反映矿业上市公司的赢利能力。

销售净利率（X_7）反映了企业在一定时期内通过销售而获取利润的能力，是净利润与销售收入之比。该指标的数值越大，说明企业的获利能力越强。然而，企业在销售收入增加的同时，必须保证企业净利润的增加，才可以保证企业销售净利率不会下降。因此，企业可以通过对销售净利率这一指标的分析，在扩大销售收入的同时，注意提高企业的经营管理水平，从而从整体上提高企业的赢利能力。

净资产收益率（X_8）是衡量企业赢利能力最直接、最有效的指标之一，其数值的大小反映了股东权益的收益水平及公司运用自有资本的效率。该指标数值越大，说明企业运用自有资产带来的收益越高，即企业运用自有资本的效率越高，从而说明企业的赢利能力越强。

总资产净利润率（X_9）反映了企业运用总资产来获取净利润的能力。该指标数值越高，说明企业的资产运用效率越高，企业的赢利能力越高。

资产报酬率（X_{10}）是企业息税前利润与企业平均资产总额的比，企业的息税前利润是净利润加上利息费用与所得税。利息费用是债权人提供资产的所得报酬，所得税是企业对国家应尽的义务。因此，企业需要对资产报酬率这一财务风险评价指标进行分析，以便对企业总资产的运用效率有一个全面、准确的评估。

4. 现金流量能力指标

矿业行业是一个资金密集型的行业。矿业企业的运营、发展需要大量的资金作为保障，同时，矿业企业具有投资项目回收期较长、售后货款无法立即收回等特点，这导致矿业上市公司的现金流量能力下降，更有甚者，会导致公司的资金链断裂，使公司陷入财务危机。

营业收入现金比率（X_{11}）反映了企业通过营业收入而获得现金的能力。一般来说，该指标数值越高，表明矿业上市公司的收入质量越好，从而财务风险相对越小。

现金流量比率（X_{12}）是经营活动现金流量净额与流动负债的比。企业通过对现金流量比率这一指标的分析，可以了解支撑公司运行、发展所需要的现金的来源，从而可以判别自身财务状况。通常情况，公司的现金主要来源于经营活动，除此之外还有通过收回投资、分得股利、银行借款、发行债券及接受外部投资等手段取得的现金，这样的一种现金来源结构是比较合理的。

现金与利润总额比（X_{13}）是经营活动产生的现金流量净额与利润总额的比，该指标反映了公司在生产经营的过程中从利润总额中获得现金的能力。一般来说，利润总额带来的现金流量应该越多越好，因此，现金与利润总额比越大，说明公司通过利润总额获取现金的能力越高，财务压力就越小。

5. 发展能力指标

发展能力反映了企业整体发展的成长性，企业不仅要关注企业目前的经营状况，也要具有长远的眼光，关注企业的发展能力，并且，企业的发展能力可以在一定的程度上提高企业在面对复杂多变的外部环境时所必需的适应能力和应变能力。这里选取了总资产增长率、营业收入增长率及净利润增长率三个财务风险评价指标，通过对企业相关数据进行纵向的比较，来分析企业的发展能力。

总资产增长率（X_{14}）是一个用来对企业的整体资产的规模进行综合评价的指标。该指标反映了企业整体资产的增长规模，可以对矿业上市公司的扩张规模及生产能力有所体现。该指标数值高，说明矿业上市公司的整体总资产规模呈现上升趋势，也说明矿业上市公司具有一个良好的发展前景，其面临的风险也可能随之降低。反之，若该指标数值低，说明矿业上市公司的整体总资产规模呈下降趋势，表明矿业上市公司很可能遇到了一些困难，公司陷入财务危机的可能性大。

营业收入增长率（X_{15}）是评价企业发展能力的重要指标之一。若该指标数值大于 0，则说明企业的营业收入有所增长，指标数值越高，企业的增长速度越快，说明企业的市场前景越好；若该指标数值小于 0，则说明企业存在一定的问题，企业应该注意对企业发展的管理，从而保障企业财务安全。

净利润增长率（X_{16}）反映企业本期净利润比上期净利润的增长幅度。该指标数值越大，说明企业的获利能力越强，企业越有发展潜力。

第二节 矿业上市公司财务风险控制措施

一、优化发展环境

面对国内外的经济环境的变化，我国矿业行业应该积极贯彻实施"走出去、引进来"的发展策略，建设矿业集团。同时，矿业企业也应积极配合政府及相关部门的工作，立足国内实现地质找矿突破，增强国内矿产资源保障能力，缓解我国资源紧张问题，提高矿产品的数量和质量。矿业企业通过制度创新、矿业体制改革及完善市场机制能够促进自身健康稳定发展。

政府及相关部门应该积极引导矿业企业的技术发展。当今，技术引领矿业发展，世界勘探技术正向综合化、高精度及宽领域方向发展。同时，随着全球矿产资源勘探广度和深度的不断拓展，深覆盖与高海拔地区、海洋和极地矿产的勘探开发速度不断增加，这带动了勘探技术、设备和方法的迅速发展和应用。在勘探技术方面，越来越倾向于采用多种技术综合勘探，航空遥感技术、地面探测技术、钻探技术等技术综合应用程度不断加强，勘探深度逐步加深。在勘探设备方面，设备的精度和分辨率不断提高，并且，矿产勘探设备逐渐向便捷性、安全性、智能性和人性化的方向发展。在勘探方法方面，勘探实践与地球科学研究的结合更加紧密，随着找矿领域的扩展及找矿难度的加大，在理论研究方面我们还需要不断地创新，更加注重对地球系统、成矿系统、勘探系统进行整体性研究。

二、树立风险防范意识，健全公司财务风险控制机制

财务活动的自身性质及企业所处环境的复杂性，使得财务风险存在于企业的各个环节，并且充满了不确定性。然而，财务活动的管理、财务风险的控制根本还在于人的活动、操作。提高经营者和财务管理人员的专业知识水平、职业判断能力、自身道德水平，以及培养具有风险防范意识的经营者和财务管理人员是有效预测、防范财务风险的有效措施。企业应该重视对财务风险防范意识的全面建立，通过全员参与、自主学习、相关讲座及培训等多种途径相结合的方式对企业上下进行广泛的财务风险意识培养教育，让员工意识到矿业行业的特点及其面临的财务风险现状。

矿业上市公司应建立健全财务风险控制机制，对公司所面临的财务风险应做到事前预防、事中控制和事后反馈，从而有效地控制财务风险。同时，从公司的治理角度来看，财务风险的控制与公司治理结构有着密切的联系，企业应该注意对公司治理结构的完善，加强内部控制。所以，矿业上市公司应该结合自身发展情况和先进的管理理念，完善自身的治理结构，提高经营水平和管理水平，在企业制度上确保财务风险的有效控制。

三、优化产品结构，提高赢利能力

面对不断变化的经济市场环境，矿业上市公司一方面要加强市场分析，灵活应对市场的瞬息万变，投资高质量矿业项目；另一方面要持续加强与国内外各个层面的合作，适时拓宽矿产资源，实现资源国际化配置。同时，政府应该加强宏观调控和市场监管，坚决遏制产能的盲目扩张，并且，着力发挥市场机制作用，完善相关政策，对待产能过剩要"消化一批、转移一批、整合一批、淘汰一批"，不断创新体制机制，加快政府职能转变，推进产业转型升级。总体而言，矿业上市公司应该努力调整和优化自身产业结构，积极开拓国内市场和拓展国外发展空间，增强自身的创新发展动力，从而提高自身的赢利能力。

四、完善资本结构

财务杠杆本身就是一把双刃剑,适度的资产负债有益于企业的健康发展,并不是举债越多,借入的资金越多,对公司的发展越好。财务杠杆作用越大,企业所承担的相应财务风险也越大。因此,矿业上市公司应该在已有的资金规模优势的基础上,提升对财务杠杆管理的水平,强化企业自身的资本运作能力。同时,企业应该采用多元化的融资方式,根据自身情况与所处的宏观经济环境选择合适的筹资方式,尽量采用多渠道的融资方式,改善公司的资本结构。这样,公司在充分发挥财务杠杆作用的基础之上,也将财务风险控制在一定的范围之内。

五、完善财务运行机制

(一)建立合理的激励机制与约束机制

激励和约束都是为了达到管理目标而进行的,企业内部的激励和约束机制是为了保证企业目标的实现而建立的。在企业管理中,片面强调激励或者约束都是不科学的,只有二者配合使用才能达到管理目标。就激励机制来说,应包括物质激励与精神激励两个方面。物质激励主要解决物质动力问题,即满足有关人员的物质需求,主要包括:以货币形态表现的,如工资、奖金、职务消费等;以非货币形态表现的,如期权或直接发放股权;其他形式,如各种保险等。精神激励主要解决有关人员的精神需求,可采用目标激励、政治激励、荣誉激励等方式。此外,企业还要建立完善的约束机制,如独立董事制度及奖惩制度等。特别是奖惩制度,可采取罚款、赔偿、扣减奖金等货币形式,也可采用行政处分等非货币形式。

(二)建立切实可行的投资决策机制

投资决策失误是企业财务风险产生的重要原因,因此,企业通过建立切实可行的投资决策机制可以提高投资决策的科学化水平,降低决策风险。一方面,要规范项目投资程序,做好项目可行性研究,尽量采用定量计算及分析方法,并运用科学的决策模型进行决策,防止因投资决策失误而产生的财务风险。另一方面,在投资决策中不仅要考虑投资机会和风险、企业发展目标和阶段、现有投资规模和结构及经营管理状况,还必须考虑财务匹配因素,即在企业经营或投资、筹资活动的现金净流量比较充足的情况下，企业投资的项目可以多一些，业务发展的速度可以快一些；在现金净流量偏紧的情况下，企业就要注意控制投资规模和掌握好业务发展的节奏，尽量减少与主业经营没有直接联系的投资项目，适当减少长期投资，将资金集中于主业竞争优势的培育方面，或兼顾一些投资少、见效快的项目，从而保证企业资金的良性循环，使企业的业务成长基于稳健的财务支持。

（三）建立科学的筹资决策机制

科学的筹资决策机制能有效地预防和降低筹资风险，负债经营是形成企业财务风险的重要原因。因此，债务筹资的规模、债务筹资的结构、债务筹资的成本和债务筹资的期限等是筹资决策的重点内容，具体涉及最佳资本结构的确定问题、长期债务与短期债务的合理搭配问题、债务筹资方式的具体选择问题和债务期限与投资期限的结合问题等。

（四）健全财务风险管理制度

企业财务风险管理制度是企业关于财务风险管理的具体规定，内容涉及企业财务风险管理目标的设立、企业财务风险管理机构的设置以及人员配备、各职能部门在风险管理中的权利和职责、企业财务风险管理的基本程序等方面。企业财务风险管理制度是企业进行财务风险管理活动的基本要求，健全的企业财务风险管理制度本身就已经消除了一部分财务风险发生的可能性。所以健全企业内部财务风险管理制度对企业防范财务风险是非常必要的。

六、提升现金流量管理水平

矿业企业是一个资金密集型企业，在对项目进行开发投资时，会耗费较多的资金。矿业企业如果不能合理地对企业资金进行管理和使用，可能会面临企业资金链断裂的危险，从而使企业正在开发的项目的实施进度可能会受到很大的影响，甚至会影响企业的整个经营管理活动。因此，矿业企业必须重视对现金流量的管理，提升现金流量管理水平。一方面，矿业企业要注重现金的有效管理，提高使用效率，制订企业资金运用计划，优化现金流，保证企业资金的及时回笼，从而保障企业现金的收支达到平衡；另一方面，企业的财务管理人员需要充分考虑企业货币的时间价值，盘活闲散资金，从而充分保障企业经营运作对资金的需求。

七、加强对境外投资的管理

目前,矿业企业为谋求更长远的发展,纷纷实施"走出去"的发展战略。然而,多数境外矿业企业的并购和投资是不成功的,即使成功并购,并购后的整合和运营难度更大。矿产品本身是国际化程度很高的商品,具有全球性的国际市场,价格形成机制也较为成熟,国际矿产品市场也正打破地域分割,向全球化方向靠拢。日趋活跃的国际矿产品贸易虽然为我国矿产品供应提供了充分的市场保障,但是,随着国际化的深入,越来越多的矿业企业意识到,不能将资源保障简单地理解为资源回运。中国矿业企业"走出去"已不再是简单地直接获取资源,而是以国际矿产品供应商的身份深度参与到全球矿业分工和资源治理当中。例如,有些资源在当地销售更有效益,而且也间接增加了对国内的供应。所以,以经济效益为中心是境外矿业投资可持续发展的关键之一。

我国矿业企业在进行境外投资时,一方面,一定要用国际眼光来看待问题,需要认识到每个国家的情况是不一样的,针对不同的国家应该采取不同的策略,切忌采用一个模式;另一方面,一定要尽量将各种要素进行优化整合,最大限度地发挥企业的优势。在风险勘查方面,矿业企业一定要注意勘查技术对勘查工作的支撑作用。在勘查方式的选取上,企业可以自主勘查,也可以与其他企业合作进行勘查,当然,两种方式结合起来效果更好。在项目并购方面,当前形势下,企业的商业化并购项目应该经过预可研或银行可研,最好选择上市公司为并购的对象;由于每个地方的情况是不一样的,因此本土化战略是首要的战略,并购的团队需要有丰富运作经验;现阶段,并购资产的对象应以成熟的项目为宜,这样有利于快速形成现金流,从而降低企业财务风险;实施项目并购的所在地宜选择法律健全、对华关系友好、基础设施齐全、不确定因素较少的区域。

八、发展负责任的矿业企业

当前,全球对于发展负责任的矿业企业已经达成共识。国际上,关于采矿业的相关规定和标准更加严格和多样化,并且在矿产资源的勘查开发方面,对于信息披露、环境保护、社区参与等方面的要求也越来越严格,这意味着对矿业企业提出了更为严格的监管要求。在环境污染问题备受关注的今天,如何实现绿色发展和转型是矿业企业需要关注的问题,从某种程度上来说也是对企业的财务风险进行一种事前控制。实时顺应全球趋势,积极主动谋求转型,矿业企业应掌握主动权,避免由于环境、政策法规等因素造成企业财务危机。为此,矿业企业必须建立健全绿色转型长效机制，探索绿色发展道路。一方面，矿业企业应该建立关于环境保护的资金投入稳定增长机制，加大对绿色技术研发资金的投入力度，鼓励对开发矿产资源综合利用技术、节约和替代技术、能量梯级利用技术等具有重大推广意义的资源节约和综合利用技术进行研究；另一方面，矿业企业应该采用低能耗、低污染、大循环的生产方式，谋求与城市和谐共生之路，探索"以绿色制造发展企业、以绿色产品服务社会、以绿色企业融入城市"的发展之路。

九、规范企业治理结构

企业治理结构不合理是企业财务风险产生的重要原因，因此规范企业治理结构是防范企业财务风险的基础。

（一）建立明确的产权制度

明确的产权制度是建立在明晰的产权关系基础之上的。众所周知，人类社会存在两大基本关系，一是社会关系，二是经济关系。经济关系是人类社会最基本的关系。人们的经济利益体现为财产所有权，人们之间发生的经济关系是以财产交换为基础的，可见产权关系是社会经济关系的基础，是市场经济中最基本的经济关系。企业作为社会经济组织，其产生的动因和维系的纽带就是产权关系，产权明晰是责权明确的基础。责权明确，企业的生产经营才能正常进行，否则企业就失去了存在和发展的基础，也就谈不上财务风险的防范了。目前我国部分企业仍然存在产权不明晰，或产权形式上明晰，实质上不明晰等问题。这些问题不仅国有企业中存在，民营企业也同样存在。这是诸多企业财务风险显现，进而导致财务危机的重要原因。

（二）建立董事会对经营者的督导制度

董事会对经营者的督导制度是规范的企业治理结构的标志。在实行委托代理制的企业中，经营者的逆向选择与信息的非完全对称性是经营者"内部人控制"产生的基本原因。为此，董事会必须建立对经营者的督导制度，其内容主要包括委托监督、委托责任目标考核制度及相应的信息支持系统。通过上述制度及系统，董事会可以对经营者进行适时追踪控制，一旦发现经营者行为偏离既定财务目标，可能导致财务风险时，即以委托者与最高决策者的身份发出指令，责令经营者及时纠正。

（三）协调委托代理关系

现代企业的委托代理关系呈现出多维多级的状态。在现代企业中，由于所有权和经营权的分离，产生了所有者（股东）与经营者（管理当局）之间的委托代理关系以及债权人与所有者之间的委托代理关系。另外，从企业管理层次来说，股东大会是企业最高权力机构，股东大会将企业经营权和一些经营方针政策的决策权交给董事会，董事会又将企业日常经营管理权交给企业经理，企业经理又将企业的经营管理职能细分，一层一层委托下去，直到基层管理人员，这样，在企业内部就形成了多层委托代理关系。委托代理关系是企业内部的基础关系之一，渗透到企业各个管理职能和管理层面，在企业管理中起着决定性的作用。

由于委托代理关系双方之间一般存在着利益矛盾和信息不对称现象，这就决定了代理人有损害委托人利益的动机和可能性，委托人目标的实现就面临着风险。在委托代理关系中，委托人通常为了促使代理人的目标与自己的目标相接近而采取一定的激励手段，代理人为了取得委托人的信任而愿意接受委托人提出的一些约束条件。然而，在现实中代理人所受到的利益诱惑可能远大于委托人提供的物质激励，由于代理人掌握着足够多的信息，其所采取的逆向选择行为可能远非委托人制定的约束条件所能够约束的。在这种情况下，委托人只有通过重新调整委托代理关系才能减少代理人损害自己利益的行为。在企业财务风险中，有相当一部分是代理人为了自身利益牺牲委托人利益而产生的道德风险，这部分财务风险只有通过企业内部委托代理关系的调整来防范，即建立规范的企业治理结构。

第六章 矿业企业财务管理信息化

第一节 企业财务管理信息化

一、企业财务管理信息化相关概念

企业财务管理信息化的发展是以财务管理信息系统作为主线索的，而财务管理信息系统的建设和发展是以财务信息为核心的。

（一）财务信息

财务信息是为了满足企业财务管理、控制和决策需要而生成的信息。在当代企业管理中，管理的内容被分为具体的管理和抽象的管理两部分内容。其中，各业务部门的管理是具体的管理，它属于企业价值增长的基本活动；而财务管理虽然以资金作为其管理的主要对象，但在整个企业管理层面它却是价值综合管理的最主要和有效的手段和内容。从管理实践的经验来说，我们在多年以前就提出了"企业管理以财务管理为中心"的基本思想，这是企业管理的实务界在长期管理实践后总结出的基本观点，这一观点客观上也印证了我们上面的理论分析。也就是说，财务管理必然成为企业管理的中心。在企业管理信息化的实践中，我们必须时时体现出这一观点，使财务信息成为企业管理信息化的导向和核心。

另外，财务和会计历来是紧密联系的两部分内容。会计分为财务会计和管理会计，财务会计的对内监控决策内容和管理会计的是相互渗透的，财务会计也可以作为其重要的信息来源。在企业管理过程中，预算是各项经济业务在执行过程中所追求的目标导向，会计通过对经济业务事中、事后的核算以及与预算目标的比较分析，发挥着会计信息对企业经济业务的监控作用，会计信息也就成为财务管理信息化的重要依托。

实际上，财务信息化作为财务管理和控制的一个发展方向，它必须依托一定的工具和手段，而以财务信息为核心的财务管理信息系统恰能实现诸多的财务管理和控制功能，财务信息包括会计信息也就成为其核心内容。另外，财务管理作为企业管理的中心内容，财务信息和会计信息也就成为企业管理信息化的中心所在。

（二）财务管理信息系统

财务管理信息系统是财务管理信息化实现的手段和工具，它是企业管理信息系统的一个组成部分。企业管理的核心是财务管理，企业管理信息化的核心是财务管理信息化。但是，我们在界定财务管理信息系统的构成时会有一定的困惑，因为，我们通常理解的财务管理信息系统似乎跨越了企业管理信息系统的很多部分，很难将其与其他系统严格地区分开来。例如，会计电算化很大一部分是执行事务处理系统的功能；财务软件可以提供预算差异分析等功能，这也可以看作企业"管理信息系统"的一种管理控制功能；一些先进的财务软件可以提供一些模型和专家集体决策机制辅助财务决策，这又似乎是"决策支持系统"和"人工智能系统"的功能。

实际上，计算机系统之间是没有任何物理分隔的，组织信息系统是一种逻辑的管理信息系统而不是物理的管理信息系统。从系统集成的角度来分析，广义的财务管理信息系统包括四个子系统：即事务处理系统的子系统——会计事务处理系统、管理信息系统的子系统——财务管理信息系统、决策支持系统的子系统——财务决策支持系统以及人工智能系统的子系统——财务人工智能系统。它与其他事务处理系统、管理信息系统的其他部分、决策支持系统、人工智能系统都有接口，可以实现信息的共享；同时它与上述系统间又有所分工，专门收集、处理与财务管理信息有关的数据与信息。另外，广义的财务管理信息系统内部的四个模块又有各自的侧重点，会计事务处理系统侧重于收集和处理与财务管理有关的原始数据，财务管理信息系统侧重于日常的财务管理与控制，财务决策支持系统侧重于提供财务决策支持，而财务人工智能系统则侧重于为预测分析和决策提供知识体系和思维方法。

狭义的财务管理信息系统是向企业中包括财务总监在内的所有的财务管理者提供财务信息的管理信息系统，它包括输入和输出两个子系统。会计信息系统是狭义的财务管理信息系统输入子系统的主要组成部分，此外输入子系统包括财务智能子系统。输出子系统有三个，它们会对公司的资金流产生影响：预测子系统规划公司在经济环境中的长期活动；资金管理子系统将对资金流的产生、平衡和盈利进行管理；控制子系统可以让管理者有效利用获得的各种资源。在其他商业领域信息系统的支持下，输出子系统包含各种各样的能将数据转化为信息的软件。

二、企业财务管理信息化发展

（一）企业财务管理信息化发展历程

企业财务管理信息化发展是和企业管理信息化的发展密切相关的。从信息系统所担负管理职能的角度分析，企业信息化管理先后经历了事务处理系统、管理信息系统、决策支持系统以及智能系统等多个阶段；从其应用的角度看，早期计算机应用于企业管理主要是为了解决基层员工事务处理的需要，之后它才逐渐向中高层以及企业整体扩展。作为企业信息化管理的一部分，财务管理信息系统是与之同步发展的，先后经历了核算导向型财务管理信息系统、控制导向型财务管理信息系统和决策导向型财务管理信息系统等阶段。

1. 事务处理型信息化管理与核算导向型财务管理信息系统

20世纪中叶，计算机开始应用在企业会计和统计工作的数据处理上。在早期应用中，一般采用单机操作的模式，并没有在企业内部网络的基础上进行。随着网络技术的发展以及企业管理业务对数据输入及时处理要求的提高，事务处理系统发展出了联机处理方式，实现了网络化的管理。事务处理型信息化管理模式的主要功能是能够方便、快捷、准确地进行数据记录、分类、检索、计算和汇总，并能按用户要求定期或不定期地生成管理报告和财务报告。从应用范围来看这种管理模式主要适用于企业的决策执行层，满足的是部门基层人员工作的需要，因此，它所依赖的信息系统往往是独立的，是大型管理信息系统的一个相对独立的组成部分。

这一阶段的财务管理信息化才刚刚起步，以会计核算为主要目的，会计电算化是其基本的表现形式。会计电算化具体指把以电子计算机为代表的现代化数据处理技术应用于会计核算与财务管理之中，把IT理论和技术应用于会计核算和财务管理工作中，以提高财务管理水平和管理经济效益，进而实现会计工作的现代化。会计电算化改变了会计核算方式、数据储存形式、数据处理程序和方法，扩大了会计数据领域，提高了会计信息质量，改变了会计内部控制与审计的方法。计算机应用于会计核算工作，极大地减轻了会计人员核算工作的强度，提高了会计核算的效率和准确度，同时引起会计工作组织和人员分工的调整，促进了会计人员业务素质以及会计工作效率和质量的提高。

国外会计电算化的发展经历了三个阶段，即单项业务处理阶段、综合数据处理阶段和会计数据系统处理阶段。我国的会计电算化工作从 20 世纪 70 年代末期开始，基本上也经历了三个发展阶段，即缓慢发展、自发发展和有计划稳步发展三个阶段。

一个会计信息系统通常由多个不同功能的子系统组成。每个子系统完成特定的会计数据处理工作，提供特定部分的会计信息；各子系统之间互相传递信息，共同实现一个特定的系统目标。会计的三项基本职能是反映、监督和参与决策，也分别称为会计的核算职能、管理职能和决策职能。会计核算反映企业的经营活动情况，会计管理监督企业的经营活动情况，会计决策参与企业的经营管理。因此，会计电算化信息系统按职能通常分为核算信息子系统、管理信息子系统和决策支持子系统。其中，每个子系统可根据会计业务的范围继续分解为若干个子系统或若干个功能模块，如图 6-1 所示。

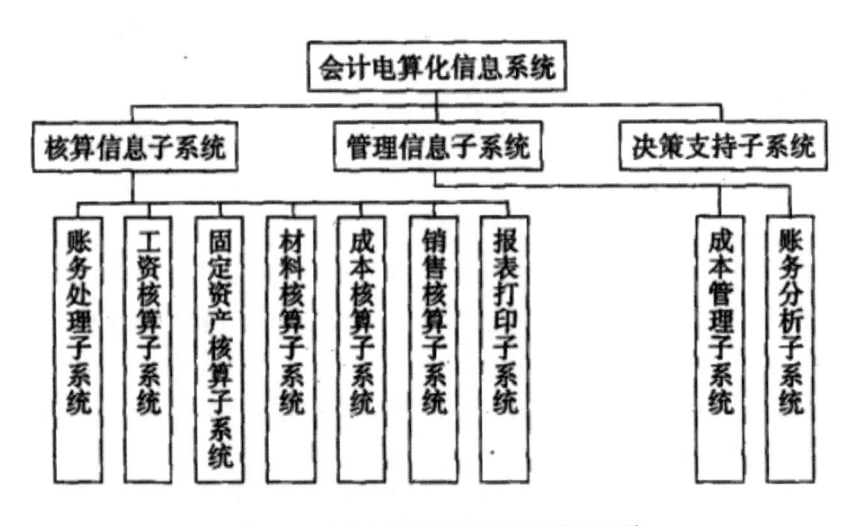

图 6-1　会计电算化信息系统及其子系统

2. 综合职能型信息化管理与控制导向型财务管理信息系统

企业对内部管理要求的精细程度日益提高，希望能够将企业战略准确地以各类业务信息的形式贯彻到中层管理人员，早期事务处理型的管理模式已不能适应要求，综合职能型的信息化管理模式登上了企业管理的历史舞台。与事务处理型模式不同，综合职能型信息化管理能够随时为各类管理层提供所需信息，它涉及多个职能部门,不仅能满足各个部门管理的需要,还提供各个部门交叉的综合职能,能够从多个部门或业务过程中获得基础数据和信息。并且,在实践过程中出现了大型的网络化管理信息系统。

此时核算导向型的财务管理信息系统已经不能满足综合职能型信息化管理的要求。财务管理信息系统进一步发展到以核算为基础,通过计算机联网,将预算分解到各个部门,将会计数据传达到需要的部门,达到及时控制责任中心、控制企业生产经营活动的目的。

3. 决策支持型信息化管理与决策导向型财务管理信息系统

一般来说,综合职能型的信息化管理模式只能解决常规性业务的信息支持问题,对于非常规性业务,尤其是重大决策等业务无法提供分析信息。同时,伴随着企业间竞争的日益加剧,战略决策在企业发展过程中的地位日益提高,如何为企业高级管理层提供相关信息支持逐渐成为企业管理变革的中心问题。在这一背景下,决策支持型信息化管理模式应运而生。一方面,该模式所依赖的信息系统装入了许多可供选用的模型,在外界环境具有不确定性的情况下可以进行模拟运行,从而考查其执行结果。20世纪70年代后期的管理实践中,还出现了将专家经验集中存入计算机,从而实现人工智能化的专家型决策支持系统,它为最终科学化的管理决策提供强有力的信息支持。另一方面,为了满足高级管理层的信息需求,20世纪80年代后期还出现了专门服务于企业高层的主管信息系统和主管支持系统。这些系统通常从各种事务处理和管理信息系统中提取信息,并将视角延伸到企业之外,关注国内外经济、科技和社会的发展,既能使企业高层管理人员对企业内部经营状况了然于胸,又能使其准确把握外界环境的变化,为管理变革和战略决策提供及时的信息支持。

决策支持型信息化管理要求财务管理信息系统的发展满足其决策的需要。决策导向型财务管理信息系统具有核算和控制功能,可为重大决策提供财务数据。财务管理信息作为一种综合信息,它是将会计数据和外部数据进行了进一步的加工和分析得到的。财务管理信息系统,一方面要能够及时地对企业生产经营活动的事项进行账务处理,以达到控制的目的;另一方面要能够对数据进行快速分析和汇总,并将结果通过数据接口及时地传递出去,为企业决策服务。

4. 集成一体型信息化管理与进一步发展的财务管理信息系统

传统的信息化管理模式往往具有内部职能管理、生产控制、产品设计销售等单一目标,缺乏对业务流程的综合控制,因此,对于企业核心资源在各种经营过程的分配、使用效率和效益的控制上往往缺乏支持手段，这就对将企业各类管理进行结合、集成并一体化提出了要求。在企业管理的发展历史中，先后出现了物料需求计划管理、计算机集成制造系统、企业资源计划管理等多种财务管理信息系统，真正实现了高度集成的信息化管理，保证了企业资源的合理分配和使用。在集成一体型信息化管理中，财务管理信息系统需要进一步发展，和企业其他管理信息子系统优化组合，以适应业务流程再造后的需要。

综上所述，财务管理信息化的发展基本上经历了一个"先局部、后整体"的历程，体现出逐步集成的特征。从其完成的基本功能来看，它先解决对外报告的问题，然后逐步转移到内部管理上来。这种功能的转移也是逐步的，是信息化管理在实践中不断摸索逐步前进的鲜明写照。在这些功能得到基本满足后，财务管理信息系统开始和企业其他管理系统，如生产管理系统、质量管理系统、营销管理系统、研发管理系统等进行整合，构成了一体化的企业管理信息化模型。从财务管理信息化应用的范围来看，财务管理信息系统早期是局限在财务部门内部使用的。随着信息化管理实践的发展，财务管理信息系统和其他系统实现了对接，财务管理部分职能扩展到财务部门之外。当企业管理信息化发展到一体化的阶段，财务管理信息系统也和外部专业管理系统实现了一体化，并成为企业管理的核心内容。

（二）我国企业财务管理信息系统的发展历程

我国企业运用计算机及网络技术进行财务管理的历史可以追溯到20世纪70年代末。我国企业财务管理信息系统经历了以下三个发展阶段。

1.20世纪80年代中期以前：统计存储型财务管理信息系统

20世纪80年代中期以前，企业的管理是以生产管理为核心的，企业的财务工作也相应地表现为报账型财务，以编制各种统计报表为中心。在这一阶段，为了满足企业内部财务工作的需要，大部分企事业单位都采用自主开发的模式，开发了一批满足财务部门工作需要的财务软件。但是，由于软件开发的周期较长，投资额较大，并且大部分企业缺乏相应的开发经验，信息系统往往依赖于软件技术人员个人，同时企业内部管理还没有对软件表现出迫切的需求。因此，这一阶段开发出的软件质量不高，真正开发建成并投入运行的财务管理信息系统不多，建成后其实际发挥的作用也十分有限。

2. 20 世纪 80 年代后期—20 世纪 90 年代中期：事务管理型财务管理信息系统

20 世纪 80 年代后期—20 世纪 90 年代中期，高经济效益成了企业经营管理的目标，生产和经营同时成为企业管理的中心，财务部门在企业管理中发挥着越来越重要的作用。财务部门的工作逐渐向管理型方向发展，这迫切需要先进信息系统的支持。在这一阶段，为了避免自主开发专用财务软件所带来的各种问题，同时为了抓住财务软件市场上的巨大商机，软件界和财务界均提出了开发和使用通用化、商品化财务软件的设想，并为此于 1988 年 8 月在吉林召开了财务管理信息化专业讨论会，确定了开发设计通用商业化财务软件的措施。但是，通用商业化财务软件的一个重要特征就是标准化业务，它仍然侧重于财务部门的内部事务管理，其在企业经营管理中发挥的作用也主要是面向经营结果进行事后核算、分析，因此，这一阶段的财务信息化管理主要体现出事务处理的特征，其本质仍是核算型的管理模式。

3. 20 世纪 90 年代中期至今：分析控制型财务管理信息系统

20 世纪 90 年代中期以后，我国企业管理进入资源管理的时代，企业要实现对物流、资金流入的综合控制，就需要可靠的信息支持，因此，信息管理成为企业管理的发展方向。在这一阶段，财务管理真正走出了财务部门，企业的信息化管理也相应地从财务部门扩展到整个企业，以企业为起点，实现了面向过程和未来的事前计划、事中控制、事后分析的管理。这一阶段的财务管理信息系统功能上突破了统计存储和事务管理的局限，实现了信息存取与日常业务工作的有机结合，极大地拓宽了企业财务管理的范围。

三、企业财务管理信息化的新发展——财务共享

（一）财务共享的时代背景

1. 财务共享服务的概念

"共享服务"模式起源于美国，国内外学者对其概念有许多不同的理解，得到广泛认可的定义是共享服务奠基人之一奎恩提出的，具体表述："共享服务是一种商业经营模式，即以顾客为中心＋服务收费＝商业。以顾客为中心意味着只有拥有明确的顾客群，公司后台部门的工作才能得到保障。公司后台部门在设计服务产品时，需要根据作为客户的公司其他部门的实际需求和其愿意支付的价格来提供有针对性的服务"。

共享服务模式下的企业管理层，为建立一个相对独立的共享服务中心，将分布在各业务单元的同类业务的相关支持部门进行整合。在共享服务中心里的每个工作单元，都在为企业内所有业务单位带来各种业务支持。共享服务主要依赖于多种远程手段，如企业资源计划系统、电话、网络等，并且会根据一定标准收取费用。企业内部客户只需享受来自业务支持部门的业务支持服务就好，这样免去了自行设立相应的业务支持部门的步骤。随着通信技术的发展，以及企业资源计划系统的完善，这种业务支持服务的整合，完全适用于国家、区域乃至全球范围。财务共享服务模式是共享服务领域中最普遍、最典型，也是最重要的组成部分。

2. 财务共享服务的基本特征

尽管企业应用财务共享服务，在其方式方面存在一定差异，但其特点主要有以下几点。

（1）作业标准化

对于任何一家企业来说，在应用服务共享服务模式方面的最基本的诉求，就是利用流程管理来实现两个方面的目标。首先，在实现作业标准化、规范化的同时，实现强化内控并创造价值。其次，针对原分散的非标准化相关方面的业务流程，建立统一的操作模式，以及执行统一的标准。作业标准化为财务共享服务中心的稳定运作奠定了基础。

（2）规模效应

关于财务共享服务模式受到全国上下诸多大型企业热捧的原因，概括起来就是企业财务交易处理量随着企业规模的扩大而扩大，这时，企业通过对以前协调性较差的相关业务活动以合并的方式，来形成规模经济，可以说这一手段是企业可以实现成本降低的重要前提。

（3）技术依赖

关于财务共享服务中心，概括起来就是随着高新技术的发展，以及在高新技术支持下而产生的一种新型产物。财务共享服务中心的日常运营有赖于具有高度集成和高效运转两方面特征的相关系统与工具，即软件系统及远程电子通信工具，通过它们财务共享服务中心可以实现远距离服务取代面对面服务。一般情况下，财务共享服务中心在运营过程中将会使用到的高新技术，主要包括电话语音技术、数字化技术等。

（4）服务导向

关于财务共享服务中心，述说起来，一是以顾客需求为导向；二是以提高客户满意度为宗旨。此外，财务共享服务中心为顾客提供一种专业化服务，并且这种服务具有高质量、高效率两个方面的特征，主要包括交易处理、信息披露，以及管理支持和财务数据产品等方面的服务。

（5）市场机制

一个相对成熟的财务共享服务中心，其一般采用个人独立运营的运营方式，并且以商业模式来进行计价收费。同时，财务共享服务中心还有可能会通过引入外部服务供应商的竞争机制的方式，由内部客户选择服务方，这样一来，不仅可以提高财务共享服务中心所提供的相关业务的服务效率，还可以使它的服务质量得到大幅度提高。事实上，财务共享服务中心与内外部客户之间的服务关系，主要是通过签订服务水平协议的方式确定的，该协议不仅对服务内容、时间期限有明确的标注，还对质量标准、服务前提等方面有清晰的界定。

（6）专业分工

财务共享服务中心为客户提供的具有专业化特征的财务共享服务，是以服务内容为依据，根据其所需专业知识和技能的不同，来细化内部职责分工的。

3. 财务共享服务的发展趋势

当前，从国外财务共享服务现状的视角来看共享服务可知，它对企业经营管理的良性发展具有十分重要的作用，运作模式较为成熟，发展方向比较明朗。学者普遍认为，财务共享服务在未来将呈现出以下四大发展趋势。

第一，将共享服务中心外包。

第二，建立虚拟共享服务中心。

第三，从区域性中心逐渐向全球性中心发展。

第四，共享服务中心的功能将会得到进一步的扩展。

我国的财务共享服务起步较晚，成熟度不高，发展趋势还有待观察研究。现阶段，我国财务共享服务的发展还面临诸多挑战，而财务共享服务中心成功建立的关键在于人才管理。同时，建立财务共享服务中心，或者对财务管理进行外包，本身就是对企业财务组织进行的一场重大变革。

在这种变革下，财务人员的专业化分工更为明显，这对财务团队产生了巨大的影响，员工转岗安置和流失成为必然。财务共享服务是一种变革和创新，不应当拘泥于某一种具体形式，其角色定位为会计工厂或管控中心或其他，取决于实际运作模式、承担的具体职责以及发挥的实质作用，脱离实际有偏差的定位甚至误解很可能严重阻碍财务共享服务模式的健康发展，影响财务转型的成效。因此，构建成功的财务共享服务模式，人才因素是关键，也是挑战，人才的培养应当提升到企业战略高度。

4. 财务共享引领财务变革

在数字经济时代，共享是其中重要的一项特征，同时，共享也是企业集约化管理、建立新生态的主要模式。对于企业而言，能集中的资源都要共享，人力资源、采购、法律、信息技术、研发等都将纳入共享中心的管理范畴。同时，财务共享对未来大共享的发展，有着统领作用。集团企业在选择财务共享模式时，要结合当前企业客观的管理现状、业务需求，同时，还要明确未来优化方向，这样企业必将迈入大共享时代。

财务共享在适应集团企业战略发展的同时，也可以充分满足企业内部管理需要，可以说，财务共享是引领大共享时代的先驱者。

"新财务·大共享"是比较新的管理理念。相较于以往的财务管理，财务共享主要有以下几个方面的转变。

第一，从注重结果转变为注重过程。

第二，从格式报告转变为智能决策。

第三，从业务监督转变为战略指引。

第四，从业务记录转变为价值创造。

第五，从管控转变为管控与服务并重。

在大共享时代，对于集团企业而言，管控服务型财务共享必将扮演越来越重要的角色。首先，财务共享对管理会计和大数据二者的融合，有着推动的作用。其次，管理会计不仅可以为大数据提供模型，还可以为大数据提供场景，继而既可以促进企业数字化转型，又可以促进财务转型。

财务共享能实现管理规范化、强化集团管控、优化业务流程、节约成本；有效执行财务政策，可优化财务部门结构，使财务价值提升；整合企业财务数据、经营数据，可使企业商业预测能力和决策支持能力得到提升，实现新的商业盈利模式。

财务共享主要从三个方面来为企业财务转型奠定基础：一是管理层面；二是组织层面；三是数据层面，如图 6-2 所示。财务共享服务既能使内部流程制度标准化，也能实现财务职能的专业化分工，除此之外，还能充分利用大数据技术，来实现共享中心的构建，这些都有助于企业进行财务转型。总而言之，财务共享推动了财务转型。

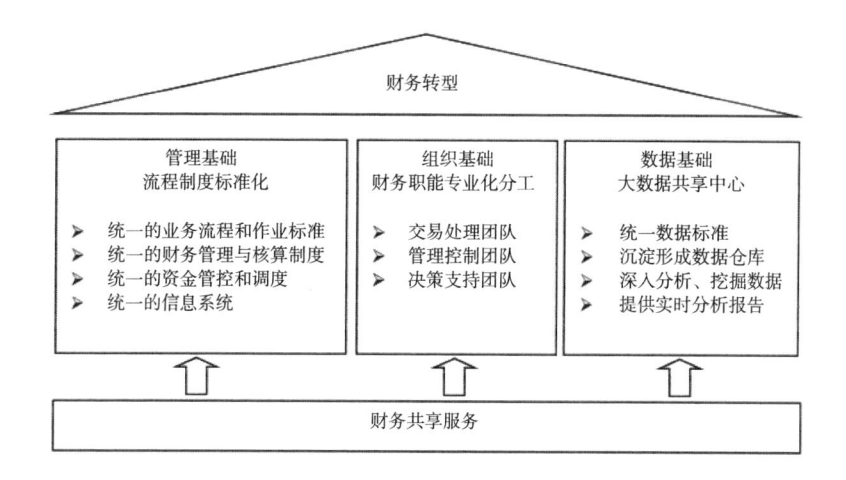

图 6-2　财务共享为财务转型奠定基础

进入云计算、大数据时代，企业财务转型以财务共享服务为代表，通过流程的变革、职能的转型、专业化的分工，财务管理一脚迈进了共享服务的新时代。此外，随着我国经济逐渐进入"新常态"，财务共享理念将从导入期进入业务应用的爆发期。

众多企业一方面依托于财务共享，来展开财务转型；另一方面把财务共享作为企业展开"互联网+专动"的切入口，从而促成财务共享的爆炸式发展。

（二）财务共享的框架构建

1. 财务共享的框架

（1）财务共享服务的管理框架

服务管理是共享服务模式与简单财务集中区别开来的关键之处，是财务共享服务中心与服务对象间新型组织关系的维系纽带。服务管理框架包含两大主题，即服务水平协议及客户服务管理。

①服务水平协议。这一主题是财务共享服务中心服务管理的重要组成部分。财务共享服务中心领域下的服务水平协议主要包括服务范围、职责分工、服务水平评价和服务水平报告。服务范围指财务共享服务中心向服务对象提供的具体服务项目。职责分工用于明确服务对象与财务共享服务中心分别承担的责任。服务水平评价是度量服务水平的关键指标。服务水平报告用来判断服务水平目标是否实现。关于财务共享服务中心的工作流程，首先需要确定服务对象，然后根据实际情况与服务对象共同对财务共享服务中心承担的服务范围、职责分

工、服务水平评价和服务水平报告进行分析，最终达成一致认识。

第一，服务对象。财务共享服务中心的服务对象主要包括公司内相关业务部门、业务人员；各级财会部、财务人员，以及公司员工；外部中介代理机构、代理人，以及供应商。

第二，服务范围。服务范围指财务共享服务中心为服务对象承诺的，将会提供的服务内容。

第三，职责分工。省级财务共享服务中心的职责：一是提供服务范围内规定的服务；二是对服务对象所提供的数据及文档进行保存和维护；三是解答服务对象提出的问题，在保证服务质量合规的前提下提供成本最低的服务，持续提升服务质量和效率。

第四，服务水平评价。首先，服务水平度量指标的设计原则：指标设定需满足SMART原则，即可明确、可衡量、可达成，以及有相关性、有时间限制。其次，服务水平标准的设定：考虑共享服务模式对工作效率的影响，设定能够充分满足客户需求、节约成本、提高效率的度量标准。

第五，服务水平报告。财务共享服务中心的服务水平报告的内容至少包括实际评价结果与预期的比较分析，绩效随时间的变化趋势（同比、环比、月度趋势、年度平均），对指标变化的合理解释，重要的改进计划等。财务共享服务中心可以通过自主提取的方式发送报告给相关人员（门户还可以提供服务水平协议内容、版本查询、服务问题日志、客户满意度调查、结果查询等），利用商务智能系统，在线动态展现汇总的关键服务水平指标和其变动情况。

②客户服务管理。客户服务主要包括收集和处理服务对象的信息查询、投诉和建议，对客户满意度进行调查等内容。财务共享服务中心需要建立完备的客户服务管理机制。

客户服务管理基本方式有以下三个。

第一，财务共享服务中心规范统一沟通流程、发布联系方式，帮助需要与财务共享服务中心进行沟通的服务对象方便快捷地找到财务共享服务中心内对应的业务负责人。

第二，按关键事项安排专人负责与服务对象的沟通，提供及时、准确、有效的信息查询服务。

第三，设置专岗或专人负责记录由于服务延迟、操作错误、服务态度不好等造成的投诉，负责记录客户提出的针对服务质量、流程等方面的改进建议，负责定期对客户满意度进行调查，对调查结果进行分析，针对不足提出改进建议并推动改进落实。负责人通过与各层级客户针对服务管理进行沟通，对服务水平、客户满意度等进行评定和管理。

客户服务管理沟通指财务共享服务中心与服务对象之间定期的、有针对性的讨论和交流，主要包括以下三个层面。

一是管理委员会议。其主要负责审阅财务共享服务中心的相关服务水平与组织绩效报告，并调整下一年度服务水平与组织绩效指标目标，对财务共享服务中心预算完成与成本发生情况进行讨论，对已发生重大事故或问题的后续处理做出指示，审阅并批准服务范围、服务对象、服务管理框架下的各种事项，包括各项制度、标准的修改等。

二是服务管理例会。其主要是评价省级财务共享服务中心服务水平是否达标，审核财务共享服务中心提出的变更需求，并提交服务管理委员会批准，审核财务共享服务中心服务管理框架下各项制度、标准的调整方案，审核持续优化措施和实施方案，监督正在实施的各类变更或业务改进，推动未决事项，确保其进度。

三是日常业务沟通。其指伴随日常业务处理的发生，服务对象业务部门与财务共享服务中心展开的日常业务沟通。

财务共享服务中心通过满意度调查收集客户对财务共享服务中心改进的需求，并定期发布客户满意度调查报告。调查报告主要包括满意度调查指标、对相关财务共享服务中心的改进建议等。财务共享服务中心最终做出客户满意度调查报告，对调查整体结果进行分析，并提出相关改进建议。

（2）管控服务型财务共享信息化框架

管控服务型财务共享中心是一个基于企业资源计划系统，建立起的业务、财务的数据存储，以及相关信息处理中心。企业利用企业资源计划系统来整合分布在各个单元的、零散的财务和相关业务数据，并将这些数据上传共享中心，然后展开标准化和规范化处理，这样可提高业务处理效率，帮助企业精简业务。相应的企业通过共享中心来进行数据存储和标准化流程的展现，这样做的优点：首先，有助于加强对下属运营单元的管控；其次，有助于企业进一步延伸业务；最后，为企业降低运营成本带来可能性，为企业实现"业财一体化"奠定基础，可更好地支持企业的经营管理。

相较于以费控为主的一般财务共享信息系统，管控服务型财务共享的企业资源计划系统更加强调"业财一体化"。其工作流程不再以报账为起点，实际上以业务为驱动，并且将管控前移，也就是所谓的先有业务后有财务。业务数据推送生成报账单，为财务数据来源提供依据，方便追溯联查，强调横向的业财一体化管控。管控服务型财务共享信息化更加注重与业务系统的集成，如在原有集团财务及企业资源计划系统基础上，建立共享平台与业务系统的横向连接。

总的来说，在"业财一体化"的运作模式中，企业通过对制度及流程的梳理规范了从业务到财务，包括资金中心、税务中心、财务共享中心在内的标准化的业务作业流程。企业通过真实业务数据来反映其实际经营情况，实现业务与财务的高效协同。并且业务与财务数据的清晰，有助于业务部门与财务部门明确权责、规范业务过程、规避运营风险，真正做到在一个平台上实现业财融合。

除了企业资源计划系统之外，管控服务型财务共享中心信息系统的建设还有赖于五大平台的运营。五大平台与企业内部企业资源计划系统无缝集成，帮助企业构建了完整的管控服务型财务共享中心信息系统的整体框架，有助于企业简化日常运营和管理，真正实现财务业务的信息化落地。

通过这套完整的信息系统，企业能够提升自身财务业务的处理效率及质量，创新财务管理模式，充分发挥财务共享服务对基础财务核算业务的监控和指导作用。

2. 财务共享框架构建的技术支持

（1）企业资源计划是管控服务型财务共享的重要支撑

企业资源计划系统的建立以信息技术为基础，并且集信息技术与先进管理思想两方面内容于一身，是建设管控服务型财务共享中心的基础。

企业资源计划的出发点是系统化的管理思想。企业资源计划管理平台可为员工及管理层提供决策信息，它实现了企业内部资源和企业相关外部资源的整合。企业通过软件和平台把自身的各个组成部分与环节紧密地连接起来，其中，主要包括人、财、物、产、供、销，以及物流、信息流、资金流等，最终实现资源优化和共享。关于管控服务型财务共享中心的企业资源计划系统，首先，它打破了传统企业边界，对企业资源从供应链范围的角度入手展开优化；其次，企业通过企业资源计划系统可以满足市场对企业在合理调配资源方面上的要求；最后，企业资源计划系统不仅在改善企业业务流程方面有着重要的作用，还在提高企业核心竞争力方面有着极为重要的作用。

企业资源计划系统由许多模块构成，其中主要包括财务核算、资金管理、供应链、生产制造等模块。

①财务核算。总账处理适应于各行业的企业、行政事业单位的业务处理，一方面，对大中型企业深化内部管理方面的需要，可以进行充分的满足；另一方面，既可以完成复杂的财务核算，还可以实现复杂的管理功能。其中，除了包括初始建账凭证处理，以及出纳管理功能之外，还包括账表查询，以及月末处理等方面的功能。

②资金管理。资金管理主要包括基础数据、账户管理，以及资金结算、内外借贷票据管理等内容，集团可以将资金集中管控思想有机融合在各个业务处理的流程和环节中，以实现对整个集团多方面的管理。

③供应链。供应链管理包括对最初原材料、最终产品，以及消费的整个业务流程的管理，将从供应商到顾客的所有企业连接了起来。

④生产制造。生产制造管理为企业提供全面的生产计划。在企业的生产管理过程中细致有序的车间管理，再加上快捷简便的成本核算系统，可以起到理顺生产管理的作用。

虽然企业资源计划系统包含多个子系统和多个模块，但其中财务系统处于中心地位。财务系统模块与企业资源计划系统的其他模块搭建有相应的接口将专业的财务知识隐藏到了业务的背后。业务人员录入的信息会自动记入财务模块生成会计分录，企业资源计划系统去掉了传统会计核算软件需会计二次输入凭证的烦琐步骤，同时把物流、供应链、人力资源等事务和资金流有机地结合起来，除了是一个大规模的集成模块之外，还是一个高级的集成模块。

财务共享中心的建设，离不开企业资源计划系统的支撑。管控服务型财务共享系统所提倡的速度、信息、透明等理念正是企业资源计划系统的核心优势，财务共享中心需要以企业资源计划系统为基础，并依托这一系统，来使会计基础核算、工资核算，以及收支核算等日常业务独立开来。

在没有财务共享中心之前，企业资源计划系统直接与外部环境联系，在标准化和规范化的流程处理方面，是较为缺乏的，不仅容易导致内部工作重复的状况，还容易引起组织结构混乱等状况。而建立财务共享中心之后，可以利用其信息化平台，以互联网及云计算平台作为数据传输渠道。首先，重新部署数据库服务器。其次，开发现有系统平台。再次，重新确定组织机构，重新确定岗位任务。最后，落实那些可以提高财务流程效率的相关措施，使得资产和资金的安全性得以提高。

在财务服务方面，管控服务型财务共享中心能够优化企业资源计划系统中最关键的财务子系统的工作模式。

财务共享中心抽出企业资源计划系统中的财务管理模块，管理各子系统中的一切与费用相关的业务，这样就组成一个相对封闭的环境，能够按照一定的流程来进行报账登账。这一流程简单来讲就是提交—审计—复核—生成凭证，随后，事后核算逐渐转移为事中控制、决策，以及数据挖掘。财务共享中心首先是对传统财务会计工作方式的一种颠覆；其次是建立了一种类似流水线的运作过程；最后共享服务借助精细化的专业分工、发达的信息技术，以及标准化的流程，将服务作为从事相关财务业务的标准。

此外，财务共享中心还可以将企业资源计划系统中的多个环节集中起来，建立专门的数据库，这样方便核算和控制，整个共享服务中心的性能都得到了提高。

（2）企业资源计划系统管理下的财务共享中心优势

在企业资源计划系统的基础上，企业通过建设财务共享中心，使得内部的财务管理活动全方位地向业务活动渗透，不仅增强了财务响应能力，还增强了支撑市场的能力。这对加快推进"业财一体化"，实现数据标准化、流程统一化产生了重大影响。同时基于企业资源计划系统的财务共享中心的建设也促进了财务共享的组织变革，从而提升了企业核算的标准化、集约化管理质量，提高了财务管理水平，加强了对风险的管控能力，实现了资源的最优化配置。

基于企业资源计划系统的财务共享中心，将会促进企业内部财务管理工作与一些低附加值的业务操作相分离。财务人员的工作首先逐渐由日常核算转变为财务管理；其次由应对数据处理逐渐转变为强化数据预测；最后财务人员将会拥有更多的参与市场营销、产品设计，以及管理决策等诸多活动的机会。财务人员直接参与管理决策，并且朝着"可信赖的业务顾问"的方向成长。此外，财务共享中心对整个财务部门的组织结构、人员的相关工作岗位，重新进行调整，将大量具有同质性、事务性特征的交易和任务，集中到服务中心。

整个企业资源的集中，有助于对财务记录和报告进行集中化、标准化，以及流程化处理，有助于打破传统的财务组织管理模式，最终实现管控服务型财务共享中心的集中控制，以及管控服务型财务共享中心的统一核算。

第二节 矿业企业财务管理信息化建设

一、矿业企业财务管理信息化建设目标与内容

（一）矿业企业财务管理信息化建设目标

矿业企业财务管理信息化建设的目标是，利用信息化工具建立统一的信息处理平台，形成强大的财务信息采集、处理和分析能力，进而提高决策水平和风险控制能力，实现财务核算与控制、资金动态管理、全面预算管理、决策支持和评价的全面信息化，为企业信息化管理和流程再造提供信息基础。

（二）矿业企业财务管理信息化建设内容

财务管理信息化建设的核心就是要在全企业范围内从思想上把财务管理信息化提高到推动企业改善经营管理的高度，引进现金的管理理念，加强基础管理，实现信息化与企业的组织和流程的再造相结合，真正形成企业借助信息化手段快速对环境变化做出准确判断和决策的能力。

1. 统一认识

实施财务管理信息化是一项系统工程，这个工程包括成本核算、盈利分析、业绩评价、资产负债管理、预算管理等丰富的内容，涉及企业战略目标确立、财务管理信息化系统构建、业务流程再造、管理模式调整、组织架构改革等复杂过程，需要企业的各级管理层转变观念，更需要企业各个部门的共同参与。可以说，财务管理信息化的过程是一个转换观念和统一思想认识的过程，是一个重新梳理战略目标的过程，是一个提高内部管理水平的过程，也是企业变革管理的过程。因此企业必须将财务信息化提高到企业改革和发展的战略高度来对待。

2. 引进先进管理理念，加强基础管理工作

企业财务管理信息化的过程，也是引进现代管理理念的过程。企业财务管理信息化中的许多先进成熟的软件系统，如企业资源计划管理系统、客户关系管理系统、供应链管理系统等，不仅是一种先进的管理程序，实际上也体现了当代最先进的管理思想和管理理念，是许许多多优秀企业管理经验的结晶。因

此，企业实行财务管理信息化战略，首先必须进行先进管理思想和理论的培训。

要做好企业财务管理信息化建设工作，必须加强基础管理。企业财务管理信息化实质是企业对财务信息资源在深度和广度上的开发利用。数据管理是企业基础管理的重要内容，是企业财务管理信息化建设的前提条件和基础。数据管理不仅工作量非常大，而且工作质量的好坏直接决定企业财务管理信息化建设的成败。先进的硬件设备和软件程序，只是为企业提供了信息化的手段和工具，及时、准确、全面的信息，才是科学决策的可靠依据。

3. 建立强大的信息化管理平台

采用企业资源计划管理系统，可实现企业内部财务管理信息系统与生产管理信息系统、供应链管理信息系统、库存管理信息系统等各业务管理信息系统的有效对接，拓宽财务信息采集的范围，提高信息采集和处理的效率和质量。

财务管理信息化系统应该包括会计事务处理信息系统、财务管理信息系统、财务决策支持系统、财务经理信息系统以及组织互连信息系统五个部分。这些系统的成功建立以及相互之间的集成管理是财务管理信息化成功的体现，他们之间的关系密不可分。

（1）会计事务处理信息系统

它是为满足企业财务部门会计核算工作需要而建立起来的系统，主要解决财务人员的手工记账和报表问题，将会计人员从繁重的日常工作中解放出来。此系统以账务处理、报表管理和日常会计事务处理为主。通常按功能可以分为会计核算信息子系统和会计管理信息子系统。

（2）财务管理信息系统

它是以现代化计算机技术和信息处理技术为手段，以财务管理提供的模型为基本方法，以会计信息系统和其他业务系统提供的数据为主要依据，对企业财务管理的程序化问题进行自动或半自动的实时处理，从而实现对有关业务活动的控制的。例如，对产品订购的管理，系统可以提示企业的经济订购批量是多少，显示出哪些产品库存已降至最低储备量需要及时订购补充。

（3）财务决策支持系统

财务决策支持系统是一种非常灵活的交互式信息系统，它可以用来解决事前难以准确预测或者是随机变化的问题。一般说来，财务决策支持系统通过其良好的交互性，使财务人员能够进行一系列"what-if"分析，再运用不同的模型，列举可能的方法，采用协助分析问题、估计随机事件的各种可能结果、预测未来状况等方式，为企业决策者制定正确科学的经营决策提供帮助，同时对企业财务风险起到事先防范的作用。

（4）财务经理信息系统

这种系统是一种将会计事务处理信息系统、财务管理信息系统、财务决策支持系统相结合的高度交互式信息系统。它能帮助财务经理充分利用企业数据仓库，对其进行数据挖掘，发现数据的特征，预测企业内外环境的变化趋势，使企业的财务主管能够灵活、方便地从更多观察视角了解问题和机遇。

（5）组织互连信息系统

组织互连信息系统可以使企业的财务部门与其他部门、本企业与其他关联企业之间的财务信息自动流动，用以支持企业财务管理的计划、组织、控制、分析、预测、决策等各个环节。

4.实现流程再造

进行财务管理信息化建设的核心，就是要引进先进管理思想，借助信息化手段，梳理企业价值链形成过程，实现企业组织结构变革和流程再造。

二、矿业企业财务管理信息化建设需求分析

（一）业务流程及岗位分工分析

财务管理信息化建设是企业业务流程与信息化系统相结合的过程，是各个岗位管理需求与系统响应相吻合的过程。在财务管理信息化建设过程中，流程是主线、岗位是节点，因此业务流程和岗位分工概况的分析是项目需求分析的基础。

在业务流程方面，主线流程比较清晰，可为信息化建设创造良好的条件。如资产购置，需要由车间上报固定资产购置计划，生产安全管理部门汇总计划，在领导审核通过后进行比价，再由市场部进行采购，财务部门根据付款通知书进行付款。再如报表管理，也是由车间到公司财务科，再到总部财务处，业务过程应清晰有序。

在部门职责、岗位分工方面，各岗位的工作职责清晰，但是存在岗位兼任、部分岗位空缺的情况。比如，财务部门兼管财务和审计工作；会计人员兼任多

个车间的会计核算工作；信息管理岗较少设置专人；预算的汇总、分解工作更多地由财务处办公室的人员负责，而缺乏预算、计划管理岗位。

（二）数据安全需求分析

数据安全是信息化建设永久的话题，安全问题是最不允许出现的问题，它关系到企业财务数据的保密性，关系到财务管理系统建设的整体成本。

正确的数据库选型是至关重要的，立足于长期发展的企业应当选用最安全、最稳定、最专业的数据库。优秀的数据库能够帮助企业对数据进行严格加密，帮助企业免受病毒滋扰，帮助企业做好数据备份，即降低数据存储风险。企业还可以通过防火墙管理、数据传递加密、系统登录口令控制等措施对系统数据进行层层把关。

系统数据的安全还包括集团内部数据查询的控制，各个下属公司只能查看本公司的数据；集团总部可以查看各个子公司的分户数据，也可以查看所有子公司的汇总数据；不同岗位的工作人员只能查看自己权限范围内的数据，超出权限范围的无法进行查阅、修改和删除。集团内部权限管理的规范能够帮助企业提高数据的保密性和安全性。数据安全、系统稳定当然也需要硬件的保障，比如选用安全、稳定的服务器等硬件设备。

（三）资金管理需求分析

资金是企业的血液，矿业企业也一样，建立有效的管理制度，运用有效的管理工具充分盘活企业资金，监控资金状况是企业管理的重中之重。资金是企业最敏感、最重要的资源，资金管理是见效最快、效益最高的管理活动。

对于集团总部的领导来说，借助资金管理信息化系统对企业融资、投资行为进行管理，对资金的使用情况进行监控，对企业的资金资源进行有效调配，帮助企业提高资金绩效是最重要的；对于下属公司来说，通过资金管理信息化系统方便快速地处理收付款业务，轻松准确地完成对账工作，同时有效监控资金的使用情况是突出的管理需求。

（四）预算管理需求分析

预算管理是企业财务管理的提升，它能够帮助企业进一步提升管理精度、规范业务活动、控制整体成本。预算管理是许多企业诉求的，它是企业财务管理的重要组成部分，许多上市公司都设置了预算职能部门进行专门的企业预算管理。

预算管理是企业预算的编制、执行、控制、调整、分析的全过程管理。目前部分矿业企业的预算管理存在着流程不规范、岗位未落实、执行不力等问题。流程不规范主要体现在不同的子公司有着各自不同的预算工作流程，并且都是以纸质文档交流的方式进行，存在太多不确定性。岗位未落实体现在预算管理岗位设置上，真正的预算管理是工作强度较高的管理工作，预算的分解、汇总、执行、分析都是需要专业的人员进行的，每个子公司应配备一名预算管理专人，否则会无法发挥预算管理应有的管理作用。执行不力主要体现在超预算业务的控制上，表面上企业的预算要求采用刚性管理方式，但是在执行过程中经常发生超预算的业务，而通常财务部门都予以放行，预算管理仍然流于形式，难以真正执行。

以上阐述的种种问题是由于预算管理有以下三个特点。

其一，预算管理需要由上而下的企业制度保障，没有强力执行的制度就容易出现流程不规范、超预算业务不控制的现象。

其二，预算管理是专业性极强的管理工作，业务能力、岗位责任感等都要成为预算管理岗位人员选配的参考因素。

其三，也是最重要的一点，预算管理是以账务核算管理、资金管理、资产管理为基础的，预算管理的价值在于发挥管理会计的职能，对业务执行情况进行管理。脱离了核算管理、资金管理、资产管理的预算管理是没有任何意义的，单纯的预算管理只能停留在编制预算的层面。预算执行情况的临界点控制需要在会计核算过程中，在资金收支过程中，在资产使用过程中进行控制；预算管理分析，需要通过对比事后的财务数据与预算数据来进行，而这些财务数据则来源于核算管理系统、资金管理系统以及资产管理系统。因此，预算管理是企业财务管理的提升，是财务管理在核算管理、资金管理、资产管理基础上的进一步升华。

矿业企业财务管理信息化建设的重点是财务管理信息化系统的建设，并且财务管理信息化系统应具有以下特点：系统应提供自上而下、自下而上编制、审批、下达、调整、监控预算执行的功能；系统应能够按公网、专网等分类对预算编制情况、执行情况进行统计、分析；系统应向相应的其他子系统提供数据，达到预算控制的目的；系统应定制多种预算编制方法，并能够根据不同的编制方法提供不同的测算功能；系统应能够将预算与实际进行比较，针对不同的成本中心、利润中心、投资中心等责任中心进行控制、核算、分析和考核；

系统应能够集中对某科目的预算执行情况进行统计、分析；系统应具有预算执行监控功能，能够自上而下监督、控制预算的执行；系统应能够对日常的有关经营活动和财务管理中出现的不利因素进行预警，从而有效地控制公司的各项经济活动；系统应能够对各种营业收入的预算按分类（如本地、长途、数据）等项目进行编制、统计，对成本及费用预算（工资、业务费、折旧费、管理费用、财务费用）项目进行明细分类，对材料库存及收发编制预算，对资本性支出（更新改造、基建等）编制预算，对现金流编制预算；系统应提供多种方式，能够对预算进行分劈，能够将年度预算分劈为月份季度预算；系统应具有执行情况分析功能，能够对实际发生额与进度计划进行分析，显示预警提示，做出趋势分析；系统应具有预算执行考核功能；系统应具有强大的查询、统计、分析功能。

第七章　可持续发展理念下的财务战略管理

第一节　企业财务战略管理概述

一、企业财务战略的含义及特点

（一）战略的含义

战略一词来源于军事领域，其含义是对战争全局的统筹规划和指导，是作战的谋略，也是一种思维方式和决策模式。在《辞海》中战略的解释：依据敌对双方政治、军事、经济、地理等因素，兼顾战争全局的各个方面、各阶段之间的关系，确定军事力量的准备和运用。美国企业史学家钱德勒最先将战略一词用于管理领域，安索夫所著的《企业战略论》是最早的一部系统阐述企业战略和管理科学的理论著作。迄今为止，若干管理学家和专家学者都曾对战略一词从不同视角给出了不同的解释，学术界对此也未能达成共识。综合理论界和实务中的各类观点，笔者将战略这一概念概括为以下几方面。

在空间上，战略是对企业全局的综合性谋划；在时间上，战略是对企业未来的长期规划；在依据上，战略是在对企业所处的宏观、中观和微观环境的全面分析和研判的基础上制定的；在目的上，战略对企业具有目标指引和战术指导性影响。企业战略的本质在于创新、在于扬长避短、在于确立企业的核心竞争力；战略的核心问题是企业的成长方向与可持续发展路径。

随着社会主义市场经济的发展，战略管理的理念随着宏观环境的变化相应地进行了创新和完善。由于企业战略的多层次性及权变性，企业战略随着企业内外环境的变化和企业发展阶段的不同也会相应地发生改变。在借鉴东西方文献的基础上，本书对企业战略做如下定义：企业战略指在客观分析和研究内外部环境及企业管理体制机制的基础上，为实现企业发展目标所做的中长期规划。

（二）财务战略的含义及特点

财务战略是为适应公司的总体经营战略而筹集必要的资本，并在组织内有效地管理和运用这些资本的谋略，是公司整体战略的重要组成部分，作为一个相对独立的分战略包含在整体战略之中。财务战略对全局性的经营战略具有支持作用，理财必须为经营服务，财务战略必须以推动经营战略的实现以及市场竞争优势的确立与不断强化为基本准则，通过财务资源规模、期限、成本与结构的合理安排，以及现金/资金运转效率的不断提高，财务风险和危机预警系统的建立，为经营战略目标的实现提供优良的财务环境。我们知道，企业的经营战略必须根据战略环境的变化和经营风险的变动而不断地进行调整，与此相关的财务战略也要随之进行调整。

财务战略管理是对企业财务战略的制定与组织实施方面的管理，是企业管理的关键。实行财务战略管理，要分清战略性与非战略性财务问题，提高企业管理的效率，从而改进财务管理工作。

企业财务战略具有公司整体发展战略的一般属性，具有方向性、全局性、长远性、从属性、风险性等特点。

第一，方向性。从内容上看，企业财务战略具有方向性的特点。财务战略的制定是对企业生存和业务发展的支持，所以企业必须从财务管理的视角分析和评价自身的发展方向，研究如何把既有的资产与资金投放到有利于企业发展的项目或业务上。

第二，全局性。财务战略以公司发展全局及整体经营活动中的财务管理为研究对象，是公司为谋求良好的财务状况做出的规划，从全局统筹角度出发规定公司的财务行为，使之与公司企业的整体发展目标相一致，从而保证企业经营战略目标的实现。所以，凡是关系到公司发展全局的财务问题，如融资结构安排、投资规划设计、股利分配策略的选择、财务管理政策的制定等，都是财务战略要研究与解决的问题。财务战略的研究必须根据公司的上述发展需求，从整体上分析和评价公司的战略管理活动。

第三，长远性。战略不是一个短期行为，财务战略的着眼点必然在于企业中长期的发展，因此，财务人员应研究公司中长期资金筹集和使用、企业原始积累的形成等方面的问题，要在客观分析和科学预测的基础上，提出中长期财务战略方案。

第四，从属性。作为公司战略的组成部分之一，企业财务战略是重要的职能战略，其必须服从公司整体的发展战略目标，并服从公司总体发展规则。当企业的内外部环境发生变化时，企业的经营战略必须进行调整，而与此相关的财务战略也必须服从企业战略转型进行适应性调整。

第五，风险性。企业的投融资环境总是处于动态的变化之中的，国内外政治经济形势、财税政策、金融体制改革、市场价格、区域投资环境、行业发展周期、技术创新等诸因素，都将影响公司财务战略的制定。适应公司经营环境中的不可控因素、合理制定企业财务战略，主要依靠企业家和财务决策者的专业知识、经营经验和判断力。客观合理的财务战略一旦实现，就会给整个企业带来蓬勃生机，使企业得以迅速发展。反之，财务战略制定不科学，则会给企业带来经营损失，甚至使企业陷入困境。

二、财务战略要素

企业财务战略是一个体系，包括组织财务体系的战略和处理财务关系的战略两个方面。组织财务体系的战略又可以分为筹资战略、投资战略、运营战略和收益分配战略；处理财务关系的战略又可分为处理股东与债权人财务关系的战略、处理股东与经营者财务关系的战略和处理母子公司财务关系的战略。

从财务战略的形成过程及内容看，财务战略由战略目标、战略环境分析、战略重点、战略阶段、战略对策等五个要素组成。

（一）战略目标

财务战略目标可分为财务战略总目标和具体目标，是为实现企业整体战略目标而制定的分战略目标。财务战略总目标是制定和实施企业财务战略的指导思想，是企业财务活动的核心组成部分。财务战略总目标体现了企业总体战略特点，要求企业放眼未来、积极进取和运筹全局。企业财务战略总目标影响着企业财务战略的制定，并指导企业财务战略的实施。因此，能否科学合理确定企业财务战略总目标，对战略的制定和后续实施是极其重要的。因为企业财务战略总目标是企业诸多利益主体（或利益集团）共同作用和相互妥协的结果，所以，财务战略总目标要与这些利益主体的各自目标紧密联系。企业价值最大化是通过财务战略具体目标（如运营战略目标、投资战略目标、融资战略目标和股利分配战略目标等）来实现的，其中，运营战略目标是合理的产业布局和运营目标实现；投资战略目标是满意的投资收益率和现金流量；融资战略目标是为产业投资提供充足的资金，并使综合资金成本最小化；股利分配战略目标一方面要满足企业发展融资的需要，另一方面要满足股东分配收益所需。一般来讲，当投资收益率小于或等于资本成本（或仅仅是持平或微利）时，通常是企业采取竞争财务战略的结果；当企业的投资收益率大于资本成本时，通常是企业采取稳健财务战略的结果。

财务战略具体目标是财务战略总目标的细化，它既指引企业财务战略行动的方向，又是制定财务管理策略的依据，因此其在财务战略中居于核心地位。财务战略具体目标明确、策略得当，有利于企业提高经营效益，能促进企业良性发展；财务战略具体目标模糊、措施错误，可能使企业融资和投资失败，加大企业财务风险，导致企业财务状况恶化、赢利能力下降，甚至使企业陷入经营危机。所以，财务战略具体目标制定得是否清晰、科学、正确，直接关系到企业的财务目标能否顺利实现和企业的兴衰。

（二）战略环境分析

战略环境分析是预先对影响企业财务战略的相关内外部因素进行系统、全面的分析预测，从而确定财务战略的各项具体目标。相对于传统的财务管理来说，财务战略管理注重的不是企业的短期经营效益，而是中长期的持续赢利能力。对各个内外部影响因素的分析不仅要剥离开来分别分析，而且要对各个环境因素、信息进行梳理，对其进行综合性分析。战略环境分析的准确、全面程度，将直接影响财务战略制定的质量与实施效果。企业进行财务战略环境分析时，应从外部因素和内部因素两方面综合考虑，事前的环境分析是财务战略的重心和难点。

首先，财务战略管理离不开多维度的环境分析，要对未来发展环境进行分析和科学预测是极具挑战性的，需要前瞻性的视野；其次，从企业可持续发展的角度出发，企业战略的成功实施需要财务战略保持相对稳定，但是，环境的多变性又会迫使企业需要不时地动态自我调整，所以，企业财务战略管理面临着如何恰当地处理内外部环境的变化与财务战略的稳定性之间的关系问题；最后，财务战略环境分析必须是综合分析，不仅要分析如经济、政治、法律、区域环境以及社会文化等宏观、中观环境，还要分析企业所处的行业地位、产业成熟度、供应商、客户、同业竞争者以及企业内部资源等微观环境。另外，环境分析不是静态的，要强调动态分析，如果缺乏合理的动态分析，财务战略实施方案的调整就会变得非常被动。

（三）战略重点

财务战略重点指企业实现财务战略具体目标过程中，应予以解决的重大问题和要完善的薄弱环节。在制定企业财务战略具体目标时，要充分利用内外部机会和企业独有的优势，同时更要关注外部威胁因素和企业竞争劣势所隐含的潜在影响。外部威胁因素和企业竞争劣势是企业实现战略目标的薄弱环节所在，它们对实现企业战略目标将有重大影响，并且它们可能是长期性影响因素，因此如何化解此薄弱环节是企业财务战略重点。一般来说，融资中的风险、产业投资中的风险往往会使融资、投资环节成为财务战略重点；企业产品市场的变化、赢利模式和赢利能力变化、企业负债率的提高等会使企业的劣势增大，从而成为财务战略重点。

（四）战略阶段

战略阶段是为实现企业发展战略目标而人为划分的阶段。战略的规划期一般是五年、十年，甚至更长一些。企业要在较长的时期内实现其战略目标，就要经过若干不同的发展阶段。为使财务战略实施方案能有效、有序地执行，企业必须合理分期、分别规划各阶段的具体任务和目标。因此，企业在制定财务战略目标时，必须根据既有条件和对经营环境变化及行业发展趋势的分析，划分不同的战略阶段，从定性和定量的角度，提出各战略阶段的时间、重点任务、发展目标及策略措施，并明确各战略阶段的发展重点，使企业财务战略趋于合理化。

（五）战略对策

战略对策（或策略）是保证企业战略目标实现的一系列重要方针、措施的总称，是保障战略实现的手段与技术。战略对策是紧密结合战略目标这个中心而提出的，因此它不同于一些解决非战略性问题而采取的具体措施，战略对策是与实现战略具体目标紧密相关的重大基本方针与措施。

战略对策同时也是企业战略的实施部分，可称之为"战术"。在研究财务战略对策时，必须以企业的资产状况、财务效益和综合赢利能力为基础，注意造就自己的理财优势，这样方可在选择对策时保持主动权。

综上分析，在一个完整的企业财务战略中，财务战略总目标是导向与指引，财务战略具体目标是核心内容，战略环境分析是基础和前提，战略重点是关键环节，战略阶段是计划与步骤，战略对策是措施和策略。财务战略的逻辑起点是企业发展目标和财务目标的确立。企业总体发展目标明确，意味着明确了企业的总体发展方向；财务发展目标明确，也就是财务战略管理有具体的行为准则。因此，只有明确了企业目标和财务目标，才可以合理定义财务战略方案选择的边界条件，才能排除那些明显偏离企业总体发展方向和财务具体目标要求的错误战略选择。

三、企业财务战略管理的基本指导原则

（一）整体优化原则

企业财务战略管理属于一项综合性的管理工作，财务活动体现了企业生产经营的各个方面。因此，我们要从企业整体发展的战略高度来认识和处理财务战略管理问题。面对复杂多变的宏观经济环境，企业要坚持从整体最优化角度出发，进行科学的投资、融资和收益分配决策。管理者应充分发挥资产和资金的运筹作用，在动态发展过程中实现对企业生产经营的导向、保障、调节与控制，使之尽可能符合企业整体发展最优化的要求。

（二）环境适应原则

在社会经济活动中，由于金融手段和金融工具已经全面介入经济的运行中，金融活动必然引导着商品的交换和社会资源的重组，发达的金融市场已经在现代社会经济体系中占据了主导地位。这决定了金融政策及市场发展状况将对企业的财务行为产生重大影响，使企业的财务活动从企业内部延伸到外部整个金融市场体系中；同时也意味着瞬息万变的市场将对企业的生产经营活动产生重大影响。因此，企业财务战略管理要善于适应外部经济环境（尤其是金融市场条件）的变化，管理者要动态地对企业的财务资源进行有效重组和优化配置，以实现企业内外部环境和企业战略目标之间的动态平衡，最终实现企业价值最大化。

（三）收益与风险匹配原则

在市场经济中，收益和风险是并存的，收益越大，风险越大，收益的增加是以风险的增大为代价的，它们之间存在着一定的此消彼长的关系。因此，企业财务战略要贯彻最优化原则，就要正确处理收益与风险之间的关系，在这两者之间进行科学抉择，使其达到合理的平衡。例如，从融资决策看，提高借入资金在总资本中的比重，降低股东投资在总资本中的比重（又称提高"杠杆率"），能使企业的综合（平均）资本成本相应降低，股东报酬率相应增加，这是财务杠杆正效应的效果表现。但是，提高借入资金在总资本中的比重又有其不利的一面，即如果"杠杆率"掌握不当，负债率过高，就会加大企业的财务风险、降低企业的偿债能力和危及股东权益。所以，最优的企业资本结构，是财务杠杆的正效应（提高资产的赢利能力）与负效应（增加财务风险的程度）取得合理平衡的资本组合比例（即企业负债与所有者权益的比例）。可见，如何正确确定企业最优的资本结构，是企业财务战略管理中必须重点研究的一个问题。

四、财务战略类型

企业财务战略可以分为扩张型财务战略、稳健型财务战略、收缩型财务战略和混合型财务战略四种。不同类型的财务战略，适应的条件和基础不同，其内容也不同。下面以不同发展阶段的财务战略为例，简述财务战略的内容要点。

扩张型财务战略，一般指以实现企业资产和业务规模快速扩张为首要目的的一种财务战略。在扩张型财务战略下，为使企业快速扩张、抢占有限的市场份额，企业需要从外部融资、内部收益留存等方面采取综合的措施加以支持，以保障企业快速扩张带来的大额资金需求。扩张型财务战略通常适用于产品存在较大的市场需求空间、产品平均利润率较高的企业，这种战略要求企业外部的融资环境较为宽松，融资工具较为丰富，各类负债融资比较容易实现。

稳健型财务战略，指以实现企业资产、业务规模的平稳扩张和财务效益的稳定增长为目的的一种财务战略。在稳健型财务战略下，企业并不强求资产和业务规模的飞速扩张，而是更加重视经营效益的提高和经营的可持续性。稳健型财务战略通常适用于已经具备一定资产规模、具有一定的行业地位、处于企业发展的成熟期、市场竞争比较激烈的企业。

收缩型财务战略，指以预防财务风险和经营财务危机、求得生存及新的发展机会为主要目的的一种财务战略。通常情况下，企业实施这种财务战略往往并非自愿，而是被内外部竞争环境所迫，不得已而为之的自我保护战略，目的是维持企业生存的同时寻求新的发展机会。收缩型财务战略通常适用于财务风险较高、企业经营困难、处于衰退期的企业，或者是企业内部管理出现了难以协调的矛盾、外部负债超出企业承载能力、面临较大财务危机的企业。

混合型财务战略，指以上几种战略的混合，一般适用于多种产业组合成的集团类公司，不同的产业发展战略匹配不同的财务战略，体现了企业对不同产业发展的差异化支持，通常适用于成熟期或迈入产业多元化发展阶段的企业。

第二节 可持续发展理念下的财务战略管理研究

一、企业可持续发展理论研究

所谓可持续发展，就是既满足当代人需要又不危害后代人的发展。企业可持续发展的基本思路：改变单纯的经济增长、忽视生态环境保护的传统发展模式；由资源型经济过渡到技术型经济，综合考虑社会、经济、资源与环境效益；

通过产业结构调整和生产力综合布局,采用高新技术实行清洁生产和文明消费,协调环境与发展的关系。

根据可持续发展的基本思想及其对企业的要求,广义的企业可持续发展应包含两个方面的含义:一是企业对人类社会发展的可持续性影响;二是企业自身可持续发展。前者是合理使用自然资源和能源,维持自身良性循环,保持生态平衡。后者即企业自身可持续发展表现为企业在追求长久发展过程中,既要考虑眼前利益,又能考虑长远利益,保持企业持续赢利增长。此外企业还要建立、维护良好的内、外部环境。其基本前提是在持续性的基础上,保持企业规模扩大,员工及管理人员的素质提高;其基本要求是避免在可预见的将来由于投资经营管理策略不当导致企业陷入困境。

二、企业可持续发展的意义

企业是以营利为目的而从事生产经营活动的经济组织,追求自身价值最大化。然而,我国很多企业都存在人、财、物等企业资源的浪费现象,企业可持续发展的理念的提出正是为了追求企业内外部资源的合理配置及利用效率的提高。可持续发展的企业在自我成长过程中,既要考虑企业近期经营目标的实现,不断提高其市场地位,又要使企业在既有竞争领域和未来待扩张的经营环境中能保持可持续的价值增长和赢利能力的提高,保障企业在相当长的时间内长盛不衰。企业可持续发展的整体状况不仅影响社会发展的速度,而且影响其质量和可持续性。企业可持续发展必须靠企业自己实现,在解决环境污染问题的可持续发展战略中,企业依然是主体,环境污染问题与企业行为直接相关。企业可持续发展是一种可以实现公民、企业、社会和国家多方共赢,有利于提高国家综合竞争力的企业成长模式。可持续发展要求的生态持续、经济持续和社会持续的实现依赖创新,而企业是创新的主体,企业在创新方面有优势。大量企业出于追求效益的目的需要进行经济、环境、战略方面的创新,在提高自身效益的同时也提高了国家的可持续发展能力。

三、企业可持续发展与企业财务战略的关系

企业可持续发展指作为以营利为目的的经济活动基本单位,企业的生产、销售、经营,在长期内不断地实现创新与超越,企业优化配置资源能力以及企业竞争力不断提高,可满足企业各利益相关者的合理利益诉求,企业能够持续取得高于市场平均利润率的回报。作为企业战略核心的财务战略,为企业运营和良性运转提供保障,为企业传输动力,只有财务战略制定科学,企业才有足

够发展动力和发展潜力来提高其运营速度和生产质量,从而企业才能实现可持续发展。反之,则会约束企业的发展战略。从很多财务发展的理论研究和企业发展实践调查中可以看出,企业可持续发展与企业财务战略相辅相成,两者相互促进,又相互影响、相互制衡,它们具有高度的相关性。

可持续发展的企业财务战略,是在引入可持续发展理念的前提下,以企业可持续发展的管理目标作为出发点,以企业经营收益和经营风险的平衡为核心的。它强调在企业财务战略的各个方面(包括运营战略、筹资战略、财务风险控制战略、并购战略和收益分配战略等)选择可持续发展的战略模式,在企业运行发展过程中坚持可持续战略的动态调整和实施过程,在战略实施的同时,以相关的薪酬绩效评价指标和激励考核制度来激励经营者和全体职工共同持续追求企业价值最大化,保障企业可持续战略目标的实现。可持续发展的企业财务战略具有可持续发展、利益兼顾、可靠计量、有效控制、适应变化等特征。

首先,可持续发展的财务战略目标应基于企业的可持续发展主题。具体地说,企业财务战略的最优目标应该是尽量避免经营上只顾眼前、收益分配上分光吃光的短期行为,对于各方主体的利益都能做到有效兼顾和长短期相结合,最大限度地保证企业稳定经营、快速增长和长期发展。

其次,企业的利益相关者主要有企业所有者、债权人、原料供应商、产品销售客户、企业职工、政府等。制定企业可持续发展的财务战略目标,应兼顾以上各方相关者的利益,并尽量使每一方的利益达到最大化。与此同时,可持续发展的财务战略目标应该是在一定时期内可被量化的,有具体的量化标准。财务结果只有能够被准确计量,企业财务战略目标才能被细化、具体化,也才能易于企业控制。否则,企业财务战略就会因过于虚化而变得毫无现实意义。

再次,可持续发展的财务战略目标只有通过有效的过程控制,才可能经过各方的努力而实现战略最终目标。对企业财务战略管理与控制而言,如果将实施过程不可控的目标作为财务战略目标,则会给企业经营带来非常大的隐患。

最后,可持续发展的财务战略必须具有防范未来风险的意识和机制,并着眼于企业长期、稳定的可持续发展。因此,企业财务战略选择要适应企业发展阶段、经济周期波动、企业经济增长方式和新技术创新等环境的变化。管理者应根据环境的变化及时调整企业财务战略,以保持企业旺盛的生命力和竞争力。

总之,在财务战略中加入可持续发展的经营理念对企业保持长期健康有序的发展有着至关重要的作用,这不仅因为持续稳定的现金流是企业可持续发展的基础,如果企业不能拥有正常稳定的现金流,企业的日常生产运营就会受到影响;还因为恰当的财务战略管理能够帮助企业优化资源配置,为企业培育核心竞争力。因此，企业可持续发展财务战略的制定，应以资源的优化配置、经济效益优先战略、稳定的经营发展战略、多方共赢战略等财务战略为前提与基础。

四、企业可持续发展的财务战略目标制定

可持续发展的财务战略目标的制定，明确了企业财务活动的目标，为企业从事各项财务活动指明了方向。从企业可持续发展的角度看，财务战略总目标应该满足企业最大化的可持续发展能力目标，企业的可持续发展能力实质是企业核心竞争力、市场适应能力与企业经营管理能力的综合。企业在客观分析财务战略管理内外部环境的基础上，要进一步明确未来一定时间内企业要实现的财务战略具体目标。有了战略目标，才能明确财务战略方案选择的边界条件，从而排除那些偏离企业发展方向的战略方案。只有财务战略服务于企业可持续发展能力的提升时，企业的长短期利益才能达到协调统一，企业长期战略性目标与短期战术性目标才能有效地结合。

企业融资战略，必须在保障企业长期经营的安全性，保持企业适度的偿债能力的前提下进行，并且以提高企业融资能力为目标。对于筹资战略目标，因为合理的资本结构是企业持续发展的基石，所以企业筹资的主要任务是企业资本结构的科学安排与设计。当前，矿业企业的财务战略目标在于如何有效整合优化有限的企业资源，提高企业核心竞争力，实现企业效益的最大化和企业中长期可持续发展。

五、企业财务战略的实施

在选择企业财务战略模式之后，战略管理并未结束，因为财务战略的实施需要有力的保障体系，建立财务战略实施保障体系应该从以下几个方面入手：强化竞争观念，确立战略意识；制定财务政策，规范理财行为；实施预算控制，提高资源配置效率；再造组织分工，增强竞争能力；优化信息系统，加大监控力度；改革用人机制，塑造企业家精神。

可见，对于战略的实施来说，企业需要采取的行动方案和实施步骤很多，根据笔者的体会，其中最重要的管理问题包括制订实施计划、拟定行动方案、编制财务预算、确定工作程序、实施战略控制等。

第一，制订实施计划。企业要制订介于长期战略与行动方案之间的计划，包括比行动方案更全面、更具体量化的内容。

第二，拟定行动方案。企业要进一步细化拟定中间计划的行动方案，明确实施某计划或从事某项活动。

第三，编制财务预算。编制以货币形式反映企业未来时期内财务活动和成果的预算，从财务战略角度讲，编制财务预算是财务战略总体目标的具体化、系统化、定量化。

第四，确定工作程序。企业要确定完成某一任务的工作程序，合理安排人、财、物力。

第五，实施战略控制。企业要及时将财务战略的实际情况与预定目标进行比较（即战略反馈），确定实际情况偏离预定目标的程度，并采取有效措施进行纠正，使之保持协调一致。

参考文献

[1] 计金标 . 税收筹划 [M].7 版 . 北京：中国人民大学出版社，2019.

[2] 董博欣 . 企业资金管理 [M]. 北京：电子工业出版社，2015.

[3] 王国樑 . 资金管理案例精选 [M]. 北京：中国财政经济出版社，2007.

[4] 方海燕 . 关于加强矿山企业财务内控管理的措施思考 [J]. 中国市场，2020（32）：108-109.

[5] 陈纪利 . 浅析矿山企业会计核算与财务管理存在的问题及对策 [J]. 中国总会计师，2020（11）：58-61.

[6] 刘淑春 . 矿业企业财务管理体系的构建研究 [J]. 中外企业家，2020（05）：53.

[7] 马明德 . 试析矿业企业财务管理 [J]. 智能城市，2019，5（24）：61-62.

[8] 戴伟力 . 矿业企业推行全面预算管理研究 [J]. 大众投资指南，2019（24）：83-84.

[9] 杨涛 . 新时期下矿业企业财务管理创新举措 [J]. 财经界，2019（30）：137-138.

[10] 丘燕华 . 试析矿业企业税务筹划与管理 [J]. 中小企业管理与科技，2019（9）：62-63.

[11] 党军林 . 矿业企业财务管理面临的形势与对策分析 [J]. 财会学习，2019（15）：41-42.

[12] 范家福 . 新时期矿业企业财务管理工作的有效性分析 [J]. 纳税，2018，12（24）：127.

[13] 范家福 . 矿业企业财务管理面临的形势及对策探讨 [J]. 经贸实践，2018（15）：113.

[14] 杨权 . 煤炭企业财务管理存在的问题及对策 [J]. 今日财富，2018（8）：78.

[15] 游华群 . 新形势下矿业集团企业财务风险的防范与控制探析 [J]. 中国集体经济，2018（10）：133-134.

[16] 张丽静. 矿业集团财务集中管理模式建设探索 [J]. 当代会计, 2017（3）: 38-39.

[17] 刘涛. 煤矿企业财务管理风险及其防范措施 [J]. 中外企业家, 2016（34）: 111.

[18] 蔡亚东. 浅析矿业企业财务管理问题 [J]. 现代经济信息, 2015（16）: 227.

[19] 于晓强. 强化煤炭企业财务管理的途径与举措 [J]. 中国煤炭工业, 2014（11）: 74-75.

[20] 李小静. 探讨矿业企业财务管理体系的建构 [J]. 财经界, 2013（21）: 166-167.

[21] 陈荣生. 加强煤矿企业财务管理的重要性 [J]. 现代经济信息, 2012（15）: 74.

[22] 崔文杰. 中小矿业企业绿色财务管理问题研究 [J]. 现代经济信息, 2011（14）: 146-148.

[23] 贝波. 试论企业财务管理现状及对策研究 [J]. 商场现代化, 2010（9）: 120-121.

[24] 郭坚. 财务信息化在煤炭企业中的作用 [J]. 辽宁行政学院学报, 2009, 11（8）: 69-70.

[25] 龙军. 浅谈加强煤矿企业财务管理与中小矿业企业规范管理 [J]. 商情（教育经济研究）, 2008（5）: 269.

[26] 郭国英. 税收筹划在矿业企业财务管理中的应用 [J]. 黄金, 2019, 40（3）: 4-5.

[27] 陈博. 矿业贸易企业税收筹划管理问题研究 [J]. 财经界, 2014（2）: 272.